Kinneret Yifrah

UX Writing & Microcopy

Rheinwerk
Computing

Liebe Leserin, lieber Leser,

wenn Sie Buttons, Phrasen oder Sätze für eine Website schreiben, die den Nutzer anweisen und führen sollen, wissen Sie, dass man dabei viel falsch machen kann. Anstatt Komplexität zu reduzieren und Vertrauen aufzubauen, haben Sie das Gegenteil erreicht. Der Nutzer ist enttäuscht, versteht nicht, was Sie wollen und wendet sich frustriert ab. Eine erfolgreiche Customer Journey ist jäh zu Ende, die Conversion gescheitert.

Damit Sie Ihren Kunden (und sich selbst) eine solche Erfahrung ersparen, sollten Sie derartige Stolpersteine aus dem Weg zu räumen. Um das zu erreichen und das digitale Leben Ihrer Nutzer angenehmer zu machen, brauchen Sie gutes UX Writing und gute Microcopy. Kinneret Yifrah vermittelt in diesem Standardwerk ihr geballtes Wissen, das sie in über 10 Jahren gesammelt hat. Dabei greift sie auf einen Erfahrungsschatz ganz unterschiedlicher Projekte zurück. Anhand von zahlreichen Beispielen und Screenshots zeigt sie Ihnen, wie erfolgreiche Microcopy funktioniert und wie Sie die Benutzeroberflächen digitaler Produkte optimieren. So gestalten Sie selbst die unscheinbarsten Ecken und Winkel Ihrer App oder Website so, dass eine ideale Customer Journey für Ihre Nutzer entsteht.

Egal ob Sie für ein seriöses Großunternehmen oder für ein hippes Start-up texten: Kinneret Yifrah zeigt Ihnen, wie Sie den richtigen Ton zu treffen und Microcopys schreiben, mit denen Sie Ihre Nutzer begeistern.

Ein Wort noch in eigener Sache: Um die Qualität unserer Bücher zu gewährleisten, stellen wir bei Rheinwerk stets hohe Ansprüche an Autor und Lektorat. Falls Sie dennoch Anmerkungen und Vorschläge zu diesem Buch formulieren möchten, so freue ich mich über Ihre Rückmeldung.

Viel Vergnügen beim Lesen!

Ihr Stephan Matteschek
Lektorat Rheinwerk Computing

stephan.matteschek@rheinwerk-verlag.de
www.rheinwerk-verlag.de
Rheinwerk Verlag · Rheinwerkallee 4 · 53227 Bonn

Auf einen Blick

Wir hoffen, dass Sie Freude an diesem Buch haben und sich Ihre Erwartungen erfüllen. Ihre Anregungen und Kommentare sind uns jederzeit willkommen. Bitte bewerten Sie doch das Buch auf unserer Website unter **www.rheinwerk-verlag.de/feedback**.

An diesem Buch haben viele mitgewirkt, insbesondere:

Lektorat Stephan Mattescheck, Patricia Schiewald
Übersetzung und deutsche Bearbeitung Catharina Graf
Korrektorat Friederike Daenecke
Herstellung Kamelia Brendel
Typografie und Layout Vera Brauner, Maxi Beithe
Einbandgestaltung Bastian Illerhaus
Satz III-Satz, Husby
Druck mediaprint solutions GmbH, Paderborn

Dieses Buch wurde gesetzt aus der Linotype Syntax (9,25/13,25 pt) in FrameMaker.
Gedruckt wurde es auf chlorfrei gebleichtem Offsetpapier (90 g/m²).
Hergestellt in Deutschland.

Bibliografische Information der Deutschen Nationalbibliothek:
Die Deutsche Nationalbibliothek verzeichnet diese Publikation in der Deutschen Nationalbibliografie; detaillierte bibliografische Daten sind im Internet über *http://dnb.d-nb.de* abrufbar.

ISBN 978-3-8362-7403-6

1. Auflage 2020

Informationen zu unserem Verlag und Kontaktmöglichkeiten finden Sie auf unserer Verlagswebsite **www.rheinwerk-verlag.de**. Dort können Sie sich auch umfassend über unser aktuelles Programm informieren und unsere Bücher und E-Books bestellen.

Inhalt

TEIL III Usability

Einleitung: Was ist UX Writing & Microcopy – und was bringt dieses Buch?

Für wen ist dieses Buch, und was bringt es genau? Ein paar einleitende Worte, bevor wir uns gemeinsam auf die Reise durch die Welt von Microcopy & UX Writing begeben.

Wie Microcopy entstand

Im Jahr 2009 schrieb Joshua Porter einen Blogbeitrag mit dem Titel *Writing Microcopy*.[1] In seinem Beitrag beschreibt er ein Bezahlformular, das er für ein E-Commerce-Projekt erstellt hatte. Bei diesem Formular schlugen fünf bis zehn Prozent der Online-Transaktionen wegen fehlerhafter Rechnungsadressen fehl, was finanziellen Schaden verursachte. Was tat Porter? Er fügte dem Feld *Rechnungsadresse* einen einzigen Satz hinzu:

> *»Achten Sie darauf, die mit Ihrer Kreditkarte verbundene Rechnungsadresse einzugeben.«*

Dazu sagte er:

> *»Und einfach so wurden die Fehler eliminiert. Es wurde klar, dass ich mir dank des richtigen Textes um dieses Problem keine Sorgen mehr machen musste, was Supportzeit spart und den Umsatz dank verbesserter Conversion erhöht.«*

Porter teilte mit seinen Lesern eine Idee, über die er schon seit einiger Zeit nachgedacht hatte: dass schon das Hinzufügen einiger Worte an der richtigen Stelle zum richtigen Zeitpunkt die *Usability* völlig verändern könnte. Nicht nur das, er schuf auch den Namen für diese Art von Text: *Microcopy*.

In einem Vortrag, den er auf der UXLx-Konferenz (Europas größter UX-Konferenz) hielt[2], beschreibt er, wie dieser Blogbeitrag, an dem er weniger als 20 Minuten geschrieben hatte, zu einem phänomenalen Erfolg wurde – von der Art, von der Blogger träumen. Und dass er viele Reaktionen von UX-Lesern erhielt, die ihm dankten, dass er diesen kleinen, aber mächtigen Worten einen Namen gegeben hatte.

---

1 *http://bokardo.com/archives/writing-microcopy*

2 »Microcopy: How to write small, deadly copy for all occasions« *https://www.youtube.com/watch?v=pkbO6hwLbpc&feature=youtu.be*

Porters Beitrag war der erste Schritt zur Definition eines neues Wissensgebietes, der Microcopy, auch bekannt als *UX Writing* und *UX Copy*. Die Microcopy ist ein zentrales Element der *User Experience*, das bis dahin weder genug Aufmerksamkeit erhalten, noch von einer Methodik zur Implementierung profitiert hatte. Seitdem wurde an der Definition der Microcopy gefeilt, und es wurde ein Verständnis entwickelt, das sich von *Content* und *Text* abhebt. Im Folgenden finden Sie die Definition, die mir am besten gefällt – und mit der dieser Leitfaden erstellt wurde.

Microcopy: Die Definition

Microcopy sind diejenigen Wörter oder Sätze einer Benutzeroberfläche, die direkt mit den Handlungen eines Nutzers zusammenhängen:

1. Die Motivation **vor** der Aktion
2. Begleitende Anweisungen **während** einer Aktion
3. Das Feedback **nach** der Aktion

Die Rolle von Microcopy in der Nutzererfahrung

Viele Jahre lang bemühten sich Entwickler, Benutzeroberflächen mit möglichst wenigen Wörtern »sauber« zu gestalten. Manche meinten, dass Wörter die Oberfläche überlasten und von den Benutzern als bedrohlich empfunden werden. Andere minimierten die Bedeutung von Wörtern mit der Behauptung, dass sie sowieso niemand lesen würde.

Aber die simple Wahrheit lautet, dass Kommunikation auf Wörtern basiert; wer aufhört, Wörter zu benutzen, entfernt eine sehr grundlegende Komponente der Beziehung zwischen Menschen. Mit anderen Worten: Wenn Sie ein digitales Produkt schaffen wollen, das menschlich klingt und die Menschen anspricht, brauchen Sie Wörter. Schlussendlich sind es Menschen, die Ihr Produkt nutzen. Und es gibt einige Dinge, die Sie Menschen nur mit Wörtern vermitteln können. Dieses Buch enthält daher viele Wörter.

Wie Microcopy Ihr digitales Produkt stärkt

1. Sie schaffen eine positive Erfahrung und sprechen Nutzer an: Microcopy reduziert die Entfremdung zwischen Mensch und Maschine und wandelt die Beziehung von einer maschinengestützten, funktionalen Begegnung in eine menschliche, persönliche Erfahrung.

   Präzise Microcopy bereichert das Erlebnis, das Sie zu kreieren versuchen, um eine reiche Farbpalette und verleiht Ihrem Produkt Tiefe. Die Worte erreichen Ihre Benutzer und ermöglichen ihnen, eine Aktion auszuführen. Die Worte sprechen die Nutzer an – und können sie zum Lachen bringen oder Ängste abmildern.

Gute Microcopy macht aus dem Kontakt zwischen einem Produkt und seinen Nutzern eine gegenseitige Beziehung – ein Gespräch, das reichhaltig und sogar bewegend sein kann. Microcopy schafft einen charakterstarken Dialog mit Ihren Nutzern, sodass sie mit Ihrem Produkt zusammenarbeiten möchten und immer wieder gerne zurückkommen. Microcopy kann Ihre Nutzer dazu bringen, sich zu verlieben.

2. Sie verbessern die Usability: Microcopy vereinfacht Benutzeroberflächen und reduziert mögliche Fehlerquellen.

   Gut geschriebene Microcopy, die genau dort erscheint, wo sie gebraucht wird, verhindert Probleme bei der Durchführung einer Aktion. Sie spart dem Benutzer wertvolle Zeit und erspart ihm Frustration und das Gefühl der Hilflosigkeit. Einige wenige Worte, die genau dann erscheinen, wenn der Benutzer sie braucht, verhindern negative Erfahrungen, und Ihre Marke nimmt keinen unnötigen Schaden.

   Sie stärken die Unverwechselbarkeit Ihrer Marke: Microcopy, die mit einem umfassenden Verständnis Ihrer Marke und Zielgruppe geschrieben wurde, hebt den Charakter der Marke hervor und unterscheidet sie von anderen Marken.

   Statt auf ein beliebiges und vorhersehbares Produkt treffen Ihre Nutzer im Internet auf ein einzigartiges Produkt voller Persönlichkeit. Microcopy unterstützt Ihre Vision und die Werte Ihrer Marke, schärft die Schlüsselbotschaften an Ihre Zielgruppe und schafft ein authentisches, einheitliches Erlebnis während der gesamten Interaktion mit Ihrem Publikum.

Langsam, aber sicher erkennen Experten das enorme Potenzial und den starken Einfluss, den Microcopy auf die Beziehung zwischen Marken und Nutzern hat. Allerdings wird das Thema bei der Entwicklung von digitalen Produkten oft übersehen. Dies mag am Mangel an Zeit, Geld oder Bewusstsein liegen oder daran, dass das Team einfach nicht weiß, wo es anfangen soll. Das Ziel dieses Buches ist es, Ihnen das Wissen und die Werkzeuge zu vermitteln, mit denen Sie erfolgreiche Micropcopy schreiben. Und nein, Sie müssen kein Text-Profi sein. In diesem Handbuch finden Sie alles, was Sie benötigen.

Wer sollte dieses Buch lesen?

Dieses Buch ist für:

- Schreibende für UX und Werbung
- UX-Designer

- Visual-, Web- oder UI-Designer
- Produktmanager
- Webseiten- und App-Besitzer
- Profis für digitales Marketing
- Optimierungsexperten
- Kleinunternehmer
- Blogger
- Werber
- Verkaufspersonal
- Alle, die sich für starke Benutzeroberflächen interessieren

Was bringt dieses Buch?

Dieses Buch gibt Ihnen eine Methodik an die Hand, mit der Sie Microcopy für Webseiten und Apps schreiben sowie Voice & Tone einer Marke definieren. Sie erhalten Inspirationen, Richtlinien und praktische Werkzeuge, die ich selbst über viele Jahre hinweg beim Schreiben von Microcopy für Webseiten, Apps und andere digitale Produkte für Unternehmen, Start-ups und Kleinunternehmen gesammelt habe.

Dabei spielt es keine Rolle, ob Ihre Webseite oder App bereits in Betrieb ist, ob sie in Planung ist oder erneuert wird. Dieses Buch führt Sie Schritt für Schritt durch den gesamten Prozess der Erstellung von Microcopy.

Der erste Teil des Buches umfasst die Definition von Voice & Tone, also Stimme und Tonfall einer Marke – und welche Entscheidungen Sie treffen sollten, bevor Sie sich an die tatsächliche Microcopy machen können.

Der zweite Teil behandelt die Kraft der Microcopy, eine Interaktion mit Ihren Benutzern zu schaffen und ihnen eine positive und reichhaltige Erfahrung zu ermöglichen.

Der dritte Teil des Buches konzentriert sich auf den Einfluss von Microcopy auf die Usability und beschäftigt sich zudem mit Barrierefreiheit und komplexen Systemen.

Die 19 Kapitel dieses Buches sind als praktische Leitfäden konzipiert, die Sie sofort auf Ihrem digitalen Produkt umsetzen können. Jedes Kapitel beginnt mit einer kurzen Erläuterung der Grundideen und zeigt die Schritte auf, die erforderlich sind, um diese Ideen auf allen Elementen einer Benutzeroberfläche umzusetzen. Alle Richtlinien und Werkzeuge werden mit der hinter ihnen stehenden Logik und dem Ziel vorgestellt, das sie zu erreichen versuchen. Und natürlich gibt es Dutzende von Beispielen, von denen Sie lernen können.

Wir sind fast an der Startlinie!

Dieses Buch wird Ihre digitale Erfahrung verändern, sowohl als Benutzer als auch als Person, die Nutzererfahrungen kreiert. Die verbale Verbindung zwischen dem digitalen Produkt und seinen Nutzern – jenes Glied der Kette, welches die User Experience vervollständigt – wird Ihnen in Fleisch und Blut übergehen und für Sie wichtig und bedeutsam sein. Das ist gut so: Wir verbringen einen großen Teil unseres Lebens damit, mit digitalen Produkten zu interagieren, und es ist nur angemessen, dass wir diese wertvollen Stunden angenehm gestalten.

Viel Glück auf der Reise, und genießen Sie die Lektüre,

Kinneret

Hinweis zum Urheberrecht der im Buch verwendeten Beispiele

Dieses Buch enthält viele Screenshots von Webseiten und Apps. Natürlich enthalten diese Screenshots urheberrechtlich geschützte Elemente wie Schriftarten, Design und Text. Deshalb werden sie auf der Grundlage einer schriftlichen Rechtsberatung mit äußerster Vorsicht behandelt. Zum Beispiel zeigt jedes Beispiel nur das, was wirklich notwendig ist, um die Botschaft zu transportieren. Dort, wo ein Screenshot nicht unbedingt notwendig erschien, wurde er nicht verwendet. Wenn Websites oder Apps die Namen der Designer angegeben haben, habe ich diese Informationen zitiert. Dennoch kann es sein, dass dieses Buch Beispiele enthält, an deren Veröffentlichung ihre Autoren nicht interessiert sind. In diesem Fall kontaktieren Sie uns bitte unter stephan.mattescheck@rheinwerk-verlag.de, und wir werden sie in der nächsten Auflage entfernen.

Anmerkung der Übersetzung: Da viele Beispiele und Screenshots nur auf Englisch verfügbar waren, wurden Sie entsprechend ins Deutsche übersetzt. Dies ist jeweils in der Bildunterschrift gekennzeichnet. Wann immer möglich wurde eine deutsche Version der Website oder App verwendet.

TEIL I

Voice & Tone – Stimme und Tonfall

Was Sie wissen müssen, bevor Sie Ihr erstes Wort schreiben
Wer für digitale Produkte schreibt, kennt sie gut – jene ersten Momente vor dem Schreiben einer Headline, eines Call-to-Action oder eines anderen Satzes, für den wir durch die Augen unserer Nutzer blicken und spekulieren: Was treibt sie an? Was genau beschreibt den Mehrwert, den wir bieten? Und wie beweisen wir ihnen, dass unser Produkt oder unsere Dienstleistung die beste Lösung für sie ist? Darauf folgen die nächsten Fragen: Wie formulieren wir es? Sollen wir mit Humor arbeiten? Was ist mit Jargon oder Witz? Müssen wir formell schreiben? Sollen wir Emotionen wecken – oder lieber versuchen, sie zu beruhigen? Sind wir nostalgisch oder technisch? Urban und cool oder für ein breites Publikum?

Diese Überlegungen sind sehr wichtig und notwendig, um sicherzustellen, dass jedes Wort, das wir schreiben, effektiv ist und eine gute Arbeit leistet. Die Sache ist die: Wir sollten es wissen, anstatt jedes Mal von Neuem zu spekulieren. Die wichtigsten Botschaften, mit denen Sie Ihre Nutzer motivieren, eine Handlung zu begehen und mit Ihrer Marke in Verbindung zu treten, sowie die Stimme und der Tonfall dessen, was Sie schreiben, müssen vorher definiert sein. Glücklicherweise gibt es eine Methode dafür.

Wenn Sie die ersten drei Kapitel dieses Buches gelesen haben und wenn Sie infolgedessen wichtige Entscheidungen treffen und diese durchziehen, müssen Sie nicht spekulieren, was Ihre Benutzer beeinflusst und wie Sie es am besten formulieren. Sie haben die Antworten dann klar und griffbereit, wann immer Sie sie brauchen.

1 Voice & Tone Design: So definieren Sie Stimme und Tonfall

Wie beeinflusst Sprache die Menschen, was ist Voice & Tone Design – und wozu dient es? In diesem Kapitel lernen Sie Schritt für Schritt, wie Sie mit erfolgreichem Voice & Tone Design überzeugen.

1.1 Was meinen Sie, wenn Sie von Innovation sprechen?

Ein großes Kommunikationsunternehmen – einer meiner ersten Kunden – erklärte, dass es sich in seinem sehr wettbewerbsintensiven Bereich von den anderen Unternehmen vor allem durch die digitale Innovation seiner Produkte abhebt, durch Self-Service-Optionen und durch die Art und Weise, wie es seinen Kunden ein relevantes und personalisiertes Erlebnis bietet. Sein Ansatz ist es, jung, aktuell und allen anderen einen Schritt voraus zu sein.

Diese Botschaft wird bei allen Vorstandssitzungen hervorgehoben und ist im *Markenbuch* und im *UX-Konzept* dokumentiert. Das Unternehmen konzentriert sich darauf, in seinem Bereich führend zu sein und laufend neue, innovative Produkte auf den Markt zu bringen. Wie viele andere Unternehmen hat es viel in das *Branding* investiert, damit es diese wichtige Differenzierung vermittelt. Seine Mitarbeiter haben ein Logo entworfen, das seinen Werten entspricht, und sie haben eine hochwertige Website und mehrere Apps kreiert. Sie haben viel Aufmerksamkeit auf die Wahl der Farben, Schriften und aller anderen Elemente der *Benutzeroberfläche* gelegt. Website und Apps bieten eine Benutzererfahrung, die ihren Kunden das Gefühl gibt, dass die Mitbewerber weit hinterherhinken.

Das Unternehmen wandte sich an mich, weil es festgestellt hatte, dass sein *Voice & Tone* – die Stimme und der Tonfall der Worte, die auf den verschiedenen digitalen Produkten erscheinen – seit 15 Jahren nicht mehr aktualisiert worden war. Die Sprache war hintangestellt worden – und die Verantwortlichen im Unternehmen wussten nicht, wie sie so überarbeitet werden konnte, dass zu ihrem innovativen Ansatz passte.

Um eine Vorstellung von ihrer aktuellen Stimme, ihrem Tonfall und der verwendeten Microcopy zu bekommen, habe ich die Seite durchsucht und einige der Apps verwendet. Wie ich es bei allen meinen Kunden mache, wenn ich ihren Microcopy-Geheimnissen auf die Spur kommen will, habe ich mich auf der Website registriert,

Self-Service-Prozesse abgeschlossen, mein Passwort wiederhergestellt, über ihr Formular Kontakt aufgenommen, die 404-Seite gefunden und Formularfelder bewusst fehlerhaft ausgefüllt ...

Und ich kam zu dem Schluss, dass der Kunde wieder einmal Recht hatte. Die Differenzierung und der Innovationsgeist waren nicht einheitlich – und ziemlich verwirrend:

- Das Unternehmen erklärte, es sei innovativ, schrieb aber abgenutzte Klischees auf die Website: *»Ihre Anfrage ist uns wichtig«* oder *»Ihre Registrierung wurde erfolgreich abgeschlossen«.*
- Es müsste die Nutzer davon überzeugen, dass die Anmeldung einfach und unkompliziert ist – klingt aber wie eine Versicherungsgesellschaft: *»Falls Sie beabsichtigen, sich zu registrieren ...«*
- Das Unternehmen will, dass wir glauben, dass seine Produkte topaktuell und relevant sind. Aber es verwendet Worte, die heutzutage nur noch im Wörterbuch zu finden sind: *»Ihre Suche trug folgende Ergebnisse ein ...«*
- Das Unternehmen will ein junges und dynamisches Gefühl hervorrufen, schreibt jedoch wie ein Roboter: *»Daten werden geladen, bitte warten.«*
- Es versucht – und wie es versucht! –, die Nutzer zum Handeln zu motivieren, vergisst aber, die stärksten Motivationen seiner Nutzer anzusprechen.
- Und, dies ist das Wichtigste, es bemüht sich, anders zu sein – und klingt dabei genau wie alle anderen.

So entstand eines der faszinierendsten Voice & Tone Designs, an denen ich je gearbeitet habe. Die Veränderung war so groß, dass die Konkurrenz nach kurzer Zeit einen ähnlichen Prozess anstieß. Wodurch das Unternehmen, für das ich arbeitete, seine Behauptung bestätigen konnte – es war allen anderen wieder einen Schritt voraus.

1.2 Voice & Tone in digitalen Produkten – die menschliche Verbindung

The Man Who Lied to His Laptop[1] ist der Name eines Buches, das von Professor Clifford Nass von der Stanford University zusammen mit Corina Yen geschrieben wurde. Professor Nass war einer der führenden Forscher im Bereich der Interaktion

1 Clifford Nass & Corina Yen: The Man Who Lied To His Laptop. What We Can Learn About Ourselves From Our Machines, Current 2012.

zwischen Mensch und Computer, und in diesem Buch fassen er und Yen 100 Experimente zusammen, in denen er diese Interaktion erforschte.

Er stellte fest, dass Menschen ihre Computer nach sozialen Normen behandeln, die wir auch in der Kommunikation mit anderen Menschen anwenden. Die Forschung beweist immer wieder, dass wir auf Computer und digitale Schnittstellen so reagieren, als wären sie Menschen. Wir sind höflich zu ihnen und erwarten umgekehrt, dass auch sie höflich sind – dass sie uns zum Beispiel loben, wenn wir eine Aufgabe erfolgreich erfüllen. Wenn der Computer warmes, positives Feedback liefert und Emotionen zeigt, die wir als authentisch wahrnehmen, oder sich ähnlich verhält wie wir, erledigen wir vom Computer geforderte Aufgaben produktiver, nehmen mehr seiner Anfragen an und glauben mehr von dem, was er uns sagt. Und es gilt auch der Umkehrschluss: Wenn das Produkt nicht unseren sozialen Konventionen entspricht und sich nicht in der erwarteten Weise verhält, sind wir wütend, enttäuscht und sogar beleidigt.

Was ist hier los? Vor dem digitalen Zeitalter waren Menschen die einzigen Wesen, die Sprache zur Kommunikation benutzten. Wenn uns also jemand mit Sprache anspricht, reagiert unser Gehirn auf das Gegenüber sofort wie auf einen Menschen.

Sprache ist daher der Hauptfaktor, der digitale Produkte menschenähnlicher macht, sie bei den Nutzern beliebt macht und eine emotionale Verbindung schafft, die uns zum Handeln motiviert. Damit dies geschehen kann, muss das Produkt den sozialen Konventionen entsprechen und sich natürlich und authentisch anfühlen.

1.3 Das Vertrauen Ihrer Nutzer hängt von Voice & Tone ab

Professor Nass untersuchte, wie Menschen mit digitalen Produkten umgehen, die eine inkonsistente Persönlichkeit aufweisen – insbesondere wenn nichtverbale Elemente (wie der Tonfall) nicht mit den verbalen Elementen (wie dem Inhalt) übereinstimmen. Er stellte fest, dass die Benutzer sich dem Produkt gegenüber verhielten, als ob es nicht authentisch und ihres Vertrauens unwürdig wäre. Der Geschichte, die diese Produktpersönlichkeit präsentierte, gelang es nicht, die Nutzer zu überzeugen oder Emotionen hervorzurufen. Im Gegenteil, das Produkt sorgte für Verwirrung und Argwohn.

Andererseits spürten die Benutzer, dass die Produktpersönlichkeit intelligent, lustig und überzeugend war, wenn die verbalen und nonverbalen Elemente konsistent waren und sich gegenseitig unterstützten. Sie verstanden die Botschaften besser, reagierten mit Emotionen auf sie und ließen sich beeinflussen. Je mehr die Benutzer der Produktpersönlichkeit vertrauten, die mit ihnen kommunizierte und sie für authentisch hielten, desto mehr ließen sie sich von ihren Botschaften überzeugen und stimmten entsprechenden Handlungen zu.

Nass begründet dies damit, dass wir stets versuchen, ein einheitliches Bild der mit uns kommunizierenden Persönlichkeit zu schaffen. Wenn wir das nicht tun können, werden wir misstrauisch und spüren ein Gefühl der Ablehnung.

Das ist es, was in dem Beispiel geschah, das dieses Kapitel eröffnete:

- Das Produkt zeigte Innovation in seinen nonverbalen Elementen, aber die Sprache war veraltet.
- Das Produkt war dynamisch, aber die Sprache war träge.
- Das Produkt war einfach und klar, aber die Sprache war schwerfällig.

So verloren die Benutzer Vertrauen, verstanden weniger und ließen sich kaum von den Botschaften überzeugen.

1.4 Wie Voice & Tone Design das Problem löst

Voice & Tone Design definiert die Sprache, mit der eine Marke mit ihren Nutzern über alle ihre digitalen Produkte hinweg kommuniziert. Die Gestaltung von Stimme und Tonfall, das *Voice & Tone Design*, hält die von der Marke verwendete Sprache im Einklang mit ihren Kernwerten und unterstützt sie, damit keine Dissonanzen und kein Eindruck von Unzuverlässigkeit entstehen.

Voice & Tone Design definiert die Sprache hauptsächlich auf zwei Arten:

1. **Persönlichkeit**
   Welche Eigenschaften möchten Sie den Nutzern mit Ihrer Sprache vermitteln? Was ist der richtige Tonfall, der richtige Grad an Förmlichkeit, der richtige Grad an Humor (falls überhaupt), der richtige Gebrauch (oder Nicht-Gebrauch) von Slang, das Sprachtempo, Wärme, Freundlichkeit etc.?
2. **Botschaften**
   Was sind die wichtigsten Botschaften? Was wollen Sie hervorheben, damit Ihre Nutzer die gewünschte Handlung ausführen? Was sollten Sie sagen, damit Ihre Nutzer sich gut fühlen und Ihrer Marke mit Wohlwollen begegnen? Und schließlich, was können Sie schreiben, um eine Beziehung zu schaffen, von der Sie beide profitieren?

Nachdem Sie Stimme und Tonfall Ihrer Marke definiert haben und sie tatsächlich in Ihren schriftlichen Materialien verwenden, sollten Sie auf Folgendes achten:

- Jedes Wort, das Sie schreiben, ist bewusst gewählt, zielgerichtet und einflussreich.
- Ihre Zielgruppe versteht den Wert Ihres Angebots und das Bedürfnis, das es erfüllt.

- Der Call-to-Action wird einfacher und effektiver.
- Die Marke wird ansprechender und wirkt glaubwürdig und überzeugend.

Beispiel: Wie klingt Charakter?

Wenn wir zwei Personen bitten, die gleiche Botschaft in ihren eigenen Worten zu formulieren, erhalten wir zwei verschiedene Versionen. Wenn wir fünf Leute fragen, bekommen wir fünf Versionen. Wir alle haben unseren eigenen Charakter, eine einzigartige Denkweise, verschiedene Erfahrungen, die uns geprägt haben, und unverwechselbare Lebensziele. Selbst wenn wir die gleiche Sprache sprechen, kommt das, was jeder von uns sagt, in einem etwas anderen Tonfall rüber.

Zum Beispiel: Zwei verschiedene amerikanische E-Commerce-Seiten bitten ihre Nutzer, bei der Anmeldung ihr Geburtsdatum anzugeben. Beide nennen den Grund, warum sie diese Informationen benötigen: weil es gesetzlich vorgeschrieben ist.

Die berühmte und ernsthafte Marke *Nike* schreibt:

Erforderlich, um den Children's Online Privacy Protection Act (COPPA) zu unterstützen

Abbildung 1.1 www.nike.com (übersetzt aus dem Englischen)

J. Peterman, ein Händler für einmalige Vintage-Produkte aus der ganzen Welt (auch bekannt als Elaines Chef aus Seinfeld), hat es so formuliert:

Sorry – unsere Anwälte zwingen uns, das zu fragen.

Abbildung 1.2 www.jpeterman.com (übersetzt aus dem Englischen)

Hier haben zwei verschiedene Marken genau die gleiche Botschaft (»Wir sind gesetzlich verpflichtet«) geschrieben aber jede mit ihrem eigenen unverwechselbaren Charakter und deswegen mit unterschiedlichem Voice & Tone. Wenn J. Peterman Nikes Stimme und Tonfall verwendet hätte, hätte das Unternehmen die warme und intime Atmosphäre gestört, die es mit jedem Wort in jedem Winkel seiner reizvollen Seite geschaffen hat. Wenn Nike hingegen J. Petermans Voice & Tone verwenden würden, würde das dem Image schaden, das die Firma Nike zu kreieren versucht – als Unternehmen, das sich selbst sehr ernst nimmt.

Jede dieser Marken hat ein anderes Verhältnis zu ihren Nutzern: J. Peterman versucht (mit Erfolg), eine warme, sehr serviceorientierte Beziehung zu seinen Kunden aufzubauen, ähnlich einem Verkäufer und den Stammkunden im benachbarten Second-Hand-Shop. Dagegen wirkt das von Nike geschaffene Verhältnis zum Nutzer wie eine Beziehung zwischen einem Unternehmen, das in den großen Ligen spielt, und potenziellen Kunden, die davon träumen, auch dorthin zu gelangen. Voice & Tone beider Marken unterstützen diese unterschiedlichen Beziehungen.

1.5 Der richtige Zeitpunkt für Voice & Tone Design

Wie bei allem, was mit Branding zu tun hat, folgt das Voice & Tone Design der Regel »Je früher, desto besser«. Das heißt, je früher Sie Stimme und Tonfall definieren, desto konsistenter sind Ihre Texte – und die verbalen Elemente Ihrer digitalen Produkte wirken nicht zusammengeflickt. Umgekehrt ist es nie zu spät: Eine Veränderung von Voice & Tone kann zu einer Verbesserung des Endergebnisses führen. Und das ist immer eine gute Sache, oder?

In den folgenden sieben kritischen Phasen im Lebenszyklus einer Marke lege ich Ihnen Voice & Tone Design ganz besonders nahe – es sei denn, Sie haben sich schon darum gekümmert:

1. wenn Sie eine neue Marke schaffen – zusammen mit dem visuellen Branding, noch bevor das erste Wort geschrieben ist. Wenn Sie Stimme und Tonfall direkt im Vorfeld gestalten, profitieren Sie von einer Marke, die einheitlich kommuniziert und von Anfang an überzeugt. Sie gewöhnen sich auch an die Kommunikation in der Stimme und im Tonfall der Marke und müssen keine schlechten Gewohnheiten überwinden.
2. wenn Sie ein neues oder aktualisiertes Produkt auf den Markt bringen
3. wenn Sie die Differenzierung Ihrer Marke schärfen
4. wenn Sie eine neue digitale Kampagne aufbauen
5. wenn Sie die schriftliche Kommunikationsinfrastruktur des Unternehmens (E-Mail, Chat und Social Media) aktualisieren oder kreieren
6. vor dem Eintritt in einen neuen Markt mit einer neuen Zielgruppe
7. wenn Sie merken, dass die Wörter, die Sie derzeit verwenden, einfach nicht funktionieren

1.6 Anleitung für effizientes Voice & Tone Design

Voice & Tone Design ist ein relativ kurzer, überschaubarer Prozess, während dessen Sie die Persönlichkeit der Marke vollständig und präzise definieren und die Botschaften finden, die Ihre Zielgruppe anregen. Sie können dies intern oder mithilfe externer Content- und Branding-Experten tun. Der gesamte Prozess sollte etwa ein bis drei Wochen dauern.

Das Endprodukt dieses Prozesses ist ein schriftliches Voice & Tone Design, das es Ihnen ermöglicht, Microcopy zu schreiben. (Sie können es natürlich auch beim Schreiben von Content, Social-Media-Postings und allen anderen Texten im Namen Ihrer Marke verwenden.)

Für mittlere und große Unternehmen und für Freiberufler, die Microcopy für Unternehmen schreiben, umfasst der gesamte Prozess vier Phasen, und in jeder Phase werden Sie wichtige Erkenntnisse gewinnen. Wenn Ihnen die Zeit oder das Budget fehlt oder wenn Sie ein kleines Unternehmen oder einen Blog besitzen, sind die Phasen 2 und 3 für Sie essenziell. Auf den folgenden Seiten erfahren Sie genau, wie Sie die einzelnen Schritte durchführen und wo Sie die erforderlichen Informationen erhalten.

Phase 1: Lernen Sie die Marke kennen

Lesen Sie die vorhandenen Design- und Branding-Dokumente, und destillieren Sie wichtige Informationen. Folgende Dokumente können Sie an dieser Stelle lesen:

1. Unternehmensvision, Mission und Werte
2. Markenbuch (und jede andere Branding-Dokumentation, die Sie in die Finger kriegen)
3. Briefings, die für Designer oder zu Werbezwecken angefertigt wurden
4. Präsentationen zur Einführung des Unternehmens
5. das *UX-Konzept* und dafür entwickelte *Personas*
6. Forschung zur Markenwahrnehmung und Kundenzufriedenheit

Phase 2: Hören Sie Ihren Nutzern zu

Finden Sie gute Zitate, authentische Phrasen und Worte, die sich wiederholen, und merken Sie sich das, was die Benutzer als Motivatoren und Rückschläge betrachten. Eine Liste von Ressourcen dazu finden Sie in Tipp 05 in Abschnitt 1.8.

Phase 3: Betreiben Sie Feldforschung

Führen Sie ein strukturiertes Gruppeninterview mit den wichtigsten Mitarbeitern des Unternehmens durch (Marketingmanager, Digital Manager, leitende Mitarbeiter im Bereich Service und Vertrieb, manchmal auch Werbefachleute). In kleinen Unternehmen sind Sie das wahrscheinlich selbst; Sie können diese Sitzung dann mit Teammitgliedern, einem Strategieberater oder einem engen Freund abhalten, dessen Rat Sie schätzen.

In dieser Sitzung stellen Sie eine Reihe von Fragen über die Marke und ihre Zielgruppe. Die Fragen werden wir in Abschnitt 1.13 behandeln.

Das Interview dauert in der Regel etwa drei Stunden, manchmal benötigen Sie dafür zwei doppelstündige Sitzungen: In der ersten geht es um die Marke (mit dem Marketing-Team), in der zweiten um die Nutzer (mit dem Service- und Vertriebsteam). Am Ende des Treffens sollten Sie eine umfassende, detaillierte Darstellung der Persönlichkeit der Marke und der Zielgruppe haben.

Ich empfehle dringend, dies in Form eines Gruppeninterviews zu tun, anstatt mehrere Einzelinterviews durchzuführen. In der Gruppe können widersprüchliche Ansichten sofort geklärt werden.

Phase 4: Fügen Sie die Teile zu einem Dokument zusammen

Dies ist im Grunde genommen ein Arbeitsdokument, das all die Informationen organisiert und zusammenfasst, die Sie in den vorherigen Schritten gesammelt haben. Dieses Dokument dient Ihnen von nun an als Leitfaden für das eigentliche Schreiben. Wie es aussehen soll? In Abschnitt 1.10 finden Sie praktische Informationen.

Die folgenden Seiten dienen als praktisches Handbuch für Ihr Voice & Tone Design. Je mehr Fragen Sie beantworten und je mehr Informationen Sie sammeln, desto konsequenter, reichhaltiger, präziser und effektiver werden Ihre Stimme und Ihr Tonfall sein.

1.7 Der erste Teil von Voice & Tone Design: Die Marke

Wenn Sie den Schritten in diesem ersten Teil folgen, erhalten Sie eine reiche und einzigartige Persönlichkeit für Ihre Marke, die für Sie und Ihre Zielgruppe deutlich erkennbar ist und sich von anderen Marken unterscheidet.

Schritt 1: Definieren Sie Vision und Mission – den Wandel, den die Marke vorantreiben will, und wie dies erreicht werden soll

Normalerweise teilen wir unseren Nutzern Vision und Mission nicht ausdrücklich mit. Aber alles, was wir schreiben, sollte unsere Vision und Mission implizit reflektieren und unterstützen. Daher ist es wichtig, dass Vision und Mission klar und allen Schreibenden bekannt sind.

Die Vision zu definieren mag zunächst nach einer einfachen Aufgabe klingen. (Es scheint ja offensichtlich zu sein, warum die Marke geschaffen wurde, oder?) Aber meiner Erfahrung nach ist es oft kompliziert und verwirrend. Investieren Sie so viel Zeit wie nötig für die Definition, und nehmen Sie keine Abkürzungen. Der Aufwand lohnt sich.

Die Leitfragen für erfolgreiches Voice & Tone Design in Abschnitt 1.13 am Ende dieses Kapitels, können Sie zur Identifizierung von Vision und Mission verwenden.

Tipp 01 – Fragen Sie »warum?«

Der beste Weg, die Vision aufzuspüren, besteht darin, die Schlüsselpersonen einer Marke zu fragen, warum sie entstanden ist. Bei jeder Antwort, die Sie erhalten, machen Sie es Ihrem Gegenüber schwer und fragen immer wieder: »Warum?« Nach ein paar Runden warum werden Sie zum Kern der Sache kommen. Zum Beispiel:

- Warum wurde das Microcopy-Studio *Nemala* gegründet? Um bessere Microcopy zu schreiben und anderen beizubringen, wie man das macht.
- Warum? Damit digitale Produkte ein angenehmeres und menschlicheres Erlebnis bieten.
- Warum? Weil Menschen den größten Teil ihres Tages mit diesen digitalen Produkten verbringen und eine wärmere, angenehmere Erfahrung unsere Leben schöner macht.

Die Vision von Nemala: eine menschliche, verbindende und herzerwärmende digitale Erfahrung für Menschen zu schaffen und ihr Leben zu verschönern.

Beispiel: Vision und Mission von bekannten Marken

- IKEA

  Vision:

  »Unsere Vision ist es, den vielen Menschen einen besseren Alltag zu schaffen.«

  Mission:

  »Wir wollen ein breites Sortiment formschöner und funktionsgerechter Einrichtungsgegenstände zu Preisen anbieten, die so günstig sind, dass möglichst viele Menschen sie sich leisten können.«

  www.ikea.de

- TripAdvisor

  Vision:

  »Menschen auf der ganzen Welt zu helfen, die perfekte Reise zu planen und zu erleben.«

  Mission:

  »Ratschläge von Millionen von Reisenden anzubieten sowie eine breite Palette an Reisemöglichkeiten und Planungsfunktionen mit nahtlosen Links zu Buchungs-Tools, die Hunderte von Webseiten prüfen, um die besten Hotelpreise zu bieten.«

  www.tripadvisor.de

- Samsung

  Vision:

  »Die Welt inspirieren, die Zukunft gestalten.«

  Mission:

  »Innovationen in Technologie, Produkten und Lösungen voranzutreiben.«

  www.samsung.de

- World Wide Fund (WWF)
  Vision:
  »Eine Zukunft gestalten, in der Mensch und Natur in Einklang miteinander leben.«
  Mission:
  »Bewahrung der biologischen Vielfalt – ein lebendiger Planet für uns und unsere Kinder.«
  www.wwf.de

Tipp 02 – Den Dachboden ausmisten

Vision und Mission werden in der Regel in einem frühen Aufbau-Stadium einer Organisation definiert. Es ist wahrscheinlich, dass sie im Markenbuch, im UX Konzept, im Elevator Pitch, in Präsentationen vor Investoren und in anderen Gründungsdokumenten formuliert und dokumentiert wurden. Spüren Sie sie dort auf, stellen Sie sicher, dass sie immer noch gültig sind – oder passen Sie sie wenn nötig an.

Schritt 2: Definieren Sie Werte – Ideale und Prinzipien, die Ihre Marke leiten

Wählen Sie die fünf wichtigsten Werte, auf die Ihre Marke nicht verzichten kann. Wenn Sie sich nicht sicher sind, was Werte sind, werfen Sie einen Blick auf die Tabelle »116 Werte« in Abschnitt 1.7.

Beschreiben Sie jeden Wert auf einer, zwei oder drei Zeilen, und fragen Sie dann: Wie klingt dieser Wert? Welche Art von Sprache wird diesen Wert vermitteln? Ein Beispiel: Wenn einer Ihrer Werte *Führung* ist, möchten Sie vielleicht, dass Ihre Sprache charismatisch, scharf und rekrutierend ist. Sprechen Sie die Benutzer direkt an, und vermitteln Sie eine klare Vision in Ihrer Botschaft.

Wenn Ihnen die *Gemeinschaft* wichtig ist, benutzen Sie eine integrative, verbindende Sprache mit warmen Tönen und sanftem Humor und mit Botschaften des Teilens und Umsorgens.

Auf diese Weise bringen Sie die Werte explizit zum Ausdruck und schaffen eine kohärente Persönlichkeit.

Tipp 03 – Stellen Sie einen Wort-Werkzeugkasten bereit

Jedes Merkmal und jeder Wert kann mit Wörtern, Ausdrücken und Phrasen beschrieben werden, die damit verbunden sind oder eine relevante Bedeutung haben. Bereiten Sie einen Werkzeugkasten mit Wörtern vor, den Sie hervorholen, wenn Sie einen bestimmten Wert ausdrücken müssen. Verwenden Sie einen Thesaurus, und sammeln Sie auch die Begriffe, die Sie direkt von Ihren Benutzern gehört haben. Dazu folgt später mehr.

Hier ist zum Beispiel der Werkzeugkasten mit Wörtern für den Wert »Praktikabilität« in Voice & Tone einer akademischen Institution:

> *»Relevant, unternehmerisch, täglich, Werkzeuge, Management, Praxis, Plattform, sich ändernde / dynamische Realität, Vorteil, Entscheidungsfindung, Echtzeit, Werkzeugkasten, anwendbar, praktisch, flexibel, Anwendung des Gelernten, Löhne, Arbeitsmarkt, Karriere, Beschäftigung, Arbeitgeber, Absolventen, Postgraduierte, eine Reihe von Werkzeugen, die mir helfen werden.«*

Beispiel: Werte von bekannten Marken

US National Public Radio NPR (5 Kernwerte von 10)

- **Genauigkeit** – Unser Ziel ist es, die Wahrheit ans Licht zu bringen. Sorgfältige Verifizierung ist entscheidend.
- **Unabhängigkeit** – Unsere primäre Loyalität gilt der Öffentlichkeit.
- **Respekt** – Alle, die von unserem Journalismus betroffen sind, verdienen es, mit Anstand und Mitgefühl behandelt zu werden.
- **Verantwortlichkeit** – Wir übernehmen die volle Verantwortung für unsere Arbeit, deshalb müssen wir immer bereit und willens sein, dafür einzustehen.
- **Exzellenz** – Wir sind sehr stolz auf die handwerkliche Qualität unseres Storytellings und auf die Qualität der Worte, Klänge und Bilder, die wir verwenden, um die Welt zu erhellen.

  (Übersetzt aus dem Englischen)

Whole Foods Supermarkt (6 Kernwerte von 10)

- **Wir verkaufen die hochwertigsten natürlichen und biologischen Produkte** – Wir schätzen und feiern den Unterschied, den natürliche und biologische Produkte in der Lebensqualität bewirken konnen.
- **Wir stellen unsere Kunden zufrieden, erfreuen und ernähren sie** – Unsere Kunden sind unsere wichtigsten Interessenvertreter in unserem Geschäft und das Herzblut unseres Unternehmens.
- **Wir unterstützen Exzellenz und Glück der Teammitglieder** – Unser Erfolg hängt von der gemeinsamen Energie und Intelligenz aller unserer Teammitglieder ab.
- **Wir schaffen Vermögen durch Gewinne und Wachstum** – Wir sind die Verwalter der Investitionen unserer Aktionäre und wir nehmen diese Verantwortung sehr ernst. Wir sind bestrebt, den langfristigen Unternehmenswert zu steigern.
- **Wir dienen und helfen unseren lokalen und globalen Gemeinschaften** – Unser Geschäft ist eng mit der unmittelbaren Umgebung und der größeren globalen Gemeinschaft verbunden, der wir dienen.
- **Wir praktizieren und fördern die Umweltverantwortung** – Wir glauben von ganzem Herzen an eine aktive Umweltverantwortung, damit unser Planet auch für die kommenden Generationen blüht und gedeiht.

  (Übersetzt aus dem Englischen)

Checkliste: 116 Werte zur Inspiration

Die folgende Liste gibt Ihnen einen Denkanstoß, wenn Sie die Werte Ihrer Marke definieren. Wählen Sie jene Werte aus, deren Erhalt und Förderung Ihnen am wichtigsten erscheinen. Zögern Sie nicht, Ihre eigenen Werte hinzuzufügen, wenn sie hier nicht erwähnt werden.

Nachhaltigkeit	Altruismus	Präzision	Liebe
Gemeinschaft	Hingabe	Eleganz	Sensibilität
Neugierde	Professionalität	Anstand	Enthusiasmus
Barrierefreiheit	Ehrgeiz	Aufrichtigkeit	Großzügigkeit
Abenteuer	Freude	Geheimnis	Intimität
Ästhetik	Ausdauer	Glaube	Service
Spaß	Entschlossenheit	Authentizität	Solidarität
Genauigkeit	Vielseitigkeit	Weichheit	Teamarbeit
Leistung	Humor	Vergnügen	Gesundheit
Empathie	Charme	Entdeckung	Nostalgie
Courage	Transparenz	Vertrautheit	Erfolg
Wettbewerb	Leidenschaft	Gerechtigkeit	Spiritualität
Höflichkeit	zeitgenössisch	Kommunikation	Personalisierung
Exzellenz	Relevanz	Vielfalt	Qualität
Freundlichkeit	Innovation	Freiheit	WOW-Faktor
Frieden	Klarheit	Loyalität	Tradition
Ruhe	Affinität	Proaktivität	Convenience
Leichtigkeit	Coolness	Unabhängigkeit	reichhaltig
Internationalität	Respekt	Imagination	Expertise
Kreativität	Intelligenz	Logik	Veränderung
Führung	Brillanz	Rationalität	Engagement
Pflege	Wachstum	Lernfluss	Preis-Leistungs-Verhältnis
Sicherheit	Entwicklung	Originalität	Stabilität
Zuverlässigkeit	Optimismus	Lebendigkeit	Flexibilität
Praxisnähe	Organisation	Zufriedenheit	Fokussierung
Einfachheit	Aufregung	Effektivität	Herausforderung
Verantwortung	Provokation	Inspiration	Sanftheit
Verbindung	Harmonie	kundenorientiert	Zurückhaltung
Diversität	Offenheit	Ökonomie	Dynamik

Tabelle 1.1 116 Werte

Schritt 3: Wenn die Marke eine Person wäre, würde sie ...

Stellen Sie sich vor, Ihre Marke wäre eine Person (nur für eine Minute ...), und schreiben Sie ihre Persönlichkeitsmerkmale auf: die Art und Weise, wie sie sich gegenüber anderen verhält, ihren Sinn für Humor (falls sie überhaupt Sinn für Humor hat) und so weiter. Beschreiben Sie sogar die Art und Weise, wie sie sich kleidet, ihre Hobbys, ihre persönlichen Vorlieben – alles, was Ihnen hilft, die Persönlichkeit zu charakterisieren. Und daraus destillieren Sie die Art und Weise, wie sie redet. Um diesen Prozess noch einfacher (und lustiger) zu gestalten, beantworten Sie die Leitfragen für erfolgreiches Voice & Tone Design (Abschnitt 1.13).

Beachten Sie, dass die Persönlichkeit der Marke nicht die Persönlichkeit Ihrer Nutzer ist. Die Persönlichkeit der Marke kann je nach der Beziehung, die Sie mit Ihren Nutzern pflegen möchten, sogar sehr unterschiedlich sein (siehe auch »Stufe 6: Definieren Sie die Beziehung zwischen Marke/Produkt und Nutzern« in Abschnitt 1.8).

Tipp 04 – Wo sind Sie auf der Skala?

Zusätzlich zur Verwendung des Persönlichkeitsfragebogens (Abschnitt 1.13) verwende ich in der Regel das folgende Charakterisierungstool, das von Pamela Wilson von *Big Brand System* entwickelt wurde. Bitten Sie die Schlüsselpersonen Ihrer Marke, die Persönlichkeit der Marke anhand der folgenden Skala zu bewerten. Manchmal sind die Antworten überraschend und aufschlussreich.

- persönlich und freundlich – offiziell, professionell
- spontan, energetisch – durchdacht, vorausdenkend
- modern oder High-Tech – klassisch und traditionell
- Avantgarde – etabliert
- lustig – ernst
- zugänglich – elitär

Beispiel: Eine charismatische Mutter

Während der drei Stunden, die ich mit einer Schlafberaterin beim Kaffee verbrachte, um Voice & Tone für Ihren Service zu definieren, erzählte sie mir viel über ihre Zielgruppe: frischgebackene Mütter. Diese jungen Mütter sind einem ständigen Informationsfluss ausgesetzt, der sie verunsichert und ihnen das Vertrauen in ihre eigene Intuition und in ihre Fähigkeit nimmt, das Kind zu verstehen und zu wissen, was das Beste für es ist.

Ausgehend von dieser Beschreibung haben wir gemeinsam die Persönlichkeit der Marke entwickelt.

Wenn die Schlafberatungsmarke eine Person wäre, wäre sie eine 35-jährige Frau, eine Mutter, und sie würde bequeme, aber modische Kleidung tragen. In der Zeitung liest sie zuerst die Rubriken *Eltern* und *Gesundheit* und sie verbringt ihre begrenzte Freizeit mit DIY-Projekten, Joggen und mit Freunden. Sie ist großzügig und hingebungsvoll, aufmerksam und empathisch, aber auch autoritär und präzise. Sie ist lustig und glücklich und strahlt aus, dass nichts wirklich katastrophal ist. Sie hat reichlich Wissen, aber sie hört zu, anstatt zu predigen, und respektiert, anstatt zu bevormunden. Sie verbindet Authentizität und Aufrichtigkeit mit Professionalität und Erfahrung – und das schafft Vertrauen. Ihr inhaltliches Wissen ist umfangreich und aktuell, aber sie respektiert auch die Intuition von Müttern.

Wie zeigt sich diese Persönlichkeit in Stimme und Tonfall?

- Trotz der Ängste um das Thema ist es wichtig, nicht in die Falle zu tappen, zu ernst zu klingen. Im Gegenteil: Setzen Sie Humor ein, und halten Sie den Tonfall leicht und natürlich.
- Das professionelle Textmaterial ist fließend, gesprächshaft und authentisch. Der Stil sollte nicht allwissend erscheinen – und nicht predigen, was erlaubt oder verboten ist. Voice & Tone sollen ein gutes Erlebnis erzeugen, Neugierde wecken und die Mutter auch mal herausfordern.
- Organisierte Listen mit allem, was die Mutter bei jedem Treffen und während des gesamten Beratungsprozesses erhält, vermitteln Großzügigkeit und Hingabe. So kann sie die Fülle der geleisteten Hilfe leicht erkennen.
- Um Aufmerksamkeit und Respekt auszudrücken, sollte die frischgebackene Mutter im Mittelpunkt der Texte stehen.
- Auf der Skala zwischen freundlich und professionell steht die Persönlichkeit direkt in der Mitte: Sie spricht mit der Mutter als Gleichgestellte, aber sie ist nicht ihre beste Freundin.

Humor in Microcopy & UX Writing: 7 Richtlinien, damit es auch wirklich klappt

Wer lustig ist, klingt menschlich: Das ist ein häufiges Missverständnis im UX Writing. Diesem Ansatz verdanken wir einige Fälle von überbemühter Microcopy. Dort haben wir das Gefühl, dass die Autoren so sehr versucht haben, cool zu sein, dass sie vergessen haben, für UX zu schreiben. Wie also verwenden Sie Humor in Ihrer Microcopy richtig?

1. **Nur wenn es zu Ihrer Persönlichkeit passt**
   Ist Ihre Marke oder Ihr Produkt bewusst cool oder lustig? Warum? Was in ihrer Vision oder ihren Werten unterstützt das? Humor, Sarkasmus und Witz können Ihr Branding unterstützen und die Beziehung zu Ihren Nutzern stärken – aber sie können Ihnen auch schaden. Wenn Ihre Marke beispielsweise den Wert des Teilens fördern soll, kann Sarkasmus Benutzer vergraulen, die eine persönlichen Verbindung und Gemeinschaftsgefühl suchen. Bevor Sie also coole Microcopy schreiben, lassen Sie Ihre Markenwerte das Warum und das Wie diktieren.

Dennoch sollten Sie mit vorab getroffenen Annahmen vorsichtig sein. Wenn Ihre App beispielsweise die Ernährung von Diabetikern überwacht, könnte man denken, sie müsse sehr ernst klingen, weil die Krankheit die Lebensqualität vieler Menschen beeinträchtigt. Aber nur weil Gesundheitsfragen grundsätzlich ernst zu nehmen sind, sollten Sie die ernsthafte Sprache nicht als selbstverständlich ansehen. Sie könnten die App auch bewusst humorvoll gestalten, um Ihren Nutzern explizit zu helfen, ihren schwierigen Tag mit einem Lächeln zu überstehen.

2. **Nur der für die Zielgruppe am besten geeignete Weg**
   Wird Ihre Zielgruppe Sie verstehen? Schafft die bewusst gewählte humorvolle Sprache eine Verbindung mit der Kultur und Altersgruppe Ihrer Nutzer? Es stimmt, dass es immer Nutzer geben wird, die sich bei der kleinsten Prise Humor ärgern. Dennoch müssen Sie genug über Ihre Kernbenutzer wissen, um zu entscheiden, welche Art von Humor für sie relevant ist. Zum Beispiel verwenden Menschen unter 17 Jahren ein einzigartiges Vokabular, wenn sie lustig sind. Wenn Sie für Kinder oder Jugendliche schreiben, ist es wichtig, dass ein »Übersetzer« aus dieser Altersgruppe Ihre Microcopy überprüft und schaut, ob sie authentisch klingt (es sei denn, Sie sind 17). Dasselbe gilt für das Schreiben für jede andere Kultur oder jeden anderen Dialekt, der nicht Ihre Muttersprache ist.
3. **Stellen Sie sicher, dass Witz nicht das einzige Merkmal Ihrer Texte ist.**
   Wenn man über einen Schreibstil lediglich sagen kann, dass er witzig ist, dann ist er wahrscheinlich flach. Microcopy kann auch nostalgisch, energetisch, warm, bescheiden, arrogant, entspannt, poetisch, scharf, sentimental, hip und so viel mehr sein – das hängt alles von den Werten Ihrer Marke ab. Wenn Ihre Microcopy nichts anderes als Witz vermittelt, dann ist etwas schiefgelaufen.
4. **Wie viel ist zu viel?**
   Haben Sie Ihre Nutzer am Anfang und am Ende zum Lachen gebracht? Sie müssen dazwischen nicht lustig sein. Schließt Ihre Botschaft mit einer Pointe ab? Beginnen Sie mit einem einfachen Satz, der die Benutzer darüber informiert, was passiert. Wenn möglich, schreiben Sie den gesamten Flow als zusammenhängende Sequenz, anstatt jeden Screen einzeln zu betrachten. Dies wird Ihnen helfen, Ihren kostbaren Humor und Witz in wohldosierten Prisen zu verwenden. Letztendlich entscheidet die richtige Dosierung über die Genießbarkeit. Und wie Google in seinem Voice & Tone Design schreibt:

   »Wenn du ein Einhorn im Wald hast, brauchst du nicht noch einen Affen mit Hulahoop-Reifen.«
5. **Nichts geht auf Kosten der Klarheit. Absolut nichts.**
   Wenn Ihre Benutzer innehalten und Ihre Microcopy erneut lesen müssen, um sie zu verstehen, ist das ein schlechtes Zeichen. Usability hat absoluten Vorrang.

Humor kann ein großartiger Helfer für die anderen Qualitäten Ihrer Microcopy sein (prägnant, klar, hilfreich), ist aber nie ein Ersatz.

6. **Seien Sie sensibel, und passen Sie sich der Situation an.**
   Oje, Ihr System ist kaputt. Wir haben keinen Schimmer, warum. Wenn Ihre Arbeit nicht gespeichert wurde, dann ist, hoppla, alles für immer weg! Aber hey, es gibt Kinder in Afrika, die haben nicht mal Internet!
7. **Achten Sie darauf, wie oft Benutzer jeden Witz sehen.**
   Wenn Autoren ihre eigenen Witze zu sehr genießen, laufen sie Gefahr, Humor in Texten zu verwenden, die Nutzer häufig zu sehen bekommen. Das ist nicht ideal, denn es wird schnell langweilig: Beim dritten Mal ist selbst der beste Witz nicht mehr lustig.

1.8 Der zweite Teil von Voice & Tone Design: Die Zielgruppe

Erst wenn Sie Ihr Publikum kennen, können Sie die Menschen motivieren, ihnen echten Mehrwert geben und vor allem dabei helfen, die anstehende Aktion abzuschließen. So bringen Sie mehr über Ihre Benutzer in Erfahrung:

Stufe 1: Definieren Sie die demografischen Merkmale der Zielgruppe: Mit wem wird Ihre Marke sprechen?

Wenn Sie bei jungen Menschen zeitgenössische Sprache und Slang verwenden, werden ältere Menschen Ihnen vielleicht nicht folgen. Jugendliche benötigen in der Regel weniger Erklärungen zur Bedienung eines Interface, während ältere Menschen mehr Anweisungen brauchen. Aber auch das ändert sich schnell und muss von Fall zu Fall neu geprüft werden!

Wenn Ihr Publikum ein bestimmtes Alter und einen spezifischen Lebensstil hat, können Sie Ihre Microcopy mit Zitaten aus beliebten Fernsehsendungen aufpeppen, während andere Gruppen vielleicht nicht verstehen, woher diese kommen. Es gibt Zielgruppen, die sich freuen und gebauchpinselt sind, wenn sie auf raffinierte und witzige Art und Weise angesprochen werden; gleichzeitig können andere Zielgruppen beleidigt sein, sich nicht angesprochen fühlen oder die Geduld ganz verlieren.

Sie sehen also, es ist äußerst wichtig zu verstehen, an wen Sie sich wenden. Die wichtigsten Merkmale, die Sie für eine demografische Definition benötigen, sind:

- Alter
- Geschlecht

- Wo leben die Nutzer?
- Bildungsniveau
- Familienstand
- weitere Interessengebiete
- technologische Vorlieben

Natürlich helfen auch alle anderen Informationen, die Sie über Ihre Zielgruppe sammeln, bei der Gestaltung von Voice & Tone.

Sind alle Ihre Zielgruppe?

Einige Marken haben eine breite Zielgruppe, die einen großen Teil der Bevölkerung abdeckt (wie Banken oder Carpooling-Apps), oder eine relativ große Zielgruppe (wie *Starbucks*), während andere eine engere und klar definierbare Zielgruppe haben (wie *Snap*).

Je klarer die Zielgruppe definiert ist, desto mehr können und müssen Voice & Tone einen spezifischen Stil annehmen, der zu ihr passt. Wenn Ihre Zielgruppe hingegen breit gefächert ist, werden Stimme und Tonfall konservativer und weniger ausgeklügelt sein, um die Bedürfnisse aller zu erfüllen.

Das bedeutet nicht unbedingt, dass Voice & Tone langweilig sein müssen oder dass eine unverwechselbare Persönlichkeit fehlen sollte. Stimme und Tonfall müssen durchdacht, angenehm und einladend sein – und zu der allgemeinen *Persona* passen, die Sie definiert haben.

Ein gutes Beispiel für eine Marke, die ein sehr breites Publikum anspricht, aber dennoch eine klare Persönlichkeit hat, ist IKEA. Das Unternehmen verwendet einen Voice & Tone, der sehr einfach, unkompliziert, nicht besonders humorvoll, manchmal sogar banal ist, aber er kreiert eine beständige und angenehme Persönlichkeit, bietet eine warme und heimelige Atmosphäre und hat einen bodenständigen Tonfall mit konservativen Botschaften, die fast jeder ansprechend finden kann. Zum Beispiel:

> *»Der perfekte Kompromiss – er will ein Sofa mit einem hohen Festigkeitsgrad, du willst ein Sofa, in dem du versinken kannst. Mit diesem Sofa kombiniert ihr beides und lebt glücklich bis ans Ende eurer Tage.«*

Stufe 2: Erkennen Sie die Bedürfnisse und Probleme Ihrer Zielgruppe: Die praktischen Herausforderungen und emotionalen Sorgen Ihrer Nutzer in deren eigenen Worten

Jedes Produkt oder jede Dienstleistung sollte das Leben seiner Nutzer verbessern, es einfacher machen, einen Bedarf decken oder ein Problem lösen. Je besser Sie das Problem verstehen, das durch Ihr Produkt oder die Dienstleistung gelöst wird, und dessen Auswirkungen auf das Leben der Nutzer kennen, desto einfacher ist es, in den verschiedenen Botschaften, *Call-to-Actions* und Anweisungen die richtigen Trigger direkt anzusprechen.

Sie werden es auch viel einfacher haben, das Vertrauen Ihres Publikums zu gewinnen und zu zeigen, dass Sie ihm zuhören, es verstehen und dass Sie die beste Lösung für seine Probleme und Bedürfnisse anbieten.

Ich möchte betonen, dass es sich hierbei nicht um Manipulationen handelt: Ihr Produkt oder Ihre Dienstleistung wird nie erfolgreich sein, wenn es bzw. sie Ihren Benutzern keinen echten Mehrwert bietet und Probleme löst. Die eigentliche Herausforderung besteht darin, diese Probleme genau zu lokalisieren und mit den Worten Ihrer Benutzer zu beschreiben, um diese zu motivieren, Ihre Lösung zu wählen.

Besteht Ihr Zielpublikum aus verschiedenen – sehr unterschiedlichen – Gruppen?

Angenommen, Sie betreiben einen Marktplatz für Gebrauchtwaren. Auf der einen Seite schreiben Sie für Leute, die ihre Artikel verkaufen wollen; auf der anderen Seite für diejenigen, die nach neuwertigen Artikeln suchen. Oder: Sie haben ein Mobilfunkunternehmen, das Teenagern und Familien verschiedene digitale Produkte anbietet.

Auf den nächsten Seiten stellen wir Fragen über die Zielgruppe, wie zum Beispiel: Was sind ihre Bedürfnisse, Hoffnungen und Einwände? Was für eine Beziehung wollen Sie zu ihr aufbauen? Es liegt auf der Hand, dass Sie für jede dieser unterschiedlichen Zielgruppen – Käufer und Verkäufer, Jugendliche und Familien – auf diese Fragen ganz unterschiedliche Antworten erhalten.

Was nun? Finden Sie die unterschiedlichen Antworten, die von jeder Gruppe gegeben werden, und entwickeln Sie für jede Gruppe ein eigenes Botschaften-Spektrum. Wenn Sie ein Voice & Tone Design für ein großes Unternehmen vorbereiten, müssen Sie sich möglicherweise mit verschiedenen Vertriebs- und Serviceteams beraten, die mit den verschiedenen Gruppen zusammenarbeiten.

Am Ende bleiben die Markenmerkmale aus dem ersten Teil des Voice & Tone Designs für alle Zielgruppen gleich (womöglich mit geringen Feinabstimmungen). Aber je nachdem, was Sie in der zweiten Phase herausfinden, werden die Botschaften völlig anders sein.

Beispiel: Wie wir Jobsuchenden in einer herausfordernden Lebensphase das Leben (ein wenig) erleichtert haben

Die Arbeitssuche ist ein sensibler und besonders schmerzhafter Prozess, da sie ein grundlegendes, existenzielles und dringendes Bedürfnis berührt: unseren Lebensunterhalt. In den Interviews mit Arbeitssuchenden, die ich mir beim Schreiben von Microcopy für eine Online-Jobbörse angehört habe, hörte ich eine lange Liste von Herausforderungen und Schwierigkeiten, mit denen sie in dieser Zeit zu kämpfen hatten. Im Folgenden finden Sie nur einige der Beiträge, und ich werde zeigen, wie sie das Voice & Tone Design beeinflusst haben – und wie das wiederum die Beziehung zwischen der Jobbörse und ihren Nutzern beeinflusste.

Herausforderung	Einfluss auf Voice und Tone
Der durchschnittliche Zeitraum für die Jobsuche beträgt 60 Tage. Während dieser Zeit geben die Arbeitssuchenden ihre Daten an und laden ihre Lebensläufe auf Dutzenden von Webseiten für unzählige Positionen hoch. Wir sprechen von einer täglichen, entmutigenden Aufgabe, die endlos erscheint.	Wo immer möglich, haben wir den Nutzern erklärt, warum es nötig ist, eine bestimmte Information bereitzustellen oder ein Formular auszufüllen. Wir haben die Vorteile für die Nutzer beschrieben und sie daran erinnert, dass diese Aktion sie ihrem Ziel einen Schritt näher bringt, was den Prozess etwas weniger entmutigend macht. Aber wir haben darauf geachtet, dass wir uns nicht wiederholen – Arbeitssuchende treffen jeden Tag auf viele solcher Formulare. Voice & Tone waren kurz, professionell und geradlinig, mit vielen aktiven Verben, die Fortschritt und Geschwindigkeit demonstrierten.
Jobsuchende haben zu Recht das Gefühl, dass sich Tausende anderer Bewerber um den gleichen Job bewerben und dass es fast unmöglich ist, sich von der Masse abzuheben und die Aufmerksamkeit des potenziellen Arbeitgebers zu erregen. Und das ist ziemlich deprimierend.	Die Angst, in der Menge zu verschwinden, nutzten wir als Motivation für die Nutzer, ihrem Lebenslauf ein Anschreiben beizufügen. Wir wollten, dass sie ein Anschreiben hinzufügen, da Arbeitgeber eher darauf reagieren; also war es in ihrem eigenen Interesse, es zur Verfügung zu stellen. Dennoch übersprangen sie diesen Schritt oft, weil ihnen die Geduld fehlte, sie entmutigt oder einfach zu bequem waren. Kurz vor dem Anschreiben sprachen wir also ihre Herausforderung direkt an und erinnerten daran, dass ein Anschreiben eine gute Möglichkeit ist, sich von anderen Bewerbern abzuheben.
Einsamkeit ist eines der dominierenden Gefühle bei der Jobsuche. Arbeitssuchende müssen sich alleine einer der härtesten Zeiten in ihrem Leben stellen, während alle anderen mit ihrem Alltag fortfahren.	Wir benutzten einen freundlichen, sanften Voice & Tone, reflektierten Gefühle und Bedenken in unseren Texten und zeigten viel Einfühlungsvermögen.
In den Usability-Tests wurde festgestellt, dass Arbeitssuchende in der Regel keine Antwort von den Arbeitgebern erhalten und sich nicht sicher sind, ob ein ausgefülltes Formular tatsächlich gesendet wurde – und wenn ja, ob es mitsamt den korrekten Attachments hinausging und ob es vom Arbeitgeber überhaupt in Empfang genommen wurde.	Um diese Bedenken auszuräumen, haben wir während des gesamten Prozesses ein klares, eindeutiges Feedback über den Prozessfortschritt hinzugefügt – dass das Formular erfolgreich empfangen wurde, dass der Lebenslauf an den Arbeitgeber geschickt wurde, dass die aktuelle Phase des Prozesses erfolgreich beendet wurde und so weiter.

Tabelle 1.2 Herausforderungen und deren Einfluss auf das Voice & Tone Design

Tipp 05 – Nutzer sind die besten Texter

Um auszudrücken, was Ihre Nutzer denken, verwenden Sie am besten deren eigene Worte. Ihre Nutzer sind immer präziser und verwenden die authentischsten Sätze. Nehmen Sie die Worte Ihrer Nutzer, und verwenden Sie sie, um die Vorteile Ihrer Marke zu beschreiben und Menschen zum Handeln zu bewegen.

Wo können Sie hören, was Ihre Benutzer sagen?

1. Online-Chat-Protokolle
2. Antworten auf offene Fragen in Umfrage, die Sie durchführen
3. Online-Communitys (z. B. Facebook-Gruppen) zu relevanten Themen
4. Feedback/Kommentare zu Ihrer Marke (oder Ihrer Konkurrenz) in den sozialen Netzwerken
5. Aufzeichnungen von Usability-Tests
6. Mithören von eingehenden und ausgehenden Anrufen von Callcentern
7. Transkriptionen von *Fokusgruppen-Interviews*
8. Jede andere Plattform, die Ihre Zielgruppe nutzt, um relevante Themen zu diskutieren

Ihnen fehlen diese Quellen? Befragen Sie fünf bis zehn Ihrer potenziellen Nutzer, wenn nötig Freunde und Familie. Es dauert nur wenige Stunden, aber kann völlig die Art und Weise verändern, wie Sie über Ihre Marke und Ihr Produkt denken und schreiben.

Was Sie finden werden? Ich schätze, Sie werden auf ein exzellentes, präzises Wording stoßen, das Sie bei einer professionellen, geplanten und rationalen Analyse niemals allein finden würden. Nehmen Sie einfach die Worte Ihrer Nutzer, und betten Sie diese in Ihre Texte ein.

Stufe 3: Beschreiben Sie die Hoffnungen und Träume Ihrer Zielgruppe: Die Absicht hinter der Nutzung Ihres digitalen Produkts

Im vorherigen Abschnitt haben wir uns angesehen, welche Probleme durch den Einsatz Ihres digitalen Produkts gelöst werden können. Dieser Abschnitt befasst sich mit den positiven Ergebnissen: was die Nutzer dank Ihrem digitalen Produkt gewinnen. Menschen brauchen einen guten Grund zum Handeln; sie müssen glauben, dass eine Handlung sie ihren Zielen näher bringt und ihre Träume und Hoffnungen wahr werden lässt. Diese Hoffnungen sind der Grund, warum sie bei Ihrem Produkt gelandet sind – und sie werden die Motivation sein, sich anzumelden, zu teilen, einen Artikel zu kaufen oder all die anderen Dinge zu tun, die Sie von Ihren Nutzern erwarten. Deshalb sind diese Hoffnungen und Träume das, worüber Sie sprechen sollten, wenn Sie wollen, dass die Benutzer etwas tun – oder wenn Sie Nutzern das Gefühl geben wollen, dass sie am richtigen Ort gelandet sind und das Beste für sich selbst tun. Damit das gelingt, müssen Sie die Worte der Benutzer kennen, um den richtigen Punkt zu treffen (siehe Tipp 05 in Abschnitt 1.8).

Beispiel: Sprechen wir mal über Ihr Budget

Als eine Großbank ein neues Tool auf ihre Website hochlud, mit dem Kunden ihr Budget verwalten können, war es für mich einfach, mich in die Hoffnungen und Träume der Zielgruppe hineinzuversetzen: Obwohl ich mein Bankkonto regelmäßig im Blick habe, würde ich eine einfache, effiziente Lösung bevorzugen, die mir einen Überblick über mein Budget gibt und mir zeigt, wo ich mehr und wo ich weniger ausgebe. Dieses Tool könnte mir helfen, endlich jene Ziele zu erreichen, die ich auf Eis gelegt habe, weil ich nicht die Zeit hatte, ein Budget für sie zu schaffen (zum Beispiel endlich zu reisen und die Nordlichter zu sehen).

Im Rahmen des Voice & Tone Designs für dieses neue Tool lernten wir die Hoffnungen und Träume der Bankkunden bezüglich ihres Budgets kennen. Wir haben drei Schlüsselgruppen von Zielen entdeckt:

1. Seelenfrieden und langfristige finanzielle Sicherheit durch das Beiseitelegen von Geld
2. Kontrolle dank Nachverfolgung und Verständnis des Gesamtbildes
3. Lebensqualität und Träume verwirklichen durch sorgfältige Budgetplanung und Sparbeträge

Jetzt mussten wir den Nutzern nur noch zeigen, wie das Budget-Tool sie diesen Zielen näher bringt:

- Als wir die Kunden motivieren wollten, das Tool auszuprobieren und zu nutzen, sprachen wir über innere Ruhe, Sicherheit und die Realisierung von Träumen:

  »Damit du einen neuen oder alten Traum verwirklichen und auf alles vorbereitet sein kannst, was das Leben so mit sich bringt.«

- Damit sich die Nutzer in den verschiedenen Ausgabenkategorien Ziele setzen können, sprachen wir davon, die Kontrolle zu behalten:

  »Du behaltst die Finger am Puls und siehst zu jedem Zeitpunkt, wo du in Bezug auf deine Lebensziele stehst.«

- Die Notwendigkeit der Kontrolle und Information wurde auch als Motivationsfaktor genutzt, um die Nutzer dazu zu bringen, jede Ausgabe richtig zu kategorisieren:

  »Ein gutes Budget ist ein genaues Budget – Ausgaben, die du nicht kategorisierst, verhindern, dass du das Gesamtbild siehst.«

- Damit sie die Follow-up- und Vergleichstools nutzen würden, sprachen wir über die Zielerreichung:

  »Um vorauszuplanen und Ziele zu erreichen, muss man auch zurückblicken. Hier kannst du dein Budget für das ganze Jahr einsehen.«

Wie Sie sehen können, brauchen Sie sich nicht den Kopf über die Sätze oder Botschaften zu zerbrechen, die Ihre Benutzer zum Handeln motivieren. Sie besuchen Ihre Webseite oder App, um etwas zu finden, das ihr Leben verbessert. Sie müssen nur herausfinden, was dieses Etwas ist – und sie dann daran erinnern.

Stufe 4: Finden Sie die Vorbehalte und Bedenken Ihrer Zielgruppe: Was hindert Benutzer daran, Ihr Produkt oder Ihre Dienstleistung tatsächlich zu nutzen?

Vorbehalte bedürfen besonderer Aufmerksamkeit, und auf keinen Fall dürfen sie ignoriert werden. Im Gegenteil, Sie müssen sie zumindest implizit ansprechen, sie ausräumen oder verhindern, dass sie überhaupt erst auftreten. Es gibt einige bekannte und konstante Vorbehalte, zum Beispiel das Widerstreben, Geld auszugeben oder persönliche Daten preiszugeben; und dann gibt es solche, die nur für ein spezifisches Produkt oder eine Dienstleistung gelten. Egal um welchen Vorbehalt es sich handelt, skizzieren und verstehen Sie die Einwände und Bedenken vollständig, und bieten Sie Nutzern überzeugende Gründe, diese zu überwinden und Ihnen vertrauen.

Beispiel: Willst du mich heiraten?

Wir alle haben ein klares Bild davon, wie ein klassischer Heiratsantrag aussieht, eingetrichtert durch all die dramatischen Liebesschnulzen: ein Mann, eine Frau und ein Diamantring. Der Mann kniet vor seiner großen Liebe, die vor Freude weint – und der Ring passt perfekt. Ein Foto des Ringes wird auf Facebook hochgeladen, und sie leben glücklich bis ans Ende ihrer Tage.

Ein großes und gut etabliertes Diamantenunternehmen beschloss, sein traditionelles Geschäft infrage zu stellen und eine Website einzurichten, die sich ausschließlich auf Verlobungsringe konzentriert. Die Zielgruppe ist männlich – es geht also um diejenigen, die den Ring auswählen, nicht um diejenigen, die ihn tragen werden. Auf der Website wird den Männern ein umfangreicher Katalog mit einer großen Auswahl an Designs zur Auswahl geboten, dann können sie einen Diamanten entsprechend ihrem Budget auswählen. Auf diese Weise kann jeder online exakt den Ring erstellen, den er möchte – und der in sein Budget passt.

Ein Mann, der sich für einen Ring und einen Diamanten entscheidet (idealerweise zum ersten Mal in seinem Leben) hat viele Bedenken – aber nur einen Traum: einen märchenhaften Heiratsantrag und eine glückliche, zufriedene Frau. Stimmt, die Welt geht nicht unter, wenn die Verlobte den Ring umtauschen oder die Größe ändern will. Dennoch ist das eine gänzlich unromantische Wendung einer ansonsten filmreifen Szene. Einige der Bedenken des Mannes beziehen sich also auf seine Freundin: Trifft er ihren Geschmack? Woher weiß er die richtige Größe? Andere Befürchtungen betreffen den Diamanten: Nach welchen Kriterien wählt er den Diamanten aus? Was braucht er, um ihn zu untersuchen und zu hinterfragen? Woher weiß er, dass der Diamant echt und von hoher Qualität ist? Und die größte Sorge von allen: Was macht er mit dem Ring, wenn sie wider aller Erwartung Nein sagt? Darüber hinaus gibt es noch die üblichen Bedenken beim Online-Kauf: Sicherheit, Versand- oder Abholoptionen und so weiter.

Jedes dieser Bedenken reicht aus, um den Benutzer dazu zu bringen, den Online-Prozess aufzugeben und sich eine andere Website anzusehen oder in ein traditionelles Ladengeschäft zu gehen. Aber dieses Unternehmen hat seine Zielgruppe wirklich erforscht: In den Online-Auswahl- und Einkaufsprozessen liefert es einen klaren Bezug zu jedem dieser Anliegen. Vor der Auswahl eines Ringes bietet die Website Links zu kurzen Artikeln, die dem Benutzer empfehlen, einen Blick auf den Schmuckkasten seiner Freundin zu werfen, um zu sehen, welche anderen Ringe sie selbst gekauft hat, oder den Durchmesser ihres Lieblingsringes zu messen. Später verspricht das Unternehmen, die Größe bei Bedarf ohne Aufpreis zu ändern. Jeder Fachbegriff, wie Farbe oder Klarheit, wird von einer Erklärung und Illustration begleitet. Es gibt Hinweise auf die Echtheitszertifikate, die zu jedem Ring dazugehören, und gegen Ende des Prozesses wird die Sicherheit der Webseite betont und zusätzlich die vollständige Rückerstattung garantiert, wenn der Ring innerhalb von 30 Tagen retourniert wird.

Erstellen Sie eine hierarchisierte Liste von Einwänden und Bedenken Ihrer Nutzer, und stellen Sie zum richtigen Zeitpunkt eine Lösung bereit. Dadurch können Ihre Kunden den Prozess von der Auswahl bis zum Kauf reibungslos und beruhigt durchlaufen, ohne die Website zu verlassen oder sich an den Support zu wenden. Davon profitieren Nutzer und Betreiber der Website gleichermaßen.

Stufe 5: Listen Sie die Vorlieben Ihrer Zielgruppe auf: Die Hauptgründe, warum Ihre Zielgruppe Ihre Marke wählt – und nicht Ihre Konkurrenz oder ähnliche Marken

Was unterscheidet Ihre Marke und macht sie besser als andere? Im Fachjargon nennt man das *Wettbewerbsvorteil* oder *USP*, und Sie sollten Ihre Website mit diesen Botschaften fluten und sie hervorheben.

Tipp 06: Stellen Sie die Nutzer ins Zentrum

Denken Sie daran, nicht über die Vorteile der Marke zu schreiben, sondern über die Vorteile, die für Ihre Zielgruppe wichtig sind. Wenn Sie zum Beispiel eine neue Technologie verwenden, die Ihre Zielgruppe prinzipiell nicht interessiert, bietet sie keinen Wettbewerbsvorteil und es macht keinen Sinn, darüber zu schreiben. Aber wenn Ihre Nutzer dank dieser Technologie Dinge tun können, die sie vorher nirgendwo anders tun konnten, dann ist das der Teil, der sie interessiert. Es ist Ihren Kunden egal, was hinter den Kulissen passiert – für sie zählt nur das Ergebnis.

Ein Wettbewerbsvorteil ist nur dann ein echter Pluspunkt, wenn er Ihrer Zielgruppe einen eindeutigen Vorteil bietet, den Ihre Konkurrenten nicht haben. Konzentrieren Sie sich also darauf, was Ihre Zielgruppe interessiert, nicht darauf, was Sie interessiert.

Beispiel: Israels Harvard

Israel hat neun Universitäten und etwa 50 Hochschulen. Als sich eine der führenden akademischen Institutionen entschied, mit einer neuen Website online zu gehen, war die Markendifferenzierung die zentrale Herausforderung. Natürlich mussten Stimme und Tonfall, wie auch alle anderen Elemente der Website, der Herausforderung gewachsen sein.

Während des Voice & Tone Designs beschrieb mir der Hochschulzugangsberater die Stimmung der Kandidaten, wenn sie auf die Seite zugreifen: Auf der einen Seite wurden sie überflutet mit Informationen der verschiedenen akademischen Institutionen und anderer Quellen, auf der anderen Seite haben sie das Gefühl, zu wenige Informationen haben, um eine Entscheidung zu treffen. Sie sind verunsichert, verwirrt und haben Angst, die falsche Entscheidung über etwas zu treffen, das ihre zukünftige Laufbahn bestimmt. Basierend auf dem, was sie auf der Website lesen, sollen sie nun eine Entscheidung treffen. Sie suchen nach einer klaren Antwort auf die Frage: Warum diese Institution? Warum sollte ich mich spezifisch hierfür entscheiden? Es ist unsere Aufgabe, eine einfache Antwort auf diese Frage zu geben und die Wettbewerbsvorteile unserer Institution gegenüber anderen klar und transparent darzustellen – Vorteile, die einen echten Mehrwert bieten und für zukünftige Studierende wichtig sind.

Nach Abschluss des Voice-&-Tone-Design-Prozesses hatten wir eine Liste der wichtigsten Wettbewerbsvorteile, die diese akademische Einrichtung gegenüber den anderen in Israel hat: außergewöhnliche Möglichkeiten, soziale und berufliche Vernetzung, eine internationale Erfahrung, persönliche Aufmerksamkeit – immer und für alle, eine klare Verbindung zwischen Theorie und Praxis und der zukünftigen Karriere, führende Professoren, ein gut gepflegter und gemütlicher Campus, Werte der sozialen Verantwortung und des Gebens an andere, großartige Menschen kommen und studieren hier, und es gibt zahlreiche außerschulische Aktivitäten.

Wie wir im Abschnitt über die Hoffnungen und Träume der Zielgruppe gesehen haben, müssen Sie die Wettbewerbsvorteile explizit hervorheben, wenn Sie Ihre Zielgruppe motivieren und neugierig machen wollen und sie dazu bringen wollen, das Gefühl zu haben, dass Sie etwas Einzigartiges bieten, das Ihren Mitbewerbern fehlt. Um die Kandidaten beispielsweise zu motivieren, mehr auf der Website zu lesen, können Sie ihnen die Wettbewerbsvorteile aus der von uns erstellten Liste darlegen:

> *»Wir laden Sie herzlich ein, mehr über unsere ausgezeichneten Professoren zu erfahren. Über die Entrepreneurship-Programme, die Ihnen jede Tür öffnen werden, und den schönen grünen Campus, der in den nächsten Jahren Ihr Zuhause sein wird. Sie werden schnell feststellen, dass wir mehr als anderswo eine enorme Bandbreite an Möglichkeiten zur persönlichen Entwicklung bieten und dass unsere Absolventen ganz oben auf der Liste der Meistverdienenden stehen.*
>
> *Wir stellen Ihnen internationale Austauschprogramme (Warum nicht gleich mit der globalen Vernetzung beginnen?) vor, ebenso die hochkarätigen Studierenden, die mit Ihnen den Unterricht besuchen (und lebenslange Freunde werden), den praxisorientierten Lehrplan (Am Ende dieses Weges wartet eine Karriere auf Sie.) und all unsere Angebote neben der Wissenschaft (endlose Erfahrungen).«*

Nachdem Sie Ihre Liste der Wettbewerbsvorteile erstellt haben, müssen Sie nicht mehr immer wieder darüber nachdenken, wie Sie Ihre Benutzer davon überzeugen können, auf Ihrer Webseite zu bleiben oder Ihr Produkt oder Ihre Dienstleistung auszuwählen. Fragen Sie sich einfach, worin Sie besser sind als Ihre Konkurrenz – und dann sagen Sie es.

Stufe 6: Definieren Sie die Beziehung zwischen Marke/Produkt und Nutzern

- Freunde
- Beste Freunde
- Mentor und Schüler
- Menschen mit gemeinsamem Ziel
- Eltern
- Bekanntschaften
- Geschäftspartner
- Leiterin und Leiter
- Verkäufer und Käufer
- Promi und Fan
- Paar
- Geschäftsführer und Assistenten

Beispiel: Wir beide gegen die hohen Lebenshaltungskosten

Alle paar Jahre erfindet jemand eine neue Art, online einzukaufen, die Preise drastisch reduziert. Bei *B4Upay* gehen Nutzer auf die Website, nachdem sie den Markt erforscht haben, tragen den niedrigsten Preis ein, den sie gefunden haben, bestellen das Produkt und geben B4Upay die Erlaubnis, es für sie zu einem noch niedrigeren Preis zu kaufen. Die Website verspricht, die Kreditkarte erst zu belasten, wenn das identische Produkt zu einem niedrigeren Preis erhältlich ist als dem, den der Nutzer angegeben hat.

Sobald die Bestellung aufgegeben wurde, kontaktiert B4Upay verschiedene Lieferanten und fragt sie nach ihrem besten Angebot für dieses Produkt. Da die Lieferanten wissen, dass das Produkt bestellt und bezahlt wurde, sind sie sehr motiviert, das Geschäft sofort abzuschließen. Dies führt dazu, dass sie den Preis für den garantierten Kauf unter den regulären Marktpreis senken.

> *»Die Beziehung, die wir zwischen B4Upay und den Nutzern aufbauen wollten, war sehr klar definiert: Die Nutzer und die Website sind ein Team im Kampf gegen die hohen Lebenshaltungskosten und arbeiten zusammen, um den niedrigsten Preis zu erzielen. Um eine solche Beziehung aufzubauen, haben wir bei jeder Gelegenheit diese Zusammenarbeit betont – und die Tatsache, dass die Website mit ihnen und für sie arbeitet: ›Nennen Sie uns den niedrigsten Preis, den Sie gefunden haben, und wir werden das Produkt für Sie zu einem noch niedrigeren Preis holen‹; ›Jetzt können Sie sich zurücklehnen und entspannen, während wir die besten Lieferanten kontaktieren‹; ›Ihr Artikel erscheint nicht auf der Liste? Geben Sie uns einen Moment Zeit, ihn zu finden‹; ›Danke, dass Sie bei B4Upay bestellt haben! Gerne helfen wir Ihnen, mit einem Klick Geld zu sparen.‹«*

1.9 Geschlechtergerechte Sprache: Gendern Sie richtig?

Nun, da Sie ein klareres Bild davon haben, wer Ihr Publikum ist, müssen Sie sich noch eine wichtige Frage stellen: Wie sprechen Sie Ihre Benutzer an? Im deutschsprachigen Raum gestaltet sich diese Frage besonders schwierig. Denn ob Arzt, Buchhalter oder Lehrer: Wenn in einer Stellenanzeige nach der männlichen Form gesucht wird, sind die Ärztin, die Buchhalterin und die Lehrerin meist mitgemeint. Dieses Phänomen nennt man *generisches Maskulinum* – an sich schon ein Widerspruch in einer Zeit, in der Frauen ihre Rechte als gleichberechtigte Partnerinnen (und Kundinnen!) kennen und selbstverständlich wahrnehmen. Wenn Sie aktuell, relevant und zeitlos erscheinen möchten, benutzen Sie *genderneutrale Sprache*.

Durch Studien bewiesener Fakt ist: Verwendet eine Stellenanzeige das generische Maskulinum, fühlen sich Frauen oft nicht angesprochen; dasselbe gilt für alle anderen Textformen. (Der Umkehrschluss gilt übrigens noch stärker: Die Chefärztinnen-Stelle wird den männlicher Bewerber mit Sicherheit verunsichern – ein generisches Femininum führt also nicht wirklich zur Balance.) Wer beide Geschlechter ansprechen will, kommt also nicht umhin, sich mit der gendergerechten Sprache auseinanderzusetzen. Doch wie gendern Sie richtig?

Der UNESCO-Bericht *Eine Sprache für beide Geschlechter*[2] definiert zwei Prinzipien:

1. **Das Prinzip der sprachlichen Sichtbarmachung** – Wenn ausschließlich von Frauen (oder Männern) die Rede ist, muss dies sprachlich auch zum Ausdruck kommen.
2. **Das Prinzip der sprachlichen Symmetrie** – Wenn von Frauen und Männern die Rede ist, müssen beide gleich behandelt werden.

Konkret bedeutet das eine Verabschiedung vom generischen Maskulinum; ansonsten ist Prinzip 1 nicht durchsetzbar. Denn woher wissen Sie sonst, ob beim Arzt nun die Ärztin mitgemeint ist oder nicht? Wie aber ist die sprachliche Gleichbehandlung zu bewerkstelligen?

Zuallererst sollten Sie tief durchatmen. Sehen Sie das Gendern als weitere Chance, eine einzigartige Sprache zu kreieren, die Sie Ihren Nutzern näher bringt. Daher ist es wichtig, dass Sie sich über Ihre Zielgruppe, Ihre Werte sowie Ihre Mission und Vision im Klaren sind, bevor Sie sich für die passende gendergerechte Schreibweise entscheiden.

---

2 Marlis Hellinger & Christine Bierbach: Eine Sprache für beide Geschlechter – Richtlinien für einen nicht-sexistischen Sprachgebrauch, 1993. *https://www.unesco.de/sites/default/files/2018-05/eine_Sprache_fuer_beide_Geschlechter_1993_0.pdf*

Folgendes sind die am häufigsten genutzten Formen:

- **Splitting: LehrerInnen, Lehrer/Innen oder Lehrer(innen)**
  Diese Form wird gerne von Institutionen und in amtlicher Kommunikation verwendet und ist mittlerweile auch dudenkonform. Für eine authentische, werberische Sprache erscheint sie eher ungeeignet, da sie den Lesefluss stört. Außerdem stößt das Splitting bisweilen an Grenzen – »der/die Arzt/in« wird beispielsweise zu »der/die Arzt/Ärztin«.
- **Verdoppelung: Lehrer und Lehrerinnen, Lehrer bzw. Lehrerinnen**
  Die Verdoppelung ist außerordentlich korrekt – und laut Kritikern eher schwerfällig. Mit der Umkehrung (Lehrerinnen und Lehrer) spielen Sie mit den Konventionen – eine weitere Möglichkeit, Ihrer Marke Persönlichkeit zu geben.
- **Gendergap und Genderstern: Lehrer_Innen, Lehrer*Innen**
  Diese Schreibweise hat ihren Ursprung in der Queer-Theorie und beinhaltet dank der Leerstelle das gesamte LGBTQ*-Geschlechterspektrum. In der schriftlichen Kommunikation ist das eine sehr zeitgenössische und umfassende Lösung – mündlich wird's mit Sternchen & Co aber eher schwierig.
- **Neutrale Alternativen: Lehrende, Lehrpersonen, Lehrkörper**
  Wann immer möglich, können Sie geschlechterneutrale Alternativen kreieren. Aber Achtung: Bisweilen treibt diese Praxis sprachliche Blüten – der Lehrkörper, beispielsweise, liegt schon etwas an der Grenze des Sagbaren.

  Online finden Sie praktische Hilfen wie Wörterbücher und Umschreibungen, zum Beispiel unter *www.gendern.de* und *www.geschicktgendern.de*.

Die eleganteste Lösung wäre, eine genderspezifische Benutzeroberfläche zu schaffen – also je nach Geschlecht der Nutzer die entsprechende Sprache zu wählen. Bei Websites oder Produkten, die das Geschlecht ihrer Nutzer sowieso in Erfahrung bringen (z. B. Dating- oder Gesundheits-Apps) wird sich der zusätzliche Entwicklungsaufwand bestimmt lohnen.

Denn Personalisierung ist die Zukunft, einer der Eckpfeiler der Benutzererfahrung, und sie wird von Tag zu Tag fortschrittlicher. Das Ziel eines jeden Produkts ist es heute, den Benutzern das persönlichste und einzigartigste Erlebnis zu bieten. Sie können Frauen keine personalisierte Erfahrung geben, wenn Sie eine männliche Stimme nutzen. Wollen Sie freiwillig 51 % Ihres Publikums ein personalisiertes Erlebnis vorenthalten? Denken Sie darüber nach, auch in Bezug auf die Conversion Rate, und Sie werden alles tun, um das Erlebnis für alle Geschlechter ansprechend zu gestalten. Wie gesagt: Verzagen Sie nicht! Auch beim Gendern gibt es kein allgemeingültiges Richtig oder Falsch. Nutzen Sie die Gelegenheit, und bahnen Sie sich

– angepasst an die Bedürfnisse und Ziele Ihrer Marke – Ihren eigenen Weg durch den Geschlechterdschungel.

Tipp 07: Hat »man« ausgedient?

Der UNESCO-Ratgeber zur geschlechterneutralen Sprache schlägt vor, das Pronomen *man* zu ersetzen – schließlich stammt es ursprünglich vom »Mann«, und »frau« ist damit nicht unbedingt mitgemeint. Wie auch immer Ihre Haltung hierzu ist: Wenn Sie eine authentische, persönliche Verbindung kreieren wollen, die Ihre Leserinnen anspricht und überzeugt, sollten Sie das Wörtchen »man« sowieso aus Ihrem Schreibgebrauch verbannen. Es sei denn, man ziele auf ein schwerfälliges Beamtendeutsch von vorgestern ab. Auch das kann, je nach Zielgruppe, durchaus seine Richtigkeit haben!

1.10 Geschafft! So sieht Voice & Tone Design aus

Das Voice & Tone Design kann auf verschiedene Arten und Weisen geschrieben werden, und jede Marke sollte ein Design produzieren, das ihren Zwecken am besten entspricht.

Für die meisten Marken und Unternehmen reicht es aus, ein internes Arbeitsdokument zu erstellen, das alle Abschnitte zusammenfasst, die wir in diesem Kapitel diskutiert haben. Dieses wird von den Text-Leuten verwendet, um Microcopy, Werbetexte oder Content zu erstellen.

Aber für ein großes Unternehmen, das im Rahmen seines Brandings ein Voice & Tone Design vorbereitet oder vielen Autoren auf verschiedenen Medien (Seiteninhalt, Microcopy, Social Media, Newsletter, Chat oder E-Mail usw.) eine neue Stimme und einen neuen Tonfall verleihen möchte, lohnt es sich, einen formalen Leitfaden zu erstellen, der gut gestaltet und mit vielen Beispielen versehen ist.

Das Format ist flexibel: ein PDF, eine Word-Datei, ein Google-Doc, eine gut gestaltete Präsentation, eine Webseite – was auch immer am besten Ihren Bedürfnissen entspricht.

Im Internet finden Sie viele Beispiele für Voice & Tone Design. Drei meiner Favoriten, die sich erheblich voneinander unterscheiden, sind der Leitfaden der University of Leeds (*https://goo.gl/JvvbZw*), der Leitfaden von Mailchimp (*https://styleguide.mailchimp.com/voice-and-tone/*) und der Leitfaden von Salesforce (mehr dazu in Kapitel 19, »Microcopy für komplexe Systeme«). Beim Lesen dieser drei Dokumente erfahren Sie viel über die schriftliche Kommunikation im Allgemeinen und über die Sprach- und Tongestaltung im Besonderen. Entdecken und genießen Sie.

1.11 Der Leuchtturm und der Anker: Wie Sie Ihr Voice & Tone Design verwenden

Voice & Tone Design enthält Antworten auf zwei der wichtigsten Fragen beim Schreiben: In welchem Stil Sie schreiben sollen – und worüber. Deshalb sollten Sie beim Schreiben von Inhalten für Ihre Website, Ihre App, Ihren Newsletter oder für Social Media ständig darauf zurückgreifen.

Der Leuchtturm: Bei der Beantwortung der Frage, in welchem Stil Sie schreiben sollen, setzt das Voice & Tone Design Akzente, gibt den Charakter vor und erhält die Stimme und den Tonfall, die Sie verwenden sollten, damit die Worte zu den Werten und zur Persönlichkeit Ihrer Marke passen. Sobald Sie ein gutes Verständnis für Voice & Tone haben, müssen Sie das Dokument nur noch gelegentlich konsultieren, um den Geist aufzufrischen und sich in die Produktpersönlichkeit hineinzudenken.

Der Anker: Im Umgang mit Botschaften bietet das Voice & Tone Design den nötigen Halt. Wann immer Sie sich fragen, wie Sie zum Handeln motivieren, was die Barrieren sind und wie Sie diese beseitigen können oder welche Botschaften die beste Arbeit leisten, nehmen Sie das Voice & Tone Design zur Hand – die Antworten werden immer dort zu finden sein.

1.12 Eine persönliche Anmerkung zum Schluss

Voice & Tone Design ist kein Selbstzweck. Ich habe Organisationen gesehen, die großartige Voice & Tone Designs geschaffen haben, die wunderschön in den Farben der Marke dekoriert sind – deren Texter sich aber beim Schreiben nicht daran gehalten haben.

Warum passiert das? Schreiben ist eine Gewohnheit, die schwer zu überwinden ist. Es ist viel einfacher, mit den üblichen Wörtern in vertrauten Sätzen zu arbeiten und an unseren gewohnten Denkprozessen festzuhalten. Diese drohen immer wieder zurückzukehren.

Das Voice & Tone Design erfordert jedoch, dass wir alte Gewohnheiten abschütteln und jedes Mal neu denken. Damit wir Texte schreiben, die wirklich unsere Werte beschreiben, die betonen, was für unsere Nutzer wichtig ist, und die die gesetzten Ziele erreichen.

Voice & Tone Design ist erst der Anfang, und wenn wir es einmal abgeschlossen haben, sollten wir entsprechend schreiben, um aus uns herauszukommen und so zu schreiben, als wären wir die Marke.

Das ist herausfordernd, faszinierend und es kann Ihre Schreibfähigkeiten verbessern und Sie einen großen Schritt voran bringen.

Also widerstehen Sie der Versuchung, zu alten, ausgetrampelten Pfaden zurückzukehren. Wenn Sie durchhalten, werden die neu definierte Stimme und der neue Tonfall bald selbstverständlich.

1.13 Leitfragen für erfolgreiches Voice & Tone Design

Integrieren Sie diese Fragen in Ihren Branding-Prozess, oder führen Sie ein Gruppeninterview mit Schlüsselpersonen in Ihrem Unternehmen durch.

Teil I: Die Marke

- **Die Vision**
  Welche Veränderung strebt die Marke in der Welt an? Wie verbessert sie die Welt, wenn sie erfolgreich ist?

  Die Antwort liegt in der Zukunft und muss nicht unbedingt erreichbar sein, sondern dient als Leuchtturm, der den Weg weist und das ideale Ergebnis hervorhebt.
- **Die Mission**
  Was tun Sie, um die Vision zu realisieren? Wie fördern Sie den Wandel?

  Die Antwort bezieht sich auf die Gegenwart und sollte Ihre wichtigsten Handlungsweisen und -bereiche kurz beschreiben.
- **Werte**
  - Welche Werte will die Marke erhalten und wie will sie entsprechend handeln?
  - Welche Werte sind für die Marke wichtig, um in der Welt zu werben?
  - Welche dieser Werte sind die fünf wichtigsten für Sie und die Marke?
  - Beschreiben Sie jeden Wert in wenigen Worten. Was bedeutet er für Sie, und was bedeutet er für die Marke?
- **Die Persönlichkeit der Marke**
  - Wenn die Marke eine Person wäre und den Raum betreten würde, was sind die drei Dinge, die wir auf den ersten Blick über sie denken würden?
  - Wenn die Marke mit uns einen Kaffee trinken würde und wir sie besser kennenlernen, was würden wir dann über sie erfahren?

- Wenn die Marke eine Person wäre: Wie alt ist sie, wie kleidet sie sich, was ist ihr Familienstand?
- Wenn sie die Zeitung öffnet, welche Rubrik liest sie zuerst? Sport, Kunst, News?
- Welche Art von Smartphone verwendet sie: Galaxy oder iPhone?
- Was sind ihre Hobbys und Interessengebiete?
- Hat sie Sinn für Humor, und wenn ja, wann verwenden sie ihn?
- Was ist sie überhaupt nicht?
- Welche berühmte Persönlichkeit repräsentiert Ihre Marke am besten?

Teil II: Das Zielpublikum

- **Bedürfnisse und Probleme**
  - Welche praktischen Probleme werden durch Ihr Produkt oder Ihre Dienstleistung gelöst?
  - Welche Sorgen oder Stressfaktoren erleichtert oder beseitigt Ihr Produkt bzw. Ihre Dienstleistung?
- **Hoffnungen und Träume**
  - Was versprechen sich Ihre Nutzer durch Ihr Produkt bzw. Ihre Dienstleistung?
  - Was begeistert sie an der Idee des Produkts? Welche Hoffnung gibt es ihnen?
  - Welche wichtigen Werte im Leben Ihrer Nutzer werden unterstützt, weil sie Ihr Produkt verwendet haben?
  - Welches Versprechen bietet die Marke? Was verspricht sie im Laufe der Zeit zu liefern?
- **Einwände und Bedenken**
  - Was könnten die Gründe dafür sein, dass jemand, der Ihr Produkt oder Ihre Dienstleistung benötigt und Ihre Website oder App kennt, diese am Ende nicht benutzt? Was könnte Menschen daran hindern, sie auszuprobieren?
  - Was sind die wichtigsten Bedenken, die Benutzer während des gesamten Prozesses (vor, während und nach dem Start) haben könnten?
  - Was könnte für die Nutzer verwirrend oder unklar sein?
- **Präferenzen**
  - Wer sind die Hauptkonkurrenten der Marke?
  - Hat die Marke Wettbewerbsvorteile mit echtem Mehrwert für die Nutzer?

  - Ihre Benutzer könnten wahrscheinlich ein ähnliches Produkt oder eine ähnliche Dienstleistung anderswo erhalten. Warum sollen sie zu Ihnen kommen?

- **Die Beziehung zwischen der Marke und ihren Nutzern**
  - Was ist die Beziehung, die Sie zwischen Ihren Nutzern und der Marke aufbauen wollen?
  - Was sollen Ihre Nutzer fühlen, wenn sie Ihrer Marke auf der Website, in einer App oder an anderer Stelle begegnen?
  - Was denken Ihre Nutzer gerne über sich selbst? Welche Selbstwahrnehmung möchten Sie fördern?
  - Was sollen Ihre Nutzer sagen, wenn sie nach Ihrer Marke gefragt werden?

2 Gesprächshaftes Schreiben – Conversational Writing

Schreiben oder sprechen? Beides! In diesem Kapitel lernen Sie, warum digitale Produkte sprechen müssen, was gesprächshaftes Schreiben ist und wie Sie Ihre Nutzer mit einfachen Tipps und Tricks in ein schriftliches Gespräch verwickeln.

2.1 Was investieren Sie in Ihre Kundenbetreuer?

An dem Tag, an dem das digitale Produkt, an dem Sie gerade arbeiten – Website, App, SaaS, Expertensystem, interaktiver Kiosk oder was es auch immer ist –, in Betrieb geht, wird es für Ihre Kunden zum offiziellen Vertreter Ihrer Marke. Es wird Kunden zum Besuch einladen, sie begrüßen, wenn sie eintreten, ihnen das Produkt oder die Dienstleistung zeigen, ihnen erklären, wie es funktioniert, und sie beim Verlassen des Hauses verabschieden.

Was für eine Kundenbetreuung möchten Sie vorfinden? Welche Kundenberater braucht es, damit Sie darauf vertrauen, dass die Marke wirklich gut für Sie ist und Sie versteht? Ich persönlich bevorzuge Berater mit einem aufrichtigen, natürlichen Lächeln und echter Hilfsbereitschaft. Die Berater sollten serviceorientiert sein und eine Sprache sprechen, die sich selbst, die Marke und mich respektiert. Sie sollten mit kleinen Witzen das Eis brechen (und auf Unsinn von meiner Seite reagieren). Kurz gesagt, ich wünsche mir kompetente Vertreter, die mir einen so persönlichen Service bieten, dass ich völlig vergesse, dass ich eine Kundin unter Tausenden bin.

Um jene Erfahrung des Vertrauens und der Nähe schriftlich herzustellen, die menschliche Kundenbetreuer schaffen, müssen Sie einsehen, dass die Wörter auf Ihrer Benutzeroberfläche eigentlich ein Gespräch mit Ihren Kunden sind. Und je authentischer, freundlicher und menschlicher sie klingen (ja, auch wenn Sie eine Versicherung sind), desto besser wird das Kundenerlebnis sein.

Um mehr über die Vorteile des gesprächshaften Schreibens – auch für traditionell eher trockene Branchen – zu erfahren, ist Kate Morans Artikel *The Impact of Tone of Voice on Users' Brand Perception*[1] (Nielsen Norman Group) sehr interessant.

1 Kate Moran: The Impact of Tone of Voice on Users' Brand Perception, August 7, 2016 *https://www.nngroup.com/articles/tone-voice-users/*

2.2 Sind Sie bereit, einen Mythos zu entlarven?

Wie wir bei den Experimenten von Clifford Nass im vorigen Kapitel gesehen haben, gilt: Je menschlicher die Oberfläche ist und je mehr sie sich an unsere sozialen Normen hält, desto mehr fühlen sich die Nutzer angesprochen, reagieren und lassen sich überzeugen. Daher ist es wichtig, dass Voice & Tone des digitalen Produkts so nah wie möglich an einem menschlichen Gespräch sind.

In der Praxis sind die meisten digitalen Produkte weit davon entfernt, menschlich zu klingen. Ihre Sprache ist oft roboterhaft, formalistisch oder dürftig und erzeugt nicht das Gefühl von persönlicher Aufmerksamkeit. Das kreiert eine formale Stimme und einen Tonfall, der so starr und distanziert ist, dass Sie kaum ein Lächeln, eine Einladung, Wärme oder Aufrichtigkeit finden.

Beispiel

- Fehler. Bitte versuchen Sie es erneut.
- Melden Sie sich an, um diese Aktion durchzuführen.
- Geben Sie eine gültige E-Mail-Adresse ein.
- Wenn Sie noch kein Konto haben, müssen Sie ein Konto erstellen und Ihre Identität auf dieser Seite überprüfen, um Ihre Transaktion fortzusetzen und abzuschließen.

Warum passiert das? Schon in jungen Jahren lernen wir, in zwei verschiedenen Stilen zu schreiben und zu sprechen. Der *schriftliche Stil* ist in der Regel formell, komplizierter und wird als seriös wahrgenommen, während der *gesprochene Stil* leichter ist, fließend, alltäglicher, verständlicher und für alle zugänglich. In der Vergangenheit wurde der schriftliche Stil in der verzögerten Kommunikation verwendet, wenn der Empfänger den Inhalt las, nachdem er ein echtes Stück Papier (z. B. einen Brief) erhalten hatte, das oft viele Tage nach dem Schreiben ankam. Der gesprochene Stil hingegen wurde nur in der persönlichen Kommunikation oder am Telefon verwendet. Mit anderen Worten, er wurde in der persönlichen Kommunikation verwendet, wo die Botschaft unmittelbar gehört wurde und sofort eine Antwort erhielt.

Dann kam das Internet und hat die Dinge durcheinandergebracht. E-Mails verringerten den Graben zwischen verzögerter und sofortiger Kommunikation, und mit dem Aufkommen von Sofortnachrichten wurde er fast vollständig geschlossen. Wenn wir über Facebook oder WhatsApp kommunizieren – schreiben oder reden wir dann? Und welchen Stil verwenden wir für eine Chat-App: schriftlich oder mündlich?

Carmel Wiseman und Ilan Gonen präsentieren in ihrem Buch *Internet Hebrew* (erschienen auf Hebräisch bei Keter, 2005) eine schöne Antwort:

»Das Internet durchbricht die uralte Grenze zwischen schriftlicher und gesprochener Sprache und führt zu einer dritten Option: dem gesprächshaften Schreiben.«[2]

Es geht also nicht um eine geschriebene oder gesprochene Sprache, sondern um eine neue, die Elemente aus beiden kombiniert.

Also: Sind Sie bereit, einen Mythos zu entlarven? Sie dürfen schreiben, wie Sie sprechen, in einem gesprochenen Stil.

Sicherlich fragen Sie sich jetzt: »Aber wir können Kunden doch nicht in falschem Deutsch ansprechen?« Das stimmt. Auf keinen Fall sollten Sie mit Ihren Kunden in einer unterdurchschnittlichen Sprache sprechen. Aber der gesprochene Stil ist nicht unbedingt unterdurchschnittlich. Wenn Sie ein formelles Gespräch mit Ihrem Chef, mit Kunden oder wichtigen Lieferanten führen, verwenden Sie den gesprochenen Stil, und er ist nicht unzureichend.

Wo ist der Unterschied? Ein unzulänglicher Stil ist grob, voller Fehler und führt zu Missverständnissen. Die Satzstruktur ist verwirrend, inkonsistent und schlampig. Das ist nicht das, was ich meine. Der gesprächshafte Stil ist höflich, respektvoll und grammatikalisch korrekt (es sei denn, Sie entscheiden sich bewusst anders – wie bei der intelligenten Verwendung von Slang). Er ist konsistent, präzise und unmissverständlich. Seien Sie nicht fahrlässig oder verwirrt! Gesprächshaftes Schreiben muss ausgezeichnet sein – aber Exzellenz bedeutet nicht Starrheit und Unnahbarkeit.

Mit anderen Worten, eine Benutzeroberfläche sollte und kann beides sein: repräsentativ und angenehm, professionell und lächelnd, respektvoll und gleichberechtigt. Sehen Sie sich um – Menschen können (und tun!) das auch.

Ja, ich weiß, in Wirklichkeit ist es nicht so einfach. Vielen, die für digitale Produkte schreiben, fällt es schwer, die Unterschiede zwischen den beiden Sprachstilen aufzugeben und sich von dem Konzept zu verabschieden, dass der eine Stil respektvoll sei, der andere nicht. So halten sie sich an den formalen Schreibstil, auch wenn der Charakter und der Stil des eigentlichen Produkts eine andere Stimme und einen anderen Ton erfordern. Manchmal besteht das Problem darin, dass sie nicht über die richtigen Werkzeuge für gesprächshaftes Schreiben verfügen. Auf den folgenden Seiten stelle ich Ihnen Tools zur Verfügung, die Ihnen dabei helfen werden.

Tipp 08: Du oder Sie?

Die deutsche Sprache hat die wunderbare Eigenschaft, zwischen »Du« und »Sie« zu unterscheiden und damit automatisch höfliche Distanz oder umgängliche Nähe zu kreieren. Die Entscheidung für »Du« oder »Sie« oder sogar für – ebenfalls dudenkonform und

2 Carmel Wiseman & Ilan Gonen: Internet Hebrew, Keter 2005.

noch etwas weniger förmlich – ein kleingeschriebenes »du« bzw. »ihr« sollten Sie treffen, bevor Sie mit Schreiben beginnen.

Wie spricht Ihre Zielgruppe? Wie wollen Sie zu ihr in Beziehung treten? Für eine jüngere, hippe und global denkende Zielgruppe bietet sich das »Du« an – *Airbnb* und *IKEA* beispielsweise setzen darauf. Wer seriös auftreten will und seinen Kundinnen und Kunden mit Respekt begegnet, wählt das »Sie«. Sogar Mischformen sind möglich – allerdings nur, wenn sie gezielt und klar getrennt eingesetzt werden.

So beweist *Zistemo*, ein Tool für Online-Buchhaltung, mit dem respektvollen »Sie« auf seiner Website, im Blog und all jenen Texten, die einen ersten Eindruck verschaffen sollen, Respekt und Seriosität – jene Eigenschaften, die Nutzer bei der Verwaltung ihrer sensiblen Finanzdaten suchen. Im Newsletter, im Support und bei der Kommunikation mit bestehenden Kunden im Backend bricht jedoch das »Du« das sprachliche Eis: Aus der respektvollen Beziehung von zuvor wird eine vertrauensvolle Verbindung, die langfristig Bestand hat.

2.3 Schreiben Sie nichts, was Sie nicht laut aussprechen würden

Selbst wenn Ihre Marke wirklich seriös ist (wie beispielsweise eine Bank, eine Versicherungsgesellschaft oder ein Amt) müssen Sie den Nutzern nicht zwingend das Gefühl geben, dass Sie Ihre Anwälte geschickt haben, um mit ihnen zu sprechen – schicken Sie lieber die Kundenberater. Sie möchten nicht, dass sich Ihre Nutzer entfremdet oder bedroht fühlen. Vielmehr wollen Sie ihnen das Gefühl geben, dass Ihr Produkt ein würdiger Ersatz für einen aufmerksamen Kundendienstmitarbeiter ist.

Schriftlicher Stil beinhaltet Wörter oder Phrasen, die man auch in einer formalen Situation nicht einfach laut aussprechen würde. Um die Erfahrung eines serviceorientierten authentischen Dialogs zu schaffen, müssen Sie auf die Verwendung formaler, starrer Phrasen verzichten. Die Regel lautet: Schreiben Sie nicht, was Sie nicht laut aussprechen würden. In den folgenden Beispielen habe ich Phrasen hervorgehoben, die Sie aus Ihrem digitalen Wörterbuch entfernen sollten. An ihrer Stelle biete ich eine passende gesprächshafte Alternative:

- Geben Sie die Telefonnummer ein, die Sie wählen möchten → Welche Nummer möchten Sie anrufen?
- Wenn Sie sich bereits für diese Seite registriert haben, tragen Sie bitte Ihre E-Mail-Adresse und Ihr Passwort ein → Bereits registriert? Geben Sie Ihre E-Mail-Adresse und Ihr Passwort ein.

- Für Verifikationszwecke wird eine E-Mail an die von Ihnen angegebene E-Mail-Adresse gesendet → Eine Bestätigungs-E-Mail ist auf dem Weg in Ihren Posteingang (oder formeller: wurde an Ihre E-Mail-Adresse gesendet).
- Es ist auch möglich, einen Kauf per Telefon zu tätigen → Sie können uns Ihre Kreditkartendaten auch am Telefon angeben.
- Die Produkte, die Sie kaufen möchten → Ihre Einkaufsliste
- Ihre Anmeldeinformationen sind unten aufgeführt → Ihre E-Mail-Adresse und Ihr Passwort lauten:
- Für den Fall, dass Sie Ihr Passwort vergessen haben → Haben Sie Ihr Passwort vergessen?

2.4 Sätze werden nicht so konstruiert

Zwei weitere Dinge, die wir nur schriftlich tun, aber selten mündlich äußern, stehen im Zusammenhang mit der Satzstruktur.

1. Verwenden Sie Aktiv statt Passiv

Wenn Sie formell schreiben, könnten Sie sich folgenden Satz ausdenken:

Bitte wählen Sie die bevorzugte Zahlungsart.

Aber »bevorzugt« ist eine passive Form und wir würden es beim Sprechen nicht so ausdrücken (»die von jemandem bevorzugte Methode« statt »jemand, der oder die etwas bevorzugt«). Wir würden die Person, die vor uns steht, ganz einfach in der aktiven Form fragen:

Wie möchten Sie bezahlen?

Oder anders:

Bitte wählen Sie eine Zahlungsmethode aus.

Die aktive Struktur des gesprochenen Satzes ist besser, da sie sich auf die Person konzentriert, mit der man spricht. Verwenden Sie daher immer die aktive Form, wenn Sie Microcopy schreiben.

2. Lassen Sie Verbindungsworte nicht weg

Wenn wir reden, verbinden wir Satzteile durch Präpositionen, die Klarheit schaffen und für eine natürlichere, persönlichere Sprache sorgen. Aber schriftlich scheinen diese Verbindungen zu verschwinden. Dies macht den Satz komplexer und behindert den Fluss einer Botschaft.

Beispiel

- Bestelldaten → Ihre Bestelldaten
- Fenster schließen → das Fenster schließen
- Anzahl Artikel im Warenkorb → Anzahl der Artikel in Ihrem Warenkorb
- Einstellungen speichern → Diese Einstellungen speichern
- Element auswählen → Ein Element auswählen

Sätze, die ohne Verbindungsworte und im Passiv geschrieben werden, klingen erzwungen, unbeholfen und behindern das Verständnis. Schreiben Sie also aktiv, und stellen Sie sicher, dass Sie alle Teile eines Satzes richtig miteinander verbinden.

2.5 Tricks für exzellentes gesprächshaftes Schreiben

Gesprächshaftes Schreiben kreiert eine Umgebung, in der sich Ihre Benutzer wohlfühlen. Das schafft Vertrauen, erhöht die Akzeptanz und sorgt ganz allgemein für ein positives Erlebnis. Mit ein paar einfachen Tricks stellen Sie sicher, dass ihre Worte natürlich klingen.

Trick #1: Sagen Sie's einfach

Brüten Sie über einer Formulierung? Stellen Sie sich vor, der Nutzer steht direkt vor Ihnen: Wie würden Sie es ihm sagen? Versuchen Sie, so natürlich und spontan wie möglich zu sein, ohne vorher groß nachzudenken oder Ihre Aussage zu strukturieren. Es hilft, wenn zwei Leute dies zusammen tun – einer fragt und der andere liefert die erste Antwort, die ihm oder ihr in den Sinn kommt.

Trick #2: Lesen Sie es laut vor

Klingt das natürlich? Ist es fließend? Klingt es, als hätte es ein echter Mensch gesagt? Großartig!

Trick #3: Vermeiden Sie langweilige Formate

Das Tolle an einem echten Gespräch ist, dass man nie weiß, was einen erwartet: Niemand kann zweimal das gleiche Gespräch führen. Damit sich Ihre Texte wie ein Teil eines echten Gesprächs anfühlen, müssen Sie in einen Dialog treten. Anstatt die üblichen Floskeln zu verwenden (»die Transaktion wurde erfolgreich abgeschlossen«; »Bitte warten«; »Fehler«, »erneut versuchen« etc.), fragen Sie sich: Was möchte ich dem Benutzer in diesem spezifischen Kontext wirklich sagen?

Trick #4: Stellen Sie Fragen

Fragen schaffen das Gefühl, dass das Gespräch fließt – als ob jemand fragt und der andere antwortet. Statt »Geben Sie die E-Mail-Adresse ein, an die wir das Passwort senden sollen« können Sie also schreiben: »Wohin sollen wir den Link senden?« Diese Satzform treibt den Nutzer zudem zum Handeln an, denn Menschen lassen eine Frage ungern unbeantwortet (sofern sie eine Antwort haben). Aber Sie sollten darauf achten, nicht zu viele Fragen zu stellen – ansonsten klingt es nach einem anstrengenden Interview.

Sechs Eigenschaften des gesprächshaften Schreibens

- Es spricht die Nutzer direkt an.
- Es klingt natürlich.
- Es ist kurz und bündig.
- Es verwendet alltägliche, gängige Wörter.
- Die Sätze sind aktiv formuliert.
- Der Stil ist fließend.

Tipp 09: Slang – erlaubt oder verboten?

Mit Slang gewürzte Texte klingen menschlich und authentisch. Das ist großartig, aber Ihr digitales Produkt muss, wie alle Kundendienstmitarbeiter, repräsentativ bleiben. Man muss sich also im Rahmen von Mainstream und akzeptablem Slang bewegen. Woher wissen Sie, ob das Wort oder der Satz akzeptabel ist?

Wenn Sie in Ihrer Muttersprache schreiben, wissen Sie es einfach. Vertrauen Sie sich selbst und Ihren Instinkten. Wenn Sie in einer anderen Sprache als Ihrer Muttersprache schreiben, lassen Sie den Text von einem Muttersprachler überprüfen, um sicherzustellen, dass der verwendete Slang leicht, dezent und repräsentativ ist.

Verwenden Sie zudem keinen kulturspezifischen Slang, es sei denn, Sie schreiben für eine Monokultur.

Und falls es nicht selbstverständlich ist: Verletzender, sexistischer oder rassistischer Slang ist absolut tabu.

3 Microcopy, die zum Handeln motiviert

Wie bringen Sie Menschen zu einer Handlung? Ein Vorteil ist noch immer der größte Motivator – und begeisterte Nutzer sind schneller bereit, zu handeln. Manchmal reicht es schon, eine Tür zu öffnen ... und Social Proof wirkt tatsächlich.

3.1 Vier Prinzipien zur Handlungsmotivation

Kurz bevor wir die einzelnen *UI-Komponenten* genauer beleuchten, präsentiere ich Ihnen vier Prinzipien, die Ihnen helfen, mit jeder Komponente zum Handeln zu motivieren – und zwar überall dort, wo Sie schriftlich mit Ihren Kunden kommunizieren, auch jenseits der digitalen Produkte.

Prinzip #1: Sprechen Sie über den Mehrwert, nicht über die Methode

Es dauert nur wenige Sekunden, bis Nutzer entscheiden, ob eine Website, eine App oder eine spezifische Handlung für sie relevant ist. Das bedeutet, dass Sie nur wenige Sekunden Zeit haben, um ihnen klarzumachen, warum sie bleiben und eine Handlung ausführen sollen. Damit das gelingt, muss alles extrem einfach, klar und überzeugend sein. Weisen Sie ausdrücklich auf folgende Punkte hin: was Nutzer durch Ihr Produkt oder Ihre Dienstleistung erhalten, welche Probleme sie damit lösen oder wie es ihr Leben verbessern wird. Wenn Sie ein Voice & Tone Design erstellt haben (siehe Kapitel 1), ist es an der Zeit, es hervorzuholen. Dort steht alles drin.

Wie das gelingt? Ändern Sie den Fokus Ihrer Texte. Konzentrieren Sie sich auf das, was die Nutzer gewinnen, und nicht auf das, was sie tun müssen, um zu profitieren.

Beispiel

Anstelle der Headline

Eine Vielzahl von Tools zur ordnungsgemäßen Verwaltung Ihrer Finanzen

schreiben Sie:

Lassen Sie Ihre Schulden hinter sich.

oder:

Werde deine Schulden ein für alle Mal los.

Anstelle der Headline

Eine neue Art, ein Gebrauchtfahrzeug zu kaufen

schreiben Sie:

Kaufen Sie Ihr nächstes Auto mit Sicherheit

oder:

Gebrauchtwagen – null Aufwand, volle Garantie

Fragen Sie sich selbst: Was wird sich für die Menschen ändern, die Ihr Produkt oder Ihre Dienstleistung genutzt haben? Was können sie tun, was sie vorher nicht konnten? Welche Probleme haben Sie für Ihre Nutzer gelöst? Und dann sprechen Sie darüber.

Beachten Sie, dass wir von Natur aus geneigt sind, über unsere Marke, unser Produkt oder unsere Dienstleistung zu sprechen: wie gut sie ist, was sie bietet und welche Vorteile sie hat. Dies sind in der Tat wichtige Fragen, die beantwortet werden müssen. Aber wenn Sie wollen, dass die Nutzer handeln, müssen Sie aufhören, über sich selbst zu reden. Stattdessen sprechen Sie nur über die Nutzer: nicht über das, was Sie geben, sondern über das, was Ihre Nutzer erhalten; nicht, wie Sie deren Probleme lösen und Träume erfüllen, sondern wie die Nutzer ihre Probleme loswerden und ihre Träume selber erfüllen können.

Manchmal ist es ein rein sprachtechnisches Problem. Überprüfen Sie, wer das Subjekt des Satzes ist – von wem Sie also sprechen.

Anstatt zu schreiben:

Die Registrierung ermöglicht es Ihnen, schnell zur Kasse zu gehen

(Das Subjekt ist »die Registrierung«.)

schreiben Sie:

Registrieren Sie sich, um schnell zur Kasse zu gehen.

Und anstatt zu schreiben:

Der Geschenkgutschein erlaubt Ihnen, in 25 ausgewählten Geschäften einzukaufen.

schreiben Sie:

Mit diesem Gutschein können Sie in 25 ausgewählten Geschäften einkaufen.

Prinzip #2: Amüsiere mich, begeistere mich

Clifford Nass (siehe Kapitel 1, »Voice & Tone Design: So definieren Sie Stimme und Tonfall«) entdeckte in seiner Forschung, dass Humor die Menschen dazu bringt, sich selber besser zu fühlen, ein Interface mehr zu mögen und zu schätzen, und vor allem dazu, mehr zu kooperieren und die Vorschläge des Interface zu akzeptieren.

Dabei betonte Nass, dass es wichtig ist, nicht auf zu intellektuellen Humor zu setzen oder ein komplexes Wortspiel zu verwenden, das einige Ihrer Benutzer außen vor lässt, mit dem Ergebnis, dass sie sich dumm fühlen.

Vermeiden Sie auch hier, genau wie beim Slang, rassistischen, sexistischen oder anderweitig beleidigenden Humor, und beziehen Sie sich niemals humorig auf Schmerzen oder Notlagen der Nutzer. Bleiben Sie innerhalb der Grenze des guten, unschuldigen Humors (siehe »Humor in Microcopy & UX Writing: 7 Richtlinien, damit es auch wirklich klappt« in Abschnitt 1.7)

Begeisterte Nutzer sind auch leicht zu motivieren: Sie konzentrieren sich mehr auf das halb volle Glas, sind geneigt, mehr Risiken einzugehen, und sind zum Handeln bereit. Tatsächlich fand Nass heraus, dass sie etwas so sehr tun wollen, dass sie es vorziehen, irgendeine Entscheidung zu treffen, anstatt überhaupt keine Entscheidung zu treffen. Wenn es Ihnen also gelungen ist, Ihre Benutzer zu begeistern, ist Ihnen die *Conversion* sicher.

Prinzip #3: Respektieren Sie Ihre Nutzer: Laden Sie sie zum Handeln ein

Wenn ich über einen *Call-to-Action* spreche, nenne ich es lieber eine Einladung zum Handeln. Warum? Vielleicht, weil ich selbst es nicht mag, wenn mir andere Menschen sagen, was ich tun soll. (Im Gegenteil, dann will ich es gerade nicht tun!) Ich bevorzuge es, wenn sie mich klar auf Vorteile der Handlung hinweisen, mir die Tür öffnen und mich selbst entscheiden lassen, ob ich eintreten möchte.

Aggressive Service- oder Verkaufstechniken funktionieren kurzfristig, dienen aber nicht der Beziehung, die wir auf Websites oder Apps aufbauen wollen. Unser Ziel ist es in der Regel, eine Beziehung des Vertrauens, der Kontinuität und der emotionalen Bindung an die Marke aufzubauen, angenehme Erinnerungen zu schaffen und eine langfristige Beziehung zu etablieren – nicht nur für diese Begegnung, sondern für den dauerhaften Gebrauch, für immer. Denken Sie an die bekannten Marken, die Sie am meisten lieben – an deren Anziehungskraft, Eleganz und Sinn für gegenseitigen Respekt.

Wie das gelingt? Erklären Sie Ihren Nutzern, wie sie von der gewünschten Handlung profitieren, und laden Sie sie dann ein, diese durchzuführen. Schreiben Sie mit einer aktiven und attraktiven, aber nicht aggressiven Stimme, und lassen Sie schmutzige Tricks weg (siehe Tipp 10 in Abschnitt 3.1).

Fragen Sie sich, ob die Einladung Ihren Nutzern etwas bietet, das ihnen wichtig ist, ob die Einladung Ihre Nutzer respektiert und ob sie zu jener Beziehung passt, die Sie langfristig mit ihnen aufbauen wollen.

Prinzip #4: Social Proof: Und wenn alle von der Brücke springen?

Menschen sind soziale Wesen, manchmal bis zu einem erstaunlichen Grad. *Social Proof* oder *sozialer Beweis* ist ein psychologisches Phänomen, bei dem Menschen aufgrund der Handlungen anderer entscheiden, wie sie handeln sollen (auch bekannt als *Herdenmentalität*). Wir ziehen es zum Beispiel immer vor, ein überfülltes Restaurant zu betreten, anstatt ein halb leeres; wir *liken* einen Facebook-Status eher, wenn er bereits einige Likes erhalten hat, als den Status, auf den noch niemand reagiert hat.

Die Tatsache, dass andere schon am selben Scheideweg standen und beschlossen haben, in gewisser Weise zu handeln, reduziert die Unsicherheit in der Situation, schafft Zuversicht und gibt uns das Gefühl, dass wir zur imaginären Gemeinschaft derjenigen gehören, die diese Handlung bereits durchgeführt haben.

Die Forschung bestätigt, dass soziale Beweise die *Conversion Rate* drastisch erhöhen (werfen Sie einen Blick in das Buch *Die Psychologie des Überzeugens* von Robert Cialdini[1]). Ein positiver sozialer Beweis kann direkt neben den Buttons platziert werden, sodass er als Klicktrigger fungiert (wir werden darauf in Kapitel 11 näher eingehen, das sich auf die Buttons konzentriert), oder als Teil des *Calls-to-Action* zu Beginn des Prozesses. Viele weitere Beispiele für soziale Beweise werden später im Leitfaden vorgestellt.

Welche Arten von Social Proof gibt es?

- **Zahlen wirken** – Wie viele Menschen haben dieses Produkt heute oder insgesamt bereits gekauft? Wie viele Menschen nutzen diesen Service? Wie viele Menschen schauen sich das gerade an? Wie viele Menschen haben den Leitfaden heruntergeladen? Wie viele Stunden wurde dieses Video insgesamt angesehen?
- **konkrete Fakten** – der Name der letzten Person, die den Service in Anspruch genommen hat; in welchem Zustand das Produkt am meisten gekauft wurde. Generell gilt: Je konkreter der Social Proof (Name, Fotos, Zitate), desto zuverlässiger ist er.
- **Meinungen, Bewertungen und Erfahrungsberichte anderer Nutzer**
- **Ratings** – z. B. mit Sternen oder Quotes von Bewertungsseiten wie *TripAdvisor*
- **offizielle Auszeichnungen und gute Rezensionen in der Presse**
- **soziale Medien** – Buttons zum Teilen oder Liken mit der Anzahl der Benutzer, die sie bisher angeklickt haben
- **andere Kunden** – die Logos oder Namen von angesehenen Kunden, die das Produkt oder die Dienstleistung bereits nutzen

1 Robert Cialdini: Die Psychologie des Überzeugens: Wie Sie sich selbst und Ihren Mitmenschen auf die Schliche kommen, Hogrefe 2017.

Tipp 10: Nein danke, ich bleibe lieber doof

Ein Trend, der derzeit populär ist, ist die Verwendung von *Confirmshaming* oder *Manipulink* – Buttons oder Links, die versuchen, Selbstzweifel zu provozieren und das Selbstvertrauen der Nutzer zu untergraben, indem sie ihnen sagen, dass sie offensichtlich doof seien, wenn sie die gewünschte Handlung nicht ausführen.

Beispiele:

- Nein danke, ich möchte, dass meine Umsätze niedrig bleiben.
- Nein danke, ich will kein Geld sparen.
- Nein danke, ich verpasse lieber diese Gelegenheit.

Wenn ich einen solchen Button sehe, bin ich erstaunt. Welche Logik bringt Marken dazu, ihre Nutzer schlecht zu machen? Die Antwort liegt natürlich in der Logik der Conversion Rate. Je mehr Benutzer auf die Buttons klicken, desto höher sind die Umsätze. Das funktioniert, aber nur kurzfristig. Auf lange Sicht opfern Sie so die Glaubwürdigkeit Ihrer Marke und das Vertrauen der Nutzer. Denn diese werden sich daran erinnern, dass sie sich bei ihrer letzten Interaktion mit dem Produkt doof gefühlt haben oder dass sie etwas getan haben, was sie nicht tun wollten – nur weil ihnen gesagt wurde, sie wären doof, wenn sie es nicht tun würden.

Wenn Sie Microcopy schreiben, sollten Sie sich auf die Seite der Benutzer stellen. Geben Sie ihnen ein gutes Gefühl, machen Sie sie nicht lächerlich. Schaffen Sie einen Ort, den Menschen gerne besuchen – immer und immer wieder. Dies mag zu einer reduzierten Anzahl von kurzfristigen Conversions führen. Aber auch zu viel mehr treuen Nutzern, die immer dann zurückkehren, wenn sie Ihr Produkt oder Ihre Dienstleistung benötigen.

Anstatt also Buttontexte zu schreiben, die Emotionen mit Füßen treten, sollten Sie sich lieber anstrengen, den Mehrwert einer Handlung hervorzuheben.

TEIL II

Erfahrung und Engagement

Jedes Wort ist eine Chance

Im ersten Teil, der sich mit Voice & Tone Design beschäftigte, haben Sie gelernt, mit welchen Botschaften wir Nutzer zum Handeln motivieren: Welche Vorteile sind hervorzuheben? Welche Anliegen sollten wir ansprechen? Wie sollen die Nutzer sich in unserem Unternehmen fühlen? In Teil 2 erfahren Sie, wie Sie dies in Ihrem digitalen Produkt konkret umsetzen.
Jedes Kapitel ist einem Element gewidmet, das wir häufig auf Websites und Apps finden – und der Frage, wie wir einer Website Charakter einhauchen, damit sie unverwechselbar zu Ihrer Marke passt, damit sie Ihre Benutzer emotional anspricht und sie dazu bringt, aus freien Stücken zu handeln.
In den folgenden Kapiteln werden Sie sehen, dass jedes Wort, jede Seite und jedes Formular auf Ihrer Website die Gelegenheit bietet, Ihren Nutzern zu beweisen, dass sie willkommen sind und geliebt werden. Auch lernen Sie, die Nutzeraktivität zu steigern und die Differenzierung Ihrer Marke zu etablieren.

Jede Überschrift, jedes Feld und jeder Button, ja selbst die lästigsten Fehler, sind eine Gelegenheit, Ihre Benutzer zu überraschen, sie zu begeistern – und zu zeigen, dass Sie sich Gedanken machen und dass Sie etwas wirklich, wirklich Gutes zu bieten haben.
In jedem Kapitel finden Sie klare, leicht verständliche Prinzipien, die Sie beim Schreiben anwenden und sofort umsetzen können.

4 Registrieren, einloggen und Passwort wiederherstellen

Anmelden, einloggen, weiterlesen: wie Sie in drei Schritten zum perfekten Registrierungsformular kommen, wie die Registrierung via Social Media funktioniert, wie Sie das Login für registrierte Benutzer gestalten – und was die Passwort-Wiederherstellung erleichtert.

4.1 Registrierungsformulare

Wenn Sie Nutzer bitten, sich für Ihr digitales Produkt zu registrieren, sagen Sie ihnen im Grunde, dass dies nicht ihr letzter Besuch sein wird – und dass Sie damit eine Art Beziehung zu ihnen aufbauen.

Nutzer haben mindestens zwei gute Gründe, sich **nicht** zu registrieren:

- Erstens beinhaltet die Registrierung in der Regel ein Formular oder eine Verbindung über ein Social-Media-Konto. Benutzer hassen es im Grunde, Formulare auszufüllen: Es braucht Zeit, sie müssen tippen, sie werden aufgefordert, persönliche Daten anzugeben, und sie müssen sich ein weiteres Passwort merken oder erstellen. Zudem riskieren sie eine unbeabsichtigte Verpflichtung oder Zahlung. Die Möglichkeit, sich über ein Social-Media-Konto zu verbinden, ist inzwischen weit verbreitet; dennoch ziehen es Nutzer manchmal vor, die Registrierung aus Datenschutzgründen sein zu lassen.
- Zweitens ist jede Beziehung auch eine Verpflichtung, und wer möchte sich gerne an etwas binden, wenn er es nicht wirklich muss? Warum sollten sich Nutzer auf einer Website registrieren, wenn sie diese einfach so besuchen und dann ihr Leben in Ruhe weiterführen können?

Wie verhasst ist die Registrierung bei Nutzern? Sehr! Wenn sie sich beim Kauf registrieren müssen, geben viele die Artikel auf, die sie in den Warenkorb gelegt haben, und suchen diese in anderen Shops. Nachdem ein großes Unternehmen die Registrierungspflicht vor dem Kauf aufgehoben hatte, steigerte sich sein Profit um 300.000.000 US$ pro Jahr (siehe den Artikel *The $300 Million Button* von Jared M. Spool im »uie«-Blog)[1]. So sehr hassen es Menschen, sich zu registrieren!

1 *https://articles.uie.com/three_hund_million_button/* - Abgerufen am 2. Oktober 2019

Egal ob eine Registrierung zwingend oder optional ist: Es ist in unserem Interesse, die Hindernisse zu beseitigen, damit sich die Nutzer gerne anmelden und erkennen, warum *sie* eine Beziehung zu uns wollen und wie *sie* von der Registrierung profitieren.

Das folgende Formular – das Sie so oder so ähnlich dutzendfach im Internet finden – hilft den Benutzern nicht. Es gibt nichts, was unsere Nutzer bei der Entscheidung für oder gegen eine Anmeldung unterstützt, und es enthält nichts, was Menschen davon abhalten würde, die Registrierung aufzugeben und abzuspringen. Die Seite zeigt einfach ein Formular, das jeder hasst, und verliert kein Wort dazu. Warum sollte sich hier jemand anmelden?

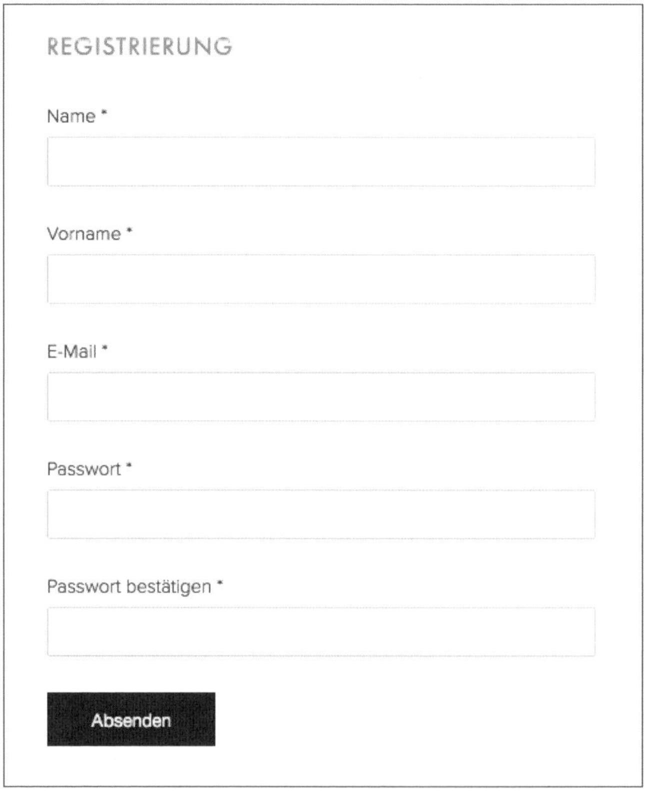

Abbildung 4.1 Typisches Registrierungsformular

Einfach nur ein Registrierungsformular online zu stellen ist also nicht genug – Sie müssen die Nutzer zur Registrierung motivieren. Und das tun Sie in drei Schritten: Sie passen den Titel an, Sie erklären, warum sich die Registrierung lohnt, und Sie entfernen mögliche Hindernisse.

Schritt 1: Passen Sie den Titel an

Nennen Sie Ihre Nutzer niemals *Benutzer* oder *User*. Vermeiden Sie auch Begriffe wie *neuer Benutzer*, *bestehender Benutzer* oder *Login für registrierte Benutzer*. Es ist wichtig, dass die Nutzer bei der Anmeldung oder Registrierung verstehen, wo sie sich befinden und was sie zu tun haben – aber Sie sollten nicht zu technisch sein. Sprechen Sie Ihre Benutzer direkt an, und begrüßen Sie sie im Sinne des gesprächshaften Schreibens.

Fügen Sie etwas hinzu wie:

- Schön, Sie kennenzulernen.
- Du hast dich noch nicht registriert? Dann bist du hier richtig.
- Schön, dich zu sehen :)
- Registrieren Sie sich jetzt und beginnen Sie ... (z. B. »Fotos zu bearbeiten«, »Freunde zu finden«, »ein Album zu erstellen« oder was auch immer Nutzer mit Ihrem Produkt machen)
- Neu hier?
- Lasst mich rein!
- Sie sind noch kein Mitglied? Das können wir ändern!

Andererseits sollte die Kreativität nicht zu weit gehen. Sie möchten schließlich, dass Ihre Nutzer wissen, dass sie am richtigen Ort sind.

Beachten Sie, dass ich Sie nur ermutige, den Titel Ihres Anmeldeformulars aufzupeppen. Ändern Sie niemals die REGISTRIERUNG- bzw. LOGIN-Links, die im Navigationsmenü angezeigt werden. Benutzer suchen nach genau diesen Wörtern, und jede Änderung macht es schwieriger, die Registrierung zu finden. Beschränken Sie die Kreativität auf die eigentliche Registrierungsseite.

Schritt 2: Erklären Sie, warum es sich lohnt, sich zu registrieren

Auch wenn eine Registrierung obligatorisch ist, sollten Sie Ihren Nutzern gute Gründe geben, warum sie die nächsten zwei Minuten ihres Lebens in die Registrierung für Ihr Produkt investieren sollen.

Zuerst erstellen Sie sich eine Liste aller Vorteile, die Benutzer nach der Registrierung haben – und von denen sie nicht profitieren, wenn sie sich nicht anmelden. Dann, am oberen Rand des Formulars oder daneben, listen Sie einen entscheidenden Vorteil (oder zwei bis drei) auf. Übertreiben Sie es nicht; zwei bis drei Vorteile sind genug.

Beispiel

- schneller Kaufprozess
- »Erstellen Sie eine Wunschliste«
- »Geben Sie Ihre Daten nur einmal ein«
- »Verfolgen Sie Ihre Bestellungen, Lieferungen und die Bestellhistorie«
- »Verfolgen Sie den Fortschritt eines Prozesses«
- Zugang zu einem geschützten Bereich der Website oder zu besonderen Merkmalen
- finanzieller Vorteil, der nur für registrierte Nutzer verfügbar ist

Seien Sie nicht nachlässig. Wählen Sie echte Vorteile, von denen Ihre Benutzer wirklich profitieren.

Schritt 3: Entfernen Sie die Hindernisse

Warum registrieren Sie sich nicht auf jeder Website, die Sie besuchen? Lassen Sie mich raten:

- wegen des Zeit- und Arbeitsaufwands, der mit dem Ausfüllen eines Formulars verbunden ist
- weil Sie Ihre E-Mail-Adresse nicht preisgeben wollen, damit Sie nicht von Spam überflutet werden
- weil Sie sich Sorgen machen, dass zu einem späteren Zeitpunkt Kosten entstehen

Alle Ihre Nutzer haben diese Vorbehalte. Ihr Job ist es, diese Ängste aufzulösen. Versprechen Sie klar und deutlich, dass der Anmeldeprozess kurz und einfach ist, dass Sie E-Mail-Adressen nicht an Dritte weitergeben und dass Sie selbst nicht zu viele E-Mails versenden.

Und zum Schluss: Denken Sie an den Button, die Erfolgsmeldung und die Fehlermeldungen!

Die Registrierung für ein digitales Produkt ist einer Ihrer wichtigsten Prozesse. Vergessen Sie nicht, den Button mit einem Call-to-Action zu versehen (siehe Kapitel 11, »Buttons«), sowie eine hervorragende Erfolgsmeldung zu schreiben, die Ihren Benutzern das Gefühl gibt, dass die Anmeldung die richtige Entscheidung war (siehe Kapitel 8). Natürlich müssen Sie auch klare und angenehme Fehlermeldungen ausgeben (siehe Kapitel 7).

Beispiel

Nike bietet einen hohen sportlichen und persönlichen Mehrwert und vermittelt dies auf eine dynamische und überzeugende Art und Weise, die Sportler verstehen.

Abbildung 4.2 www.nike.com/de/

Life is Good, ein T-Shirt-Shop, listet drei klassische Gründe für die Registrierung auf und weist darauf hin, wie einfach der Anmeldeprozess ist. Allerdings könnten sie den Titel ein wenig aufpeppen, damit es mehr Spaß macht, sich anzumelden.

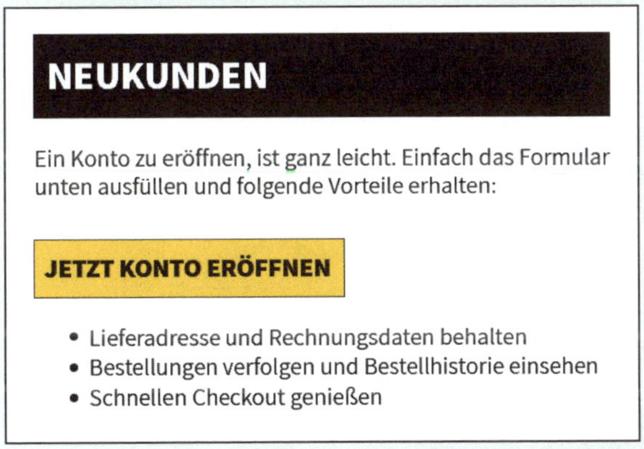

Abbildung 4.3 www.lifeisgood.com (übersetzt aus dem Englischen)

Bei *TED* passen der Titel und der erste Satz gut zusammen und geben den Benutzern das Gefühl, dass sie wirklich willkommen sind. Dann folgen die Vorteile (sorgfältig ausgewählt), schlank und simpel präsentiert. Wer sich mit dem Facebook-Konto anmeldet, erhält das Versprechen, dass nichts ohne Erlaubnis gepostet wird. (Mehr zur Anmeldung mit Social-Media-Konten folgt in Abschnitt 4.2.)

Abbildung 4.4 www.ted.com (übersetzt aus dem Englischen)

Thieve bietet ausgewählte Produkte von der Handelsplattform *AliExpress* an. Der Call-to-Action ist sehr einfach und auf den Punkt gebracht. Ich liebe ihn. Aber Achtung: Aufgrund des Designs (schwarzer Button für die Facebook-Verbindung, kein Formular), des ungewöhnlichen Flows (»Anmeldung« meint hier tatsächlich die Registrierung) und der lakonischen Sprache verstehen die Benutzer möglicherweise nicht ganz, dass sie mit einem Klick auf den Button ihr Social-Media-Konto mit der Website verbinden. Ich meine, das müsste deutlicher erwähnt werden.

Abbildung 4.5 www.thieve.com (übersetzt aus dem Englischen)

Society6 beschäftigt sich ebenfalls mit Designartikeln. Die Mehrwerte, mit denen Society6 Nutzer zur Registrierung ermutigt, sind Teil des Geschäftsmodells, das Künstler unterstützt. In diesem Call-to-Action vertraut der Anbieter darauf, dass die Nutzer Kunst lieben – und diejenigen, die Kunst machen, ebenso.

Abbildung 4.6 www.society6.com (übersetzt aus dem Englischen)

www.food.com braucht keinen Titel, sondern kommt direkt zur Sache. Anstatt die Nutzer mit einem Hinweis auf die Registrierung in Alarmzustand zu versetzen, sehen sie hier relevante Vorteile und lesen deshalb weiter. Wenn Sie auf Essen und Social Media stehen, ist das ein Angebot, das Sie nicht ablehnen können.

Abbildung 4.7 www.food.com (übersetzt aus dem Englischen)

B4Upay ist ein israelisches Unternehmen, das ich bereits in Kapitel 1 erwähnt habe. Auch wenn die Registrierung für seinen Service erforderlich ist, erklärt das Unternehmen, warum die Registrierung gut für die Benutzer ist und wie das Ausfüllen des Formulars ihr Leben erleichtern wird. Und am Ende verspricht B4Upay, dass die Registrierung und der angebotene Service völlig kostenlos sind.

Abbildung 4.8 www.b4upay.com (übersetzt aus dem Englischen)

PayPal sagt seinen Nutzern, was sie tun können, nachdem sie ein Konto eröffnet haben – Dinge, die sie vorher nicht tun konnten. PayPal erklärt deutlich, was sich ändern wird und wie sich das Leben der Benutzer nach der Anmeldung verbessert. Das ist eine ausgezeichnete Möglichkeit, den Hauptwert zu präsentieren. Der Titel versichert den Nutzern auch, dass die Anmeldung kostenlos ist, um diesbezügliche Sorgen der Nutzer zu zerstreuen.

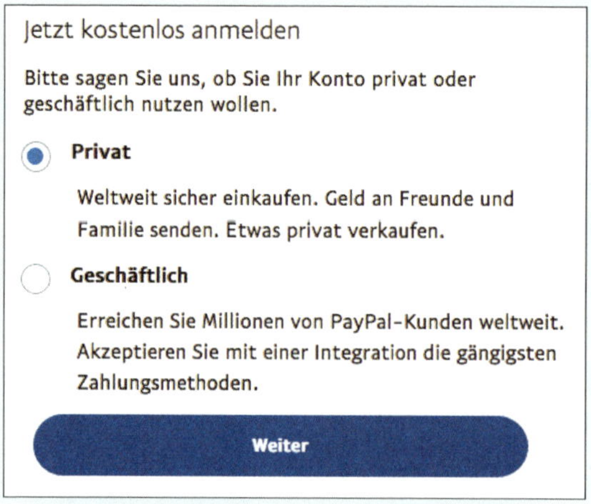

Abbildung 4.9 www.paypal.com

Medium, eine Blogging-Plattform, beschreibt die vielen Vorteile, die registrierte Nutzer gegenüber nichtregistrierten Nutzern haben. Diese Vorteile beziehen sich direkt auf die Plattform und sind entscheidend, um diese voll und ganz genießen zu können.

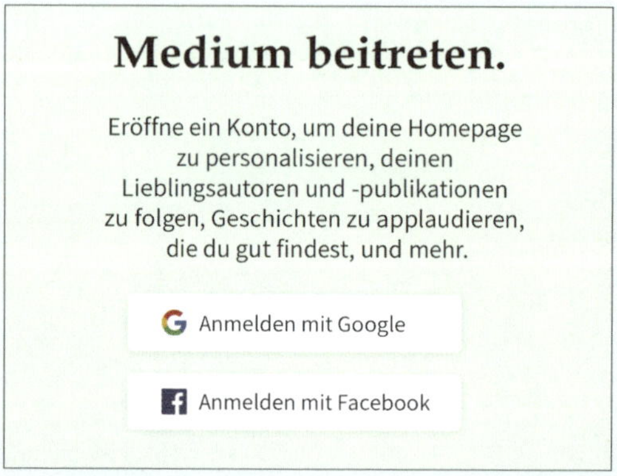

Abbildung 4.10 www.medium.com (übersetzt aus dem Englischen)

Tipp 11: »Registrieren« vs. »Neu anmelden«

Neu anmelden zeigt dem Nutzer, dass es sich um einen einfachen und schnellen digitalen Prozess handelt. Der Begriff *Registrieren* ist besser geeignet, wenn der Nutzer ein Formular ausfüllen und viele Details angeben muss, z. B. für eine Bank, eine Krankenkasse oder einen Fernsehanbieter.

Ich empfehle die Verwendung von *Beitreten*, wenn Sie versuchen, ein Gefühl der Gemeinschaft zu schaffen, und Menschen nicht nur einladen, Inhalte oder Dienste zu konsumieren.

Sie müssen jedoch nicht nur darüber nachdenken, wie sich Nutzer registrieren, sondern auch darüber, wie sie später auf die Website zugreifen. Darum ist es besser, die Begriffe *Anmeldung* und *Registrierung* nicht nebeneinander zu verwenden. Der Unterschied ist nicht immer klar: Ihre Nutzer müssen innehalten, um ihn zu verstehen, und wir wollen doch den Zugang so einfach und intuitiv wie möglich gestalten. Wenn Sie also *Anmelden* oder *Registrieren* verwenden, paaren Sie es mit *Einloggen*. Verschiedene Farben können ebenfalls hilfreich sein. PayPal bietet folgende Lösung:

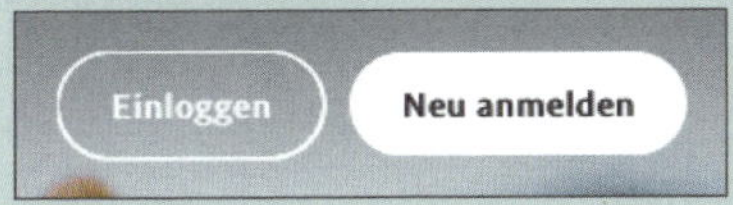

Abbildung 4.11 www.paypal.com

Bei Coursera sieht es hingegen so aus:

Abbildung 4.12 www.coursera.com

Ein letzter Punkt: Egal ob Sie von *Anmeldung*, *Registrierung*, *Einloggen* oder *Login* sprechen, stellen Sie sicher, dass Sie immer beim selben Begriff bleiben und auf diese Weise Konsistenz gewährleisten.

4.2 Anmeldung über ein Social-Media-Konto

Die Registrierung über Social Media ermöglicht es den Nutzern, sich ohne Formular zu registrieren, und ermöglicht es uns, mehr Informationen über die Nutzer zu erhalten – eine Win-Win-Situation. Heute gilt dies als Standard, und für viele digitale Produkte ist dies die wichtigste Anmeldemethode.

Dennoch müssen Benutzer ein gewisses Maß an Privatsphäre aufgeben, daher sollten Sie ganz oben auf der Seite noch einmal erklären, warum es sich lohnt, auf den Registrierungs- oder Anmelde-Button zu klicken.

Da die Sorge um den Datenschutz ein echtes Problem ist und wir die Benutzer bitten, viel mehr Informationen als nur ihre E-Mail-Adresse anzugeben, ist es ratsam, mindestens eine der folgenden Angaben hinzuzufügen:

1. **das Versprechen, dass Sie nichts im Namen der Benutzer veröffentlichen werden** – Ich weiß, das erscheint sofort nach der Anmeldung noch einmal in den Facebook-Einstellungen; aber wenn Sie wollen, dass Ihre Benutzer bis dorthin gelangen, müssen Sie es schon jetzt schreiben – direkt neben (oder vor) den Registrierungs-Button.
2. **der Vorteil einer Anmeldung über Social Media** – Es ist der schnellste, einfachste und zurzeit gängigste Weg.
3. **Die Privatsphäre Ihrer Benutzer** ist Ihnen wichtig, und Sie werden alles in Ihrer Macht Stehende tun, um sie zu schutzen.

Heute gibt es in den meisten Fällen nicht genug (oder gar keine) Erwähnung dieser Probleme. In naher Zukunft wird diese Information vielleicht überflüssig, denn diese Art der Registrierung wird alltäglich sein. Aber im Moment ist sie immer noch wichtig und notwendig. Ich habe mit eigenen Augen gesehen, dass Nutzer sich nur deshalb nicht über ihre Social-Media-Konten anmelden, weil die Website nicht versprochen hat, ihre Privatsphäre zu schützen.

Beispiel

Verweisen Sie auf die Vorteile der Anmeldung über Social Media, und räumen Sie Bedenken aus. *Uniqlo* macht es richtig:

Abbildung 4.13 www.uniqlo.com

#notevil. Asos hat auch alles im Griff:

Abbildung 4.14 www.asos.com

OkCupid ist kurz und direkt. Das Versprechen, nie etwas im Namen eines Benutzers zu posten, ist extrem wichtig für sensible Bereiche wie Dating, Ernährung, Schwangerschaft und Geburt, Medizin- und Finanzprodukte.

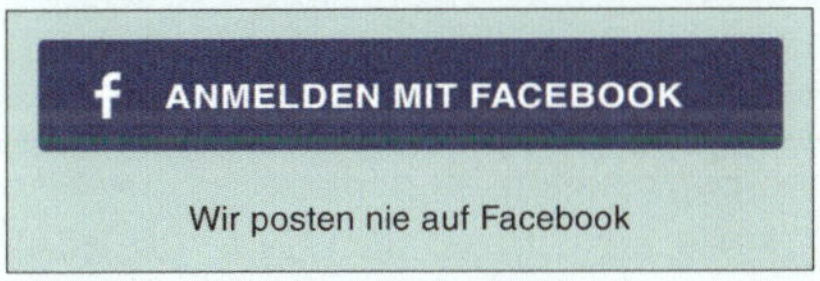

Abbildung 4.15 www.okcupid.com (übersetzt aus dem Englischen)

4.3 Einloggen für registrierte Benutzer

Wiederkehrende registrierte Nutzer sind wie Stammkunden einer Website oder App. Und genau wie Stammkunden in stationären Geschäften freundlich empfangen werden, sollten sie auch online zuvorkommend behandelt werden.

Anstatt also von »eingeloggten« oder »registrierten Benutzern« zu schreiben, können Sie etwas sagen, das ein Lächeln hervorruft und Ihren Benutzern zeigt, wie froh Sie sind, dass sie sich entschieden haben zurückzukehren, und dass sie hier willkommen sind und geliebt werden.

Beispiel

Envato ist glücklich, dass Sie wiederkommen:

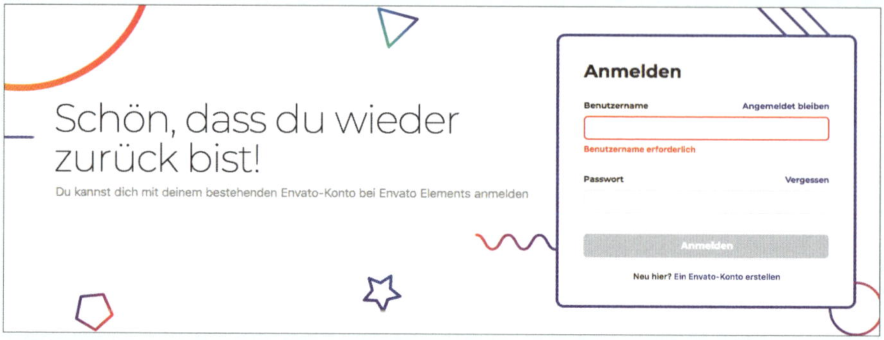

Abbildung 4.16 www.envato.com

Bei *Typeform* fühlen sich die Nutzer, als hätten sie gerade an die Tür eines Freundes geklopft:

Abbildung 4.17 www.typeform.com (übersetzt aus dem Englischen)

PicMonkey schreibt etwas Lustiges über das Login-Formular – und ändert es jedes Mal, wenn Sie zurückkehren.

Log dich ein, als hättest du dich noch nie eingeloggt.
Tippe dein Passwort mit Leidenschaft und Liebe!

Komm rein, es ist kalt da draußen!
Log dich ein und beginne dein nächstes Meisterwerk.

Heute probieren wir's mal mit Teamarbeit.
Du kreierst was Cooles, und wir so: Jaaaa!

Als du weg warst, haben wir die Chips von deinem
Schreibtisch geklaut. Hoffen, das ist ok.

Abbildung 4.18 www.picmonkey.com (übersetzt aus dem Englischen)

Aber Sie müssen gar nicht so weit gehen – zu viel Abwechslung kann sogar ärgerlich werden. Seien Sie einfach nett und nicht zu witzig.

emojicom ist ein Feedback-Service, der auf Emojis basiert. Also ist das hier nur natürlich:

Abbildung 4.19 emojicom.io (übersetzt aus dem Englischen)

4.4 Passwort-Wiederherstellung

Benutzer, die sich anmelden möchten, aber ihr Passwort vergessen haben, sind an nichts anderem interessiert als an einem neuen Passwort. Dies ist nicht der richtige Zeitpunkt, um witzig zu sein, und es besteht keine Notwendigkeit, den Vorgang zu präzisieren. Halten Sie sich kurz, einfach und effektiv.

Beispiel

Tumblr beweist, dass zusätzliche Worte überflüssig sind, da die meisten Tumblr-Benutzer sich bereits auskennen:

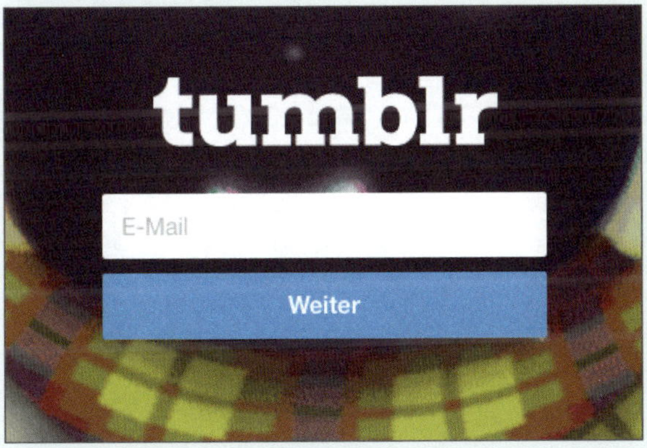

Abbildung 4.20 www.tumblr.com

Upserve – Wenn Sie Bedenken haben, dass Ihre Nutzer nicht vollständig verstehen, wie es funktioniert, können Sie eine kurze Erklärung hinzufügen:

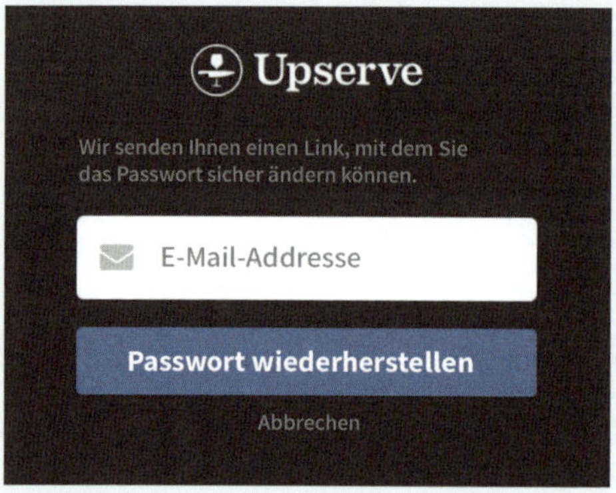

Abbildung 4.21 www.upserve.com (übersetzt aus dem Englischen)

Sie können den Prozess noch ein kleines bisschen angenehmer gestalten, ohne die Benutzer zuätzlich zu belasten.

OkCupid versichert seinen Nutzern, dass sie immer darauf vertrauen können, dass OkCupid für sie da ist:

Abbildung 4.22 www.okcupid.com (übersetzt aus dem Englischen)

TeuxDeux, die To-do-App, zeigt Empathie und hilft mit:

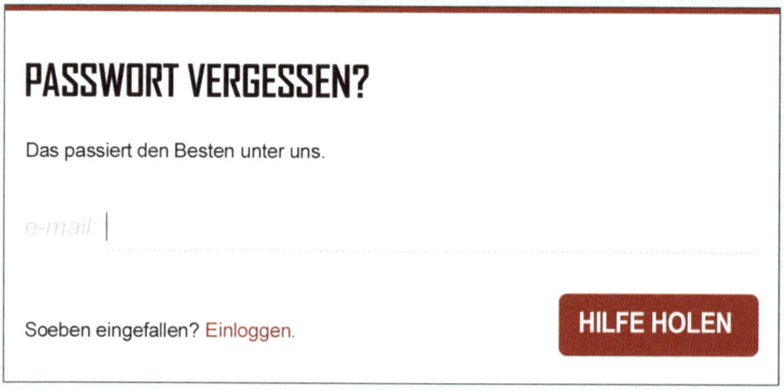

Abbildung 4.23 www.teuxdeux.com (übersetzt aus dem Englischen)

Nachdem Sie auf Hilfe holen geklickt haben:

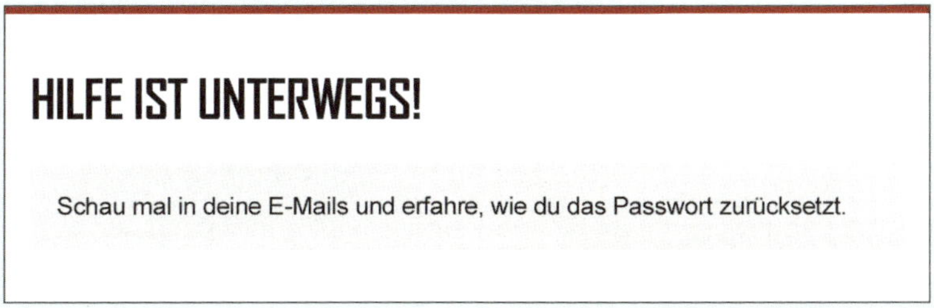

Abbildung 4.24 www.teuxdeux.com (übersetzt aus dem Englischen)

Es hat geklappt!

Abbildung 4.25 www.teuxdeux.com (übersetzt aus dem Englischen)

5 Newsletter-Anmeldung

Drei Arten von Call-to-Actions für die Newsletter-Anmeldung und in drei Schritten zur überzeugenden Einladung: dieses Kapitel hätten Sie gern in Ihrer Inbox.

5.1 Warum sollte ich mich anmelden?

Für Sie ist es offensichtlich, warum ein Newsletter notwendig ist. Er liefert Ihren Kunden über einen längeren Zeitraum einen Mehrwert, hält deren Aufmerksamkeit auf Ihrer Marke und entwickelt eine Beziehung, die auf Vertrautheit und Vertrauen basiert. Ein Newsletter hält Kunden über neue Entwicklungen auf dem Laufenden und natürlich – er verkauft. Darum versucht fast jedes Unternehmen hartnäckig, eine Mailingliste zu erstellen und regelmäßig einen Newsletter zu versenden.

Das Problem ist, dass unsere Benutzer – so sehr wir auch möchten, dass sie sich anmelden – dies ebenso sehr nicht wollen. Sie betrachten die Anmeldung als eine Einladung, sie mit Spam zu belästigen und jede Menge unerwünschter Informationen zu erhalten. Kunden brauchen einen wirklich, wirklich guten Grund, um die Anmeldung zu riskieren.

Die Einladung zur Newsletter-Anmeldung erfolgt auf verschiedene Weise: mit einem Popup-Fenster, das beim Zugriff auf das Produkt oder nach dem Herunterscrollen angezeigt wird, mit einem Kontrollkästchen bei der Anmeldung, mit einem Formular in der Fußzeile oder in der Seitenleiste bzw. mit vergleichbaren Elementen (siehe Tipp 12 in Abschnitt 5.1).

Die gängigsten Newsletter-Einladungen lassen sich in drei Hauptkategorien einteilen: die langweilige, die Wir-halten-Sie-auf-dem-Laufenden, die Überzeugenden.

Kategorie #1: Die Langweilige

Langweilig sind farblose Ein-Satz-Einladungen mit einer ausgelatschten Formulierung, die auf jeder Website erscheinen könnte und kein Interesse weckt.

Beispiel

- Um sich für unseren Newsletter anzumelden, geben Sie bitte die folgenden Daten an:
- Melden Sie sich für unseren Newsletter an!

- Registrieren Sie sich hier und lassen Sie sich unseren Newsletter direkt in Ihren Posteingang zusenden.
- Der X-Mailingliste beitreten

Selbst wenn Sie einen solchen Satz in ein schönes, gut gestaltetes Popup-Fenster stellen, sollten Sie sich darüber im Klaren sein, dass Ihre Benutzer jeden Tag ein Dutzend ähnlicher Popups sehen und sich entscheiden müssen, wo sie sich anmelden wollen. Warum sollte ein solcher Satz dazu führen, dass ein Benutzer seine E-Mail-Adresse preisgibt – die er doch eifrig bewacht? Wann haben Sie sich zuletzt bei einem solchen Newsletter angemeldet?

Kategorie #2: Die Wir-halten-Sie-auf-dem-Laufenden

»Erhalten Sie Updates, gehören Sie zu den Ersten, bleiben Sie auf dem Laufenden und verpassen Sie nichts!« Wie viele Variationen es für dieses Versprechen auch gibt – im Grunde sagen sie alle nichts.

Beispiel

- Verpassen Sie keinen Beitrag! Geben Sie Ihre E-Mail-Adresse ein, um per E-Mail über neue Beiträge benachrichtigt zu werden.
- Erfahren Sie als Erste mehr über neue Produkte, Verkäufe und Werbeaktionen!
- Melden Sie sich für unseren Newsletter an und gehören Sie zu den Ersten, die über Gutscheine und Sonderangebote informiert werden.

Erstens sollten Nutzer, die sich auf Ihrer Website befinden, schon wissen, was sie zu bieten hat, oder? Und wenn Sie anbieten, Nutzer mithilfe des Newsletters auf dem Laufenden zu halten, wissen diese, worüber sie genau informiert werden, oder? Und sie werden definitiv nie wieder etwas verpassen wollen, ja? Nun, leider nein. Ihre Benutzer wissen im Grunde, womit sich die Website beschäftigt, sie wollen im Allgemeinen auf dem Laufenden bleiben, und sie wissen mehr oder weniger, worum es gehen wird. Aber das ist nicht genug.

Benutzer sind ständig mit solchen Update-Einladungen konfrontiert – genau wie mit der ersten Kategorie, den langweiligen Einladungen. Eine solche Einladung könnte auf praktisch jeder Website erscheinen, und sie lässt die Benutzer raten, wie sie von der Anmeldung zum Newsletter tatsächlich profitieren.

Aber unsere Nutzer haben weder Zeit, Geduld noch den Überblick über Ihr Unternehmen, um selbst zu verstehen, was Sie im Newsletter anbieten und wie sie davon profitieren. Wir müssen es ihnen explizit sagen.

Kategorie #3: Die Überzeugende

Die Einladung zur Newsletter-Anmeldung muss wie jedes andere Verkaufsgespräch ablaufen. Möchten Sie, dass Ihre Benutzer ihre E-Mail-Adresse preisgeben? Dann geben Sie ihnen einen guten Grund dafür! Ein guter Grund ist einer, der echt gut tut, der ihrem Leben etwas hinzufügt und es verändert, wenn auch nur ein wenig. Nennen Sie keinen allgemeinen und vagen Grund, den jemand anderes ebenso gut hätte schreiben können. Sondern sagen Sie Ihren Nutzern genau, was der Newsletter konkret in den Posteingang bringt, warum er sich lohnt – und helfen Sie so, die natürliche Abneigung gegen das Angeben einer E-Mail-Adresse zu überwinden.

Wenn Sie ein Voice & Tone Design erstellt haben, wissen Sie bereits, was die Nutzer durch Ihr Produkt oder Ihre Dienstleistung gewinnen wollen. Verwenden Sie dieses Wissen, um die Einladung zu formulieren.

Tipp 12: Entschuldigung, kennen wir uns schon?

Wenn das Popup-Fenster für die Einladung zum Newsletter unmittelbar erscheint, nachdem der Nutzer auf Ihrer Website gelandet ist, so ist das wie ein völlig Fremder, der aus dem Nichts auf Sie zukommt und Ihnen eine Beziehung anbietet. Seltsam, oder? In diesem Moment haben Ihre Nutzer keinen Grund, sich anzumelden; sie kennen Sie noch nicht, und sie vertrauen Ihnen sicherlich nicht.

Laden Sie die Nutzer erst dann zur Newsletter-Anmeldung ein, wenn sie mehr oder weniger verstanden haben, was Sie ihnen zu bieten haben. Zum Beispiel, nachdem sie eine Minute damit verbracht haben, die Website zu besuchen, nachdem sie etwa einen halben Beitrag gelesen haben – vielleicht auch erst, nachdem sie auf einen anderen Beitrag zugegriffen haben oder wenn sie den ganzen Weg nach unten bis zur Fußzeile gescrollt haben. Der Punkt ist, dass Sie irgendeinen Hinweis haben sollten, dass die Benutzer verstehen, worum es bei Ihrer Website geht.

5.2 So motivieren Sie Nutzer, sich für den Newsletter anzumelden

Schritt 1: Ändern Sie den Titel

»Melden Sie sich für unseren Newsletter an« oder »Treten Sie unserer Mailingliste bei« sind keine effektiven Titel, da sie den Nutzern sagen, was wir von ihnen wollen (Anmeldung) und nicht, was wir ihnen geben. Mit anderen Worten, Sie sagen den Nutzern, welchen Weg sie gehen werden, und nicht, was sie dabei gewinnen. Benennen Sie im Titel also den Mehrwert, den der Newsletter bietet, und beschreiben Sie vorab, wie er das Leben Ihrer Nutzer verändern wird.

Wenn sich Ihr Newsletter beispielsweise mit Beziehungen beschäftigt, schreiben Sie statt »Newsletter-Anmeldung« Folgendes:

Hat man Ihnen gesagt, dass eine erfolgreiche Partnerschaft harte Arbeit bedeutet? Machen Sie ein spannendes Abenteuer daraus!

Schritt 2: Erklären Sie Ihren Benutzern, was sie bei einer Anmeldung gewinnen

Erst wenn Ihre Nutzer anhand des Titels erkennen, dass das Angebot interessant ist, können Sie sie einladen, sich anzumelden, und ihnen mitteilen, was sie erhalten werden.

Updates, Neuigkeiten oder die neuesten Angebote reichen nicht aus. Seien Sie konkret und relevant für Ihre einzigartige Marke. Was genau planen Sie, Ihren Benutzern zu schicken? Natürlich sollten Sie diejenigen Elemente wählen, von denen Sie denken, dass sie Ihre Benutzer am meisten interessieren. Denken Sie daran, dass Sie im Newsletter Ihre Marke verkaufen. Dies ist der Ort, an dem Sie Ihre Fähigkeiten im Schreiben von Marketingtexten unter Beweis stellen können.

Bieten Sie Vorteile so an, dass die Benutzer sofort verstehen und sagen können:

> *»Ja, das ist etwas, das ich wirklich wissen möchte. Ich würde mich freuen, wenn ich das in meinem Posteingang finde.«*

Um das Beispiel des Beziehungs-Newsletters fortzuführen:

Hat man Ihnen gesagt, dass eine erfolgreiche Partnerschaft harte Arbeit bedeutet? Machen Sie ein spannendes Abenteuer daraus!

Registrieren Sie sich jetzt und erhalten Sie jede Woche:

- Tipps zum Beleben von Partnerschaften, die Sie nirgends sonst finden
- Exklusive Interviews mit führenden Paarberatern
- Empfohlene romantische Orte und mehr

Schritt 3: Entfernen Sie die Hindernisse

Die Furcht vor Spam ist das häufigste Hindernis, das Benutzer daran hindert, sich für eine Mailingliste anzumelden. Und Spam bedeutet für Ihre Benutzer nicht nur E-Mails, die sie nicht angefordert haben, sondern auch die vielen E-Mails, für die sie sich angemeldet haben (z. B. Ihren Newsletter). Um auf diese beiden Bedenken einzugehen:

1. Versprechen Sie den Benutzern, dass die Häufigkeit Ihres Newsletters gering ist; idealerweise erwähnen Sie gleich, wie oft Sie den Newsletter versenden.
2. Versprechen Sie, dass die E-Mail-Adressen gut geschützt sind und dass Ihnen der Datenschutz wichtig ist.

Vergessen Sie anschließend nicht den Anmelde-Button, die Erfolgsmeldung und die Fehlermeldungen.

Die Anmeldung für einen Newsletter ist nicht anders als jeder andere digitale Prozess: Sie müssen den Button-Text so gestalten, dass er die Benutzer zum Anklicken motiviert (siehe Kapitel 11, »Buttons«), und Sie müssen eine ausgezeichnete Erfolgsmeldung kreieren, dank derer Ihre Benutzer neugierig und gespannt auf den Newsletter warten (siehe Kapitel 8, »Erfolgsmeldungen«). Es lohnt sich auch, ein bisschen Zeit in das Schreiben einer netten Fehlermeldung zu investieren, falls jemandem bei der Eingabe der E-Mail-Adresse ein Fehler unterlaufen ist (siehe Kapitel 7, »Fehlermeldungen«).

Tipp 13: Kostenlose Inhalte! Jetzt herunterladen!

Wenn Sie kostenlose Inhalte zum Download oder per E-Mail anbieten, funktioniert die Einladung zum Download genauso wie eine Newsletter-Anmeldung:

1. Bieten Sie einen attraktiven Titel, der einen klaren Mehrwert benennt.
2. Erklären Sie Ihren Nutzern die Vorteile, die sie durch die Inhalte erhalten – also wie sich ihr Leben nach dem Lesen verbessert.
3. Garantieren Sie Privatsphäre und dass Sie keine E-Mail-Adressen weitergeben.

Denken Sie, Ihre Nutzer lesen nicht? Keine Sorge.

Das Geheimnis der Überzeugung liegt darin, Ihren Nutzern immer zu sagen, wie sie profitieren werden. Michael Aagaard von ContentVerve hat es auf seiner Website ausprobiert und seine Ergebnisse im Artikel *How to Write High-Converting Sign-Up Form Copy*[1] veröffentlicht.

Das Kontrollformular lautete:

> *»Erhalten Sie frische Updates von ContentVerve.com«*

Die nicht so allgemeine Version lautete:

> *»Erhalten Sie frische Updates:*
> - *Fallstudien & Testresultate*
> - *How-to-Videos & Artikel*
> - *Podcasts mit Vordenkern«*

1 *https://www.duncanjonesnz.com/michael-aagaard-how-to-write-high-converting-sign-up-form-copy/*

Eigentlich hat Aagaard nur eine sehr kurze Liste von dem vorgelegt, was seine Benutzer tatsächlich erhalten, wenn sie seinen Newsletter lesen. (Und ich nehme an, dass er bewusst die Punkte ausgewählt hat, die seine Kunden am meisten interessieren.)

Das Ergebnis? Die Newsletter-Anmeldungen haben sich bei dem Formular mit der Liste um 83,75 % gesteigert. Das ist es wert, finden Sie nicht auch?

Tipp 14: Aber wir bieten wirklich nur Sonderangebote ...

Wenn Ihr Newsletter nur ein Vertriebskanal ist und nur über Rabatte und Angebote informiert, dann sollten Sie darüber nachdenken, ihn magazinähnlicher zu gestalten und einen Mehrwert einzubauen, z. B. Empfehlungen von Profis (»Unser Stylist macht Sie zum Star im Büro«), eine interessante Liste, die Sie zusammengestellt haben (»Die 5 besten Restaurants in ...«), Interviews, Erfolgsgeschichten und sogar ausführliche Artikel.

Wenn Sie nicht die Zeit oder das Budget haben, den Newsletter zu ändern, sollten Sie zumindest ein paar spezifische Infos zum Anmeldeformular hinzufügen. Erinnern Sie die Nutzer an Ihre Marke, machen Sie dies so zu einer einzigartigen Einladung. Zum Beispiel:

- Schreiben Sie nicht »Sie erhalten Rabatt«, sondern: »Erhalten Sie Rabatt auf die neue tolle Sommerkollektion von [der Name der Marke].«
- Schreiben Sie nicht nur »Wir schicken Ihnen Angebote«, sondern: »Erhalten Sie Sonderangebote für die besten Zimmer in den begehrtesten Hotels.«
- Schreiben Sie nicht einfach »Updates«, sondern: »Erhalten Sie Updates über neue Stellenangebote, bevor sie auf die Website hochgeladen werden.«

Das ist die Lösung von Walmart:

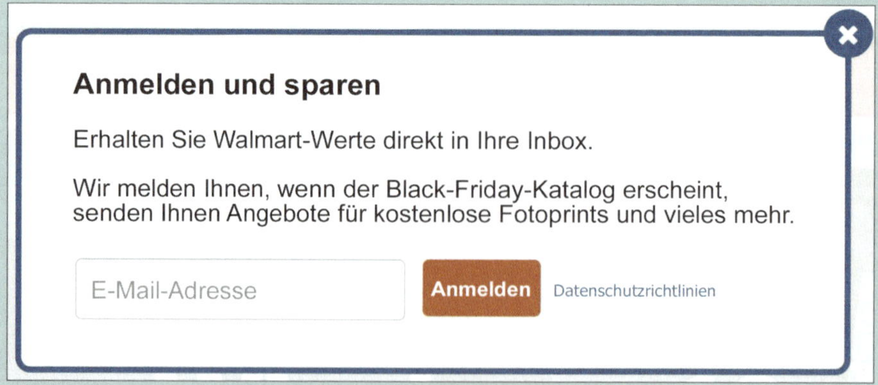

Abbildung 5.1 www.walmart.com (übersetzt aus dem Englischen)

Beispiel

GoodUI testet Muster von Benutzeroberflächen, um herauszufinden, was funktioniert. In der Newsletter-Einladung erwähnt das Unternehmen nicht einmal, dass es sich um einen Newsletter handelt. Stattdessen benennt GoodUI die konkreten Vorteile: Abonnenten erhalten die Forschungsergebnisse. Mit anderen Worten: »Wir machen die Arbeit, du bekommst die Ergebnisse.« Fantastisch. Der Button zeigt zudem einen Mehrwert (siehe Kapitel 11, »Buttons«), und darunter befindet sich eine bestärkende Nachricht. Und die konkrete Angabe, wie oft E-Mails versendet werden, lindert Spam-Bedenken.

Abbildung 5.2 www.goodui.org (übersetzt aus dem Englischen)

Barking up the Wrong Tree bietet auf dem Newsletter-Anmeldeformular:

- Social Proof (BESPROCHEN IN, ÜBER 320.000 ABONNENTEN)
- einen Mehrwert für die Abonnenten (DAS LEBEN WUNDERBAR MEISTERN)
- präzise Häufigkeit (WÖCHENTLICHES UPDATE)
- das Versprechen, dass es keinen Spam geben wird (NIEMALS!).

Machen Sie es wie über 320.000 Abonnenten

Besprochen in der New York Times,
dem Wall Street Journal, Wired Magazine
und Time Magazine – BARKING UP THE WRONG TREE
bietet wissenschaftlich fundierte Einsichten,
wie Sie das Leben wunderbar meistern.

Sie erhalten ein wöchentliches Update mit exklusiven Inhalten.
Kein Spam, niemals!

Abbildung 5.3 www.bakadesuyo.com (übersetzt aus dem Englischen)

Das *YFS Magazine* bietet einen klaren Mehrwert: »Dank erstklassiger Beratung bauen Sie eine bemerkenswerte Marke auf.« Die Häufigkeit des Newsletters ist klar erkennbar (wöchentlich), und unter dem Button verspricht das Unternehmen, keinen Spam zu versenden.

Abbildung 5.4 www.yfsmagazine.com (übersetzt aus dem Englischen)

The Northface braucht viel weniger Worte und spricht die Sprache der Extremsportler:

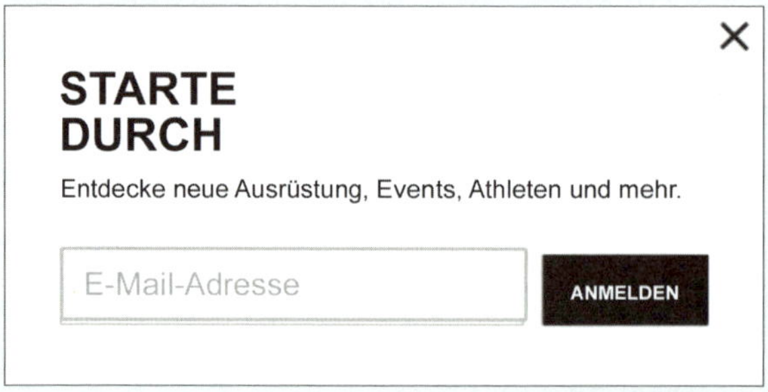

Abbildung 5.5 www.thenorthface.com (übersetzt aus dem Englischen)

Und hier ist zum Abschluss die Einladung, einen Newsletter zu abonnieren, die mir am besten gefällt. Sie stammt von *Marie Forleo*, einer amerikanischen Lebensberaterin (Forleo hat sie zwar inzwischen ersetzt, aber diese Fassung ist immer noch mein Favorit):

Abbildung 5.6 www.marieforleo.com (übersetzt aus dem Englischen)

Was ist an dieser Einladung so gut?

1. **der Titel, der einen präzisen, superattraktiven Wert bietet –** »Wir helfen Ihnen, ein Leben und ein Unternehmen zu gestalten, das Sie lieben werden.«
2. **Der Mehrwert wird gezeigt, nicht der Akt der Anmeldung** – Die Einladung verwendet Worte und Werte, nach denen die Benutzer suchen. Forleo versteckt sich nicht hinter langen Erklärungen darüber, wie Sie dorthin gelangen, sondern konzentriert sich auf die Ziele: »Erfüllen Sie Ihre Träume, erhöhen Sie Ihren Profit, werden Sie glücklicher und weiser und lieben Sie sich mehr.« Beachten Sie, dass die Newsletter-Einladung Forleo und ihr Geschäft kaum erwähnt, sondern sich ganz auf die Nutzer konzentriert.
3. **Die Häufigkeit der E-Mails ist klar angegeben** – wöchentlich.
4. **Es gibt einen Social Proof** – den Gewinn einer Auszeichnung.
5. **Man spürt Forleos Persönlichkeit in jedem Wort, das sie schreibt** – Forleo ist charismatisch und betrachtet Sie als gleichranging; sie setzt anspruchsvolle Ziele, ist dennoch warmherzig und einfühlsam, sachlich, aber menschlich und sehr, sehr weiblich.

In einem späteren Newsletter-Call-to-Action geht Forleo den Weg des Social Proof und gibt ihren Nutzern dann das Gefühl, dass sie mit der Anmeldung einer spannenden und exklusiven Community beitreten:

Abbildung 5.7 www.marieforleo.com (übersetzt aus dem Englischen)

Übrigens, haben Sie bemerkt, dass fünf von sechs hier gezeigten Beispielen das Wort »Newsletter« nicht erwähnen und es dennoch völlig klar ist, worum es geht? Da das Wort »Newsletter« Nutzer eventuell einschüchtert, können Sie es einfach weglassen – solange Sie auf andere Weise deutlich machen, worum es geht.

5.3 An den Rändern, aber nicht marginal

Auch die sekundären Einladungen zur Newsletter-Anmeldung, die immer in der Fußzeile oder in der Seitenleiste erscheinen, müssen mehr sagen als nur »Für unseren Newsletter anmelden«. Versuchen Sie trotz des begrenzten Platzes in wenigen Worten zu benennen, warum sich die Anmeldung lohnt, und die Versandhäufigkeit anzugeben.

Beispiel

Sugru, ein Shop für Leim und Kleber, verlegt die Newsletter-Einladung in den Footer (und fügt noch ein Beispiel für großartiges Design hinzu).

Abbildung 5.8 www.sugru.com (übersetzt aus dem Englischen)

6 Kontaktieren Sie uns

Sie müssen uns nicht kontaktieren, um zu erfahren, warum die Kontaktseite so wichtig ist – es reicht, wenn Sie dieses Kapitel lesen. Zudem erfahren Sie, wie Sie die Kontaktseite für interessierte Kunden und die Kontaktseite für Hilfesuchende optimal gestalten.

6.1 Wie können wir Ihnen helfen?

Ihr digitales Produkt ist die virtuelle Version Ihrer Organisation oder Ihres Unternehmens. Die Kontaktseite ist daher der Kundenservice: der Ort, an den sich die Nutzer wenden, wenn sie mit Ihnen in Kontakt treten wollen oder Hilfe benötigen. In beiden Fällen – egal ob es sich um potenzielle oder bestehende Kunden handelt, die Unterstützung oder eine Antwort benötigen – sollte die Kontaktseite die einladendste und serviceorientierteste Seite Ihres Produkts sein. Deshalb überrascht es mich immer wieder, dass viele Kontaktformulare aussehen, als ob jemand gezwungen worden wäre, sie online zu stellen. Sie mögen gut gestaltet sein, aber es gibt nichts, was auch nur ein wenig darauf hindeutet, dass derjenige, der die Seite zur Verfügung gestellt hat, möchte, dass Sie wirklich in Kontakt mit dem Anbieter treten, dass jemand wirklich helfen will oder dass es tatsächlich jemanden gibt, der liest, was Sie schreiben. Zum Beispiel:

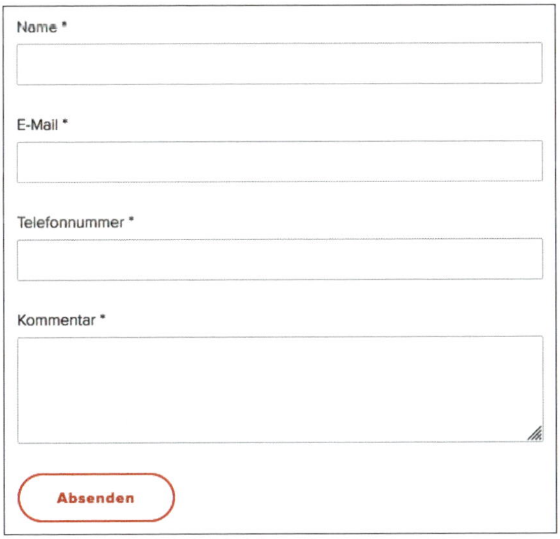

Abbildung 6.1 Typisches Kontaktformular

Formulare wie diese sind wie Kundendienstmitarbeiter, die Sie nicht freundlich mit »Wie kann ich Ihnen helfen?« begrüßen, sondern die mit einem leeren Gesichtsausdruck vor Ihnen stehen und einfach warten. Etwas seltsam, finden Sie nicht auch?

Übrigens, Sätze wie

- Wir würden uns freuen, von Ihnen zu hören und
  jede Ihrer Fragen zu beantworten.
- Ihr Beitrag ist uns wichtig.
- Unser Unternehmen investiert stark in die Zufriedenheit seiner Kunden
- Lieber Kunde, bitte geben Sie Ihre Angaben ein und wir melden
  uns am nächsten Arbeitstag bei Ihnen

sind so banal und unglaubwürdig, dass Sie ebenso gut nichts schreiben könnten.

Vermeiden Sie auch eine der vielen Versionen von »Im kontinuierlichen Bemühen, unseren Service zu verbessern, freuen wir uns über Fragen und Kritik«. Die Verbesserung Ihres Service ist nicht das, wofür ich hier bin. Ich brauche Sie, um mein konkretes Problem jetzt zu lösen und wenn möglich persönliche Aufmerksamkeit zu erhalten. Das wird mir sehr helfen.

Um also eine großartige Kontaktseite zu schreiben, fragen Sie sich zuerst, in welchen konkreten Situationen Website-Nutzer diese benötigen und was sie mit ihr erreichen wollen. Dann erstellen Sie eine einzigartige Nachricht, die zu Ihnen passt – und nur zu Ihnen.

6.2 Eine Kontaktseite für potenzielle Kunden

Der Zweck von Unternehmens- und Dienstleistungsseiten (z. B. Therapeuten, Studios, Agenturen usw.) ist es, dass Nutzer mit ihnen Kontakt aufnehmen können.

Tatsächlich ist der einzige Grund, warum solche Webseiten erstellt werden, der, dass die Benutzer in Kontakt treten können und eine Zusammenarbeit beginnt. Da mag es darum gehen, ein Treffen zu vereinbaren, den Service zu bestellen, den Preis zu überprüfen, mehr über den Arbeitsprozess zu erfahren und so weiter. In gewisser Weise werden alle überzeugenden Bemühungen, die Sie in die Inhaltsseiten investiert haben, auf die Kontaktseite geleitet. Dort sollte die Neugierde oder das Begehren in eine Aktion umgesetzt werden, z. B. soll der Nutzer ein Formular ausfüllen, eine E-Mail senden oder die Telefonnummer wählen.

Jetzt ist nicht die Zeit, den Fuß vom Gas zu nehmen. Im Gegenteil: Sie müssen das Gefühl des Benutzers stärken, dass die Kontaktaufnahme mit Ihnen eine ausgezeichnete Wahl und genau das Richtige ist.

Wie bei der Anmeldung auf einer Website oder für einen Newsletter beginnen Sie auch hier damit, den üblichen Titel *Kontakt* in einen Titel zu verwandeln, der einen Mehrwert bietet. Danach teilen Sie den Nutzern mit, welchen Vorteil sie davon haben, wenn sie sich mit Ihnen in Verbindung setzen. Wenn Sie das Voice & Tone Design vorbereitet haben, finden Sie hier, was Ihre Nutzer wirklich aus einer Beziehung mit Ihnen herausholen wollen. Wenn Sie den Leitfaden nicht vorbereitet haben, ist jetzt ein guter Zeitpunkt, damit zu beginnen.

Beispiel

Netcraft, eine UX-Agentur, betrachtet ihre Kontaktseite genau so, als wäre sie eine Verkaufsseite, und gibt Nutzern, also potenziellen Kunden, fünf gute Gründe, Kontakt aufzunehmen. Die Gründe 1 und 2 schaffen Vertrauen, Grund 3 verspricht Wert, und die Gründe 4 und 5 sind da, um etwas Spaß zu haben – ein untrennbarer Teil der Marke. Wunderbar!

Abbildung 6.2 netcraft.co.il (übersetzt aus dem Englischen)

Epipheo, ein Unternehmen, das Videos für seine Kunden produziert, hatte früher auf seiner Kontaktseite diese großartige Einladung, die genau erklärte, was ich meine, wenn ich sage, dass Sie bis zum Schluss verkaufen sollten. Die Seite schafft Vertrauen, ist authentisch und voller Charakter – und vor allem erinnert sie die Benutzer daran, dass Epipheo ihnen helfen kann, ihre Geschäftsziele zu erreichen.

Der ausgezeichnete Wortlaut fasst für die Nutzer kurz vor der Kontaktaufnahme noch einmal zusammen, warum sie sich eigentlich an Epipheo wenden sollten. Und dennoch denke ich, dass ein so langer Absatz die Benutzer abschrecken könnte. Es ist besser, ihn zwei bis drei Zeilen kurz zu halten.

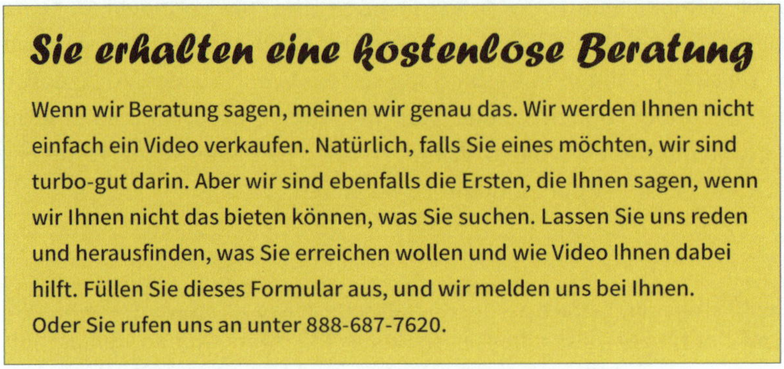

Abbildung 6.3 www.epipheo.com (übersetzt aus dem Englischen)

6.3 Eine Kontaktseite für den Support

Wenn Ihre Dienstleistung oder Ihr Produkt nicht zwingend Kontakt beinhaltet, wird die Kontaktseite in der Regel für Supportanfragen und andere Fragen verwendet.

Und wenn guter Service einer Ihrer Werte ist, verstehen Sie sicher, dass der Moment, in dem ein Kunde Unterstützung oder eine Antwort benötigt, genau der richtige Zeitpunkt ist, um maximal serviceorientiert zu sein – um zu zeigen, dass Sie für Ihre Kunden da sind, dass Sie ihnen gerne helfen und dass das Vertrauen, das die Kunden in Sie setzen, gerechtfertigt ist. Das ist es, was Ihre Kontaktseite tun sollte. Wie können Sie das erreichen?

1. **Schreiben Sie die Einladung ehrlich, bereitwillig und großzügig** – Ihr Service wird nicht nur dann beurteilt, wenn alles reibungslos läuft, sondern vor allem, wenn Ihre Nutzer Sie brauchen. Täuschen Sie Ehrlichkeit nicht vor, das funktioniert nicht.
2. **Seien Sie präzise** – Tauschen Sie Floskeln wie »bei Fragen und Problemen« gegen Worte, die in direktem Zusammenhang mit Ihrem Produkt oder Ihrer Dienstleistung stehen. Fragen zu *was*? Probleme *womit*?

3. **Es mag seltsam klingen, aber auch das Kontaktformular enthält Hindernisse und Vorbehalte, die beseitigt werden müssen** – Benutzer befürchten, dass ihre Anfrage eine von Tausenden ist, dass Sie sie nicht lesen werden oder dass sie – wenn sie dann eine Antwort erhalten – vergessen haben, warum sie Sie damals kontaktiert haben. Versprechen Sie Ihren Kunden, dass Sie alle Supportanfragen lesen, und erwähnen Sie, wie lange es dauert, bis jemand antwortet.

Tipp 15: Kein Witz

In den meisten Fällen kann ein kleiner Witz oder ein authentisches Lächeln das Eis brechen, eine Beziehung aufbauen und die Atmosphäre verbessern. Aber wenn Sie eine Kontaktseite für Anfragen und Support haben, werden Ihre Kunden dorthin gehen, wenn sie wütend oder frustriert sind oder einfach nicht wissen, was sie tun sollen.

Wenn Sie einen amüsanten Kontakttext geschrieben haben, lesen Sie ihn noch mal aus der Sicht eines unzufriedenen Kunden. Sorgen Sie dafür, dass der Text Sie nicht noch wütender macht oder als zynisch empfunden werden könnte: Bei der Kontaktseite gehen Sie lieber auf Nummer sicher.

Beispiel

IKEA bietet eine Reihe von möglichen Gründen für den Kontakt. IKEA betont, dass die Mitarbeiter das Problem schnell und einfach lösen werden und es Ihnen ermöglichen, sich wieder auf Ihrem neuen Sofa zu entspannen – der eigentliche Grund, warum Sie zu IKEA gekommen sind.

> **Customer Support Center**
>
> Ob du Antworten suchst, ein Problem lösen willst oder uns einfach sagen möchtest, wie du uns findest – hier findest du verschiedene Wege, uns zu kontaktieren. Wir werden dein Problem schnell und unkompliziert lösen, damit du dich wieder den wirklich wichtigen Dingen widmen kannst – wie dich auf dem Sofa zu entspannen.

Abbildung 6.4 www.ikea.com (übersetzt aus dem Englischen)

Marie Forleo, die erfolgreiche Lebensberaterin, lädt Sie herzlich ein, sie zu kontaktieren, sei es mit Fragen oder Komplimenten. Voice & Tone passen zu ihrer Persönlichkeit und Marke.

Noch wichtiger ist, dass sie versteht, dass die Nutzer nicht sicher sind, wo ihre Anfragen landen, da es um ein virtuelles Unternehmen geht, wer sie liest und wie lange es dauert, bis sie eine Antwort erhalten, wenn überhaupt. Forleo geht auf all diese Bedenken ein und verspricht, dass alle Anfragen gelesen werden und dass sie sich bemüht, sie innerhalb von 48 Geschäftsstunden zu beantworten.

> *Du hast Fragen, Kommentare oder eine heiße Liebeserklärung, die du uns schicken möchtest?*
>
> Das freut uns. Am besten kontaktierst du uns über info@marieforleo.com. Wir lesen jede Nachricht und tun unser Bestes, um innerhalb von 48 Arbeitsstunden zu antworten. Normalerweise arbeiten wir von Mo–Fr, 9 – 17 Uhr
>
> Wenn es um Kundenbetreuung geht, sind wir wie besessen. Wenn du also nichts von uns hörst, bedeutet das, dass wir deine Nachricht nicht erhalten haben, also sende sie bitte nochmal.

Abbildung 6.5 www.marieforleo.com (übersetzt aus dem Englischen)

Oh Happy Day ist ein cooler Partyladen, der auf seiner Kontaktseite ein kleines Lächeln auf die Lippen zaubert (aber damit sollten Sie vorsichtig sein, siehe Tipp 15 in Abschnitt 6.3). Die Firma verspricht auch, innerhalb von maximal zwei Werktagen zu antworten.

> **SCHICK UNS EINE NACHRICHT**
>
> Du hast Fragen? Musst etwas zurückgeben? Willst uns eine lustige Geschichte über deine Katze erzählen? Kontaktiere uns über shop@ohhappyday.com. Wir antworten innerhalb von zwei Arbeitstagen! (Normalerweise schneller!)

Abbildung 6.6 www.shop.ohhappyday.com (übersetzt aus dem Englischen)

Aber wäre es ist nicht besser, konkreter zu sein als *»Du hast Fragen«* oder *»Musst etwas zurückgeben«*? Verbinden Sie dazu den Satz mit dem Thema Ihrer Website. Zum Beispiel:

- Du hast Fragen zu unserem bunten Konfetti?
- Passt die Farbe der Ballons nicht zu den Servietten, und du musst sie zurückgeben?
- Möchtest du andere coole Accessoires mit uns teilen, an die wir noch nicht gedacht haben?

Wenn Sie mehrere verschiedene Kundengruppen haben und jede Gruppe anders ansprechen möchten, können Sie separate Links einrichten, die zum entsprechenden Formular führen – wie bei *JetBlue*, der US-amerikanischen Airline.

NPR, die US-amerikanische öffentliche Multimedia-Nachrichtenorganisation und Radioproduktion, verwendet ebenfalls dieses System: Durch Anklicken des Buttons wird das für das jeweilige Thema relevante Formular angezeigt.

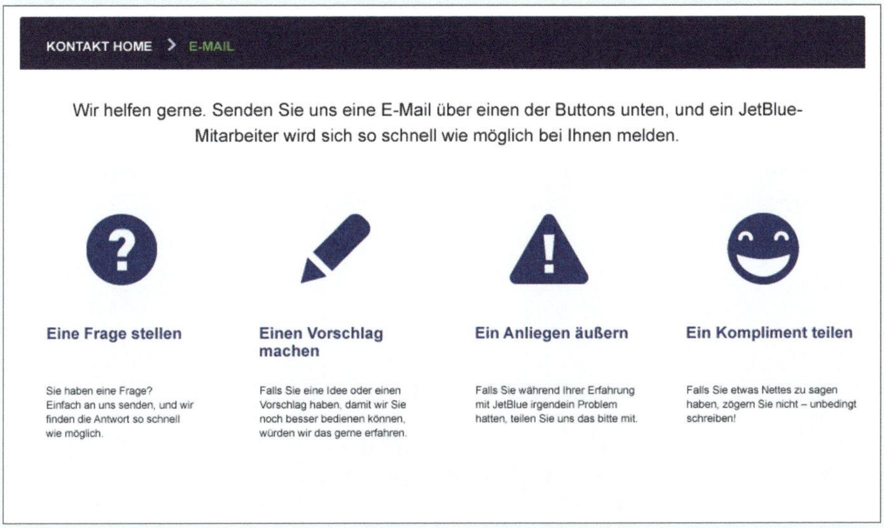

Abbildung 6.7 www.jetblue.com (übersetzt aus dem Englischen)

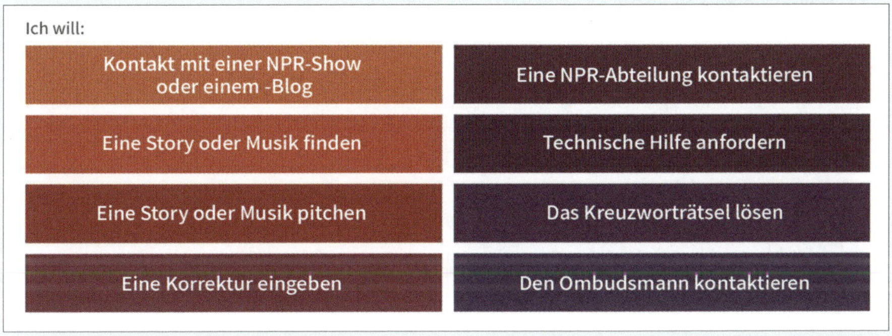

Abbildung 6.8 www.npr.org (übersetzt aus dem Englischen)

FAQs oder *Online-Hilfe* sind Services, die viele Benutzer gerne in Anspruch nehmen, damit sie nicht auf eine Antwort von Ihnen warten müssen. Dennoch könnten Benutzer das Gefühl haben, dass Sie versuchen, sie abzublocken und sie daran zu hindern, Sie zu kontaktieren. Um dies zu vermeiden, betonen Sie bei Verweisen auf die Online-Hilfe, dass Sie gerne von Ihren Kunden hören würden und dass FAQs wirklich der schnellste Weg sind, ihnen zu helfen.

InVision bietet Werkzeuge zum Entwerfen, Überprüfen und Testen von Produkten. Zuerst verspricht die Kontaktseite, dass InVision immer für Sie da sein wird, und erst dann schlägt sie vor, bei technischen Problemen das Hilfecenter auszuprobieren. In jedem Fall steht Ihnen das Kontaktformular direkt unter dieser Nachricht zur Verfügung, und Sie können es einfach auswählen.

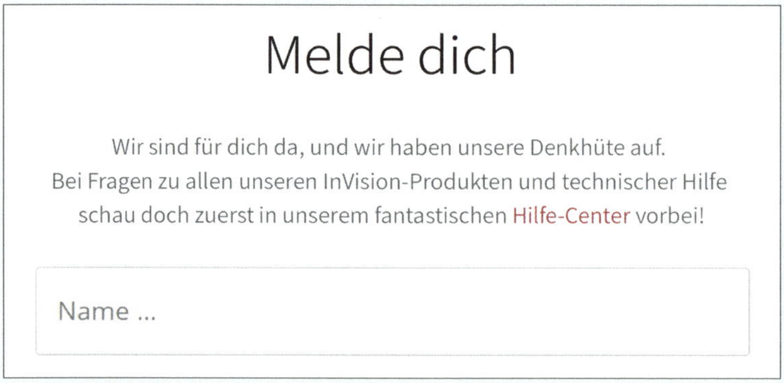

Abbildung 6.9 www.invisionapp.com (übersetzt aus dem Englischen)

Typeform verwendet ein Typeform-Formular auf seiner Kontaktseite. Wenn Benutzer angeben, dass sie Hilfe mit einem Formular benötigen, werden sie zunächst auf das Hilfecenter verwiesen – aber Typeform stellt sicher, dass Sie wissen, dass auch das Support-Team immer verfügbar ist.

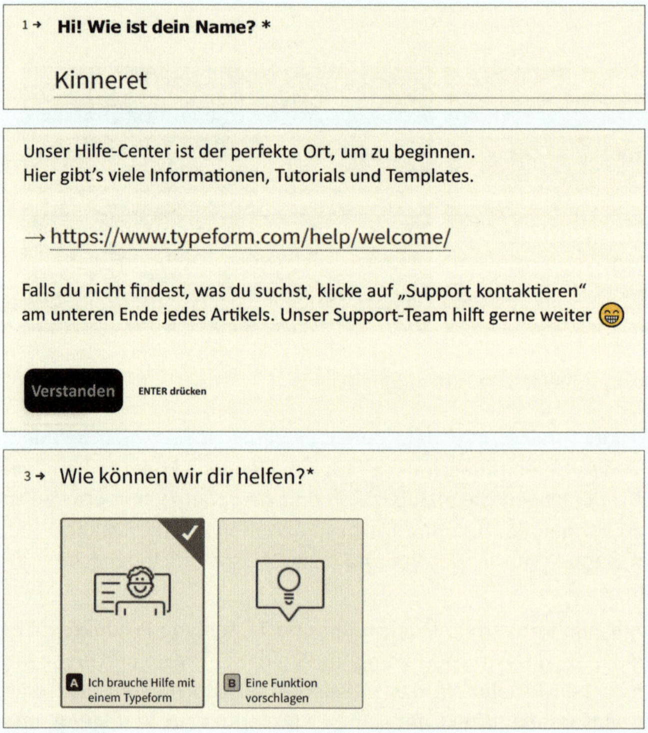

Abbildung 6.10 www.typeform.com (übersetzt aus dem Englischen)

Tipp 16: Anfragen nach Themenbereichen oder Dringlichkeit sortieren

Wenn Sie die Betreffkategorien oder den Dringlichkeitsgrad für das Kontaktformular erstellen, ändern Sie Ihre interne Fachterminologie in die Sprache Ihrer Benutzer. Mit anderen Worten, fragen Sie sich, worauf sich diese Anfrage aus der Sicht Ihrer Nutzer bezieht – nicht aus Ihrer eigenen.

Zum Beispiel:

- Bestellte Produkte → Meine Bestellungen
- Rechnungsstellung → Frage zur Zahlung
- Systemfehler → Problem mit der Seite
- Allgemein → Etwas anderes

So macht es *Men with Pens*, eine Website, die Content-Services anbietet:

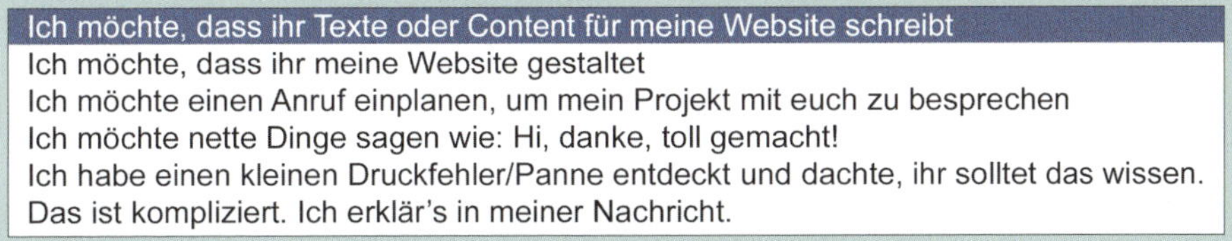

Abbildung 6.11 www.menwithpens.ca (übersetzt aus dem Englischen)

Falls Ihr Formular Dringlichkeitsstufen enthält: So macht's *Buffer*, eine Website, die Werkzeuge zur Verfügung stellt, um die Social-Media-Aktivität zu erhöhen. Einfach großartig.

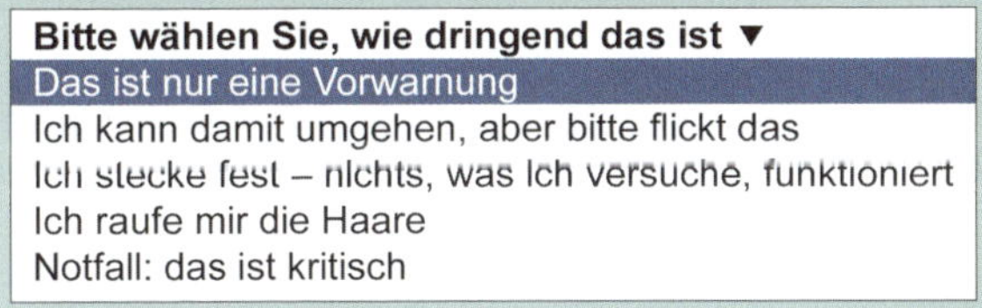

Abbildung 6.12 www.buffer.com (übersetzt aus dem Englischen)

7 Fehlermeldungen

Oje - die gesuchte Einleitung konnte nicht gefunden werden. Unser Team arbeitet mit Hochtouren daran, das zu beheben. In der Zwischenzeit könnten Sie lesen, was die drei Hauptziele einer Fehlermeldung sind, wie Sie in zwei Schritten zur hilfreichen Fehlermeldung kommen, was Sie bei Voice & Tone beachten sollten, und welche Fehlermeldungen jede Website braucht.

7.1 Erste Hilfe für konsternierte Benutzer

Fehlermeldungen sind die einzigen Textarten, von denen wir hoffen, dass sie von den Benutzern nie gesehen werden. Daher ist es wichtig, Benutzer vor Fehlern zu schützen. Details zu diesem Thema können Sie in Kapitel 17 nachlesen, in dem wir uns damit befassen, wie man Fehler und Frustration vermeidet. Allerdings werden Benutzer höchstwahrscheinlich ein paar Ihrer Fehlermeldungen sehen, und deshalb müssen Sie diese so formulieren, dass sie echte Hilfestellung bieten.

Eine Fehlermeldung stoppt einen Prozess, den die Benutzer erfolgreich abschließen möchten. Aus Benutzersicht ist die Nachricht eine reine Verzögerung. Die Nutzer wollen verstehen, was schiefgelaufen ist und wie sie weitermachen sollen. Da ihre Motivation bereits fragil ist, könnten Fehlermeldungen der letzte Tropfen im Frustrationsfass sein, der sie dazu bringt, einen Prozess aufzugeben – besonders wenn die Meldungen unklar oder einschüchternd sind.

Daher müssen Fehlermeldungen drei Ziele erfüllen:

1. Erklären Sie einfach und klar, dass es ein Problem gibt und was dieses Problem ist.
2. Stellen Sie eine Lösung bereit, sodass die Benutzer sofort zum Prozess zurückkehren und ihn abschließen können.
3. Verwandeln Sie die Verzögerung in ein möglichst angenehmes Erlebnis.

Normalerweise betreffen Fehlermeldungen technische Probleme, die gelöst werden müssen. Deshalb sollte ihr Schwerpunkt auf Klarheit und Praktikabilität liegen. Seien Sie in Ihrem Text nicht zu clever, und halten Sie ihn so einfach wie möglich. Dies ist auch nicht der Ort, um sich über die Benutzer lustig zu machen oder die Verzögerung, die er erleidet, kleinzureden.

Aber das bedeutet nicht, dass die Meldungen technisch und kalt wirken müssen. Im Gegenteil, gerade weil Fehler Unannehmlichkeiten verursachen, sollten Sie die

Nachrichten mit einer natürlichen und menschlichen Stimme formulieren, um die Verzögerung so freundlich wie möglich zu gestalten – genau wie ein guter Kundendienstmitarbeiter es im Gespräch tun würde.

7.2 In zwei Schritten zur perfekten Fehlermeldung

Um eine Fehlermeldung zu erstellen, die Ihren Nutzern wirklich weiterhilft, müssen Sie im Grunde zwei Dinge beachten:

1. Beschreiben Sie das Problem so genau wie möglich.
2. Machen Sie einen konstruktiven Vorschlag zur Lösung des Problems, und schauen Sie nach vorne. Wenn das Problem in diesem Moment nicht gelöst werden kann, sagen Sie dem Benutzer, was getan werden kann, um ihm zu helfen, und an wen er sich wenden soll.

Ausnahme: In Standardfehlermeldungen, die mit dem Anmeldeformular oder dem Login verbunden sind (z. B. bei einem falschen Passwort oder einem bereits vorhandenen Benutzernamen), können Sie manchmal eines dieser beiden Elemente weglassen (Beschreibung des Problems oder seiner Lösung). Diese Situation dürfte den Benutzern so gut bekannt sein, dass sowohl das Problem als auch die Lösung offensichtlich sind.

Tipp 17: Vier Dinge, die Sie wissen müssen, um eine gute Fehlermeldung zu schreiben

1. Was wollten die Benutzer tun, als sie die Fehlermeldung bekamen?
2. Warum hat das System mit einem Fehler reagiert?
3. Was können Benutzer tun, um den Prozess fortzusetzen und abzuschließen?
4. Wenn es keine Lösung gibt, können Sie eine alternative Aktion anbieten (z. B. Unterstützung)?

Je allgemeiner, desto weniger hilfreich

Wenn Sie – aufgrund von Budget- oder Entwicklungsbeschränkungen – eine einzige Fehlermeldung für verschiedene Szenarien formulieren müssen, bedeutet dies, dass es sich um eine eher allgemeine Meldung handelt: Sie können nicht beschreiben, was schiefgelaufen ist (es gibt verschiedene mögliche Optionen), und Sie können den Benutzern nicht sagen, wie sie das Problem beheben können (weil Sie nicht wissen, welches Problem die Nutzer beheben müssen). Sie stehen vor dem gleichen Problem, wenn Ihr System nicht erkennen kann, was genau den Fehler verursacht hat.

Es gibt hier keine magische Lösung: Damit Fehlermeldungen hilfreich sind, müssen sie für den Kontext relevant sein, in dem sie erscheinen.

Wenn Sie keine konkreten Meldungen formulieren können, seien Sie zumindest so positiv und freundlich wie möglich.

7.3 Voice & Tone von Fehlermeldungen: menschlich und serviceorientiert

In Kapitel 2 habe ich beschrieben, wie Sie in einem gesprächshaften Stil texten und wie Sie den formalen Schreibstil vermeiden. Dies ist beim Schreiben von Fehlermeldungen besonders wichtig, damit sie wirklich hilfreich und verständlich sind – und Benutzer daran hindern, die Meldung zu schließen, bevor sie diese komplett gelesen haben.

1. Schreiben Sie nicht starr, drohend oder befehlend, und klingen Sie nicht wie ein Anwalt.

   Nicht so:

   - Füllen Sie dieses Formularfeld aus.
   - Dieses Feld ist obligatorisch.
   - Sie können nicht fortfahren, die folgenden Felder sind falsch.
   - Du musst eine Handynummer angeben.
   - Sehr geehrter Kunde, es ist Ihnen nicht erlaubt, diese Aktion durchzuführen.

2. Schreiben Sie ohne eine Spur der Wörter »Fehler« oder »Versagen«.

   Nicht so:

   - Fehler! Bitte korrigieren Sie die Eingabe.
   - Fehler in einem oder mehreren Feldern.
   - Die Aktion ist fehlgeschlagen. Versuchen Sie es erneut.

3. Schreiben Sie ohne Verwendung von Fachbegriffen wie »Validierung«, »Verifikation«, »legal«, »zertifiziert«, »nicht unterstützte Aktionen«, »System« oder »Berechtigung«, und nennen Sie auch nicht die Seriennummer des Fehlers.

   Nicht so:

   - SCHWERER FEHLER: Unbehandelte c0001du-Exception bei 31c71014h
   - Die Validierung von Media-IDs ist fehlgeschlagen.
   - Es gab ein Problem beim Abrufen der XML-Daten: undefined
   - Ungültige Anmeldeinformationen
   - Ungültige E-Mail-Adresse

- Validierungsfehler
- Fehler 5647GV

Anstatt solche einschüchternden Texte auf die Website zu stellen, sollten Sie Fehlermeldungen schreiben, die den Benutzer nicht beschuldigen. Beschreiben Sie stattdessen das Problem einfach, auf die serviceorientierteste Weise und in einem angenehmen Gesprächsrhythmus, und schlagen Sie dann eine Lösung vor.

Dies können Sie tun, indem Sie sagen, was möglich ist, anstatt zu sagen, was nicht möglich ist.

Beispiel

- Anstelle von »Die Telefonnummer ist ungültig« schreiben Sie: »Die Telefonnummer sollte 10-stellig sein.«
- Anstelle von »Sie können diesen Flug nicht buchen« schreiben Sie: »Direktflüge nach Dublin sind nur im August verfügbar.«

Tipp 18: Humor in Fehlermeldungen – ja oder nein?

Wie viel Humor Sie in Fehlermeldungen verwenden können, hängt vom Voice & Tone Ihrer Marke ab. Wenn Ihre Marke locker und leicht daherkommt, können Sie definitiv Meldungen schreiben, die Benutzer zum Lächeln bringen. Aber denken Sie daran, dass die Meldung zunächst klar und praktisch sein und eine Lösung für das Problem bieten muss. Zu clevere Fehlermeldungen könnten die Benutzer zusätzlich aufhalten und das Problem verharmlosen. Halten Sie den Humor leicht, und stellen Sie sicher, dass er das Verständnis der Meldung nicht erschwert.

Diese Fehlermeldung aus der *OurHome App* zur Verwaltung von Familienaufgaben erscheint, wenn Sie angeben, dass Sie über 122 Jahre alt sind. Sie ist super lustig und viel zu lang. Offensichtlich ist sie nicht dazu gedacht, praktisch zu sein, sondern soll die Benutzer zum Lachen bringen. Bei mir hat es funktioniert!

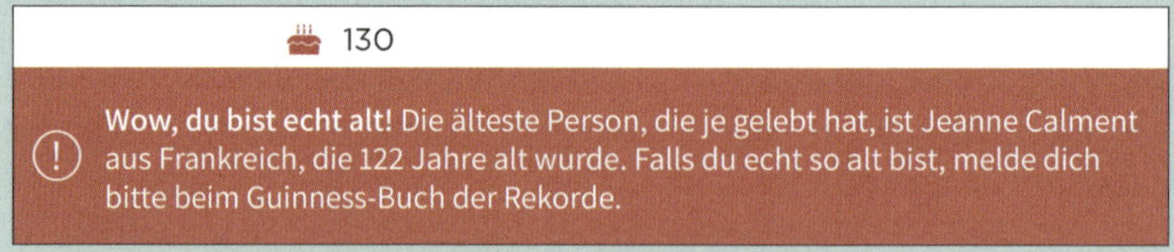

Abbildung 7.1 OurHome App (übersetzt aus dem Englischen)

Beispiel

Diese beiden Fehlermeldungen sagen praktisch dasselbe aus:

- Reservierungen für mehr als 30 Nächte sind nicht möglich.
- Warum ziehen Sie nicht gleich ein? 30 Tage sind das Maximum.

Die erste Meldung beschreitet den negativen Weg (sie erklärt, was nicht möglich ist), während die zweite (von *Hipmunk*) den positiven Weg wählt (sie erklärt, was das Maximum ist) und ein Augenzwinkern hinzufügt. Der Unterschied in der Benutzererfahrung ist enorm.

Übrigens, das Augenzwinkern ist großartig, wenn es zur Stimme der Marke passt, aber es ist nicht notwendig. Wenn Ihre Stimme konservativer ist, kann sie immer noch eine weniger negative Erfahrung liefern, indem Sie sagen, was möglich ist, anstatt was nicht:

> *Die Reservierung darf maximal 30 Nächte dauern.*

Schauen Sie mal, wie viele nette und hilfreiche Wege es noch gibt, um zu sagen: »Ihr Benutzername oder Ihr Passwort sind falsch.«

Pinterest sagt:

Abbildung 7.2 www.pinterest.com (übersetzt aus dem Englischen)

Mailchimp sagt:

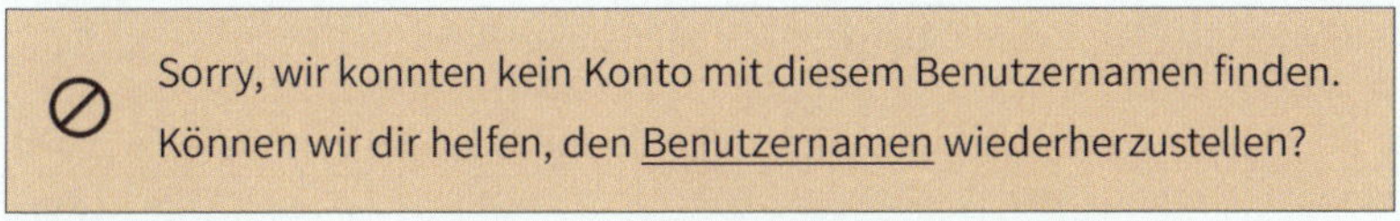

Abbildung 7.3 www.mailchimp.com (übersetzt aus dem Englischen)

Tesco sagt:

Abbildung 7.4 www.tesco.com (übersetzt aus dem Englischen)

Dies ist die großartige Fehlermeldung von *Vimeo* für bestehende E-Mail-Adressen:

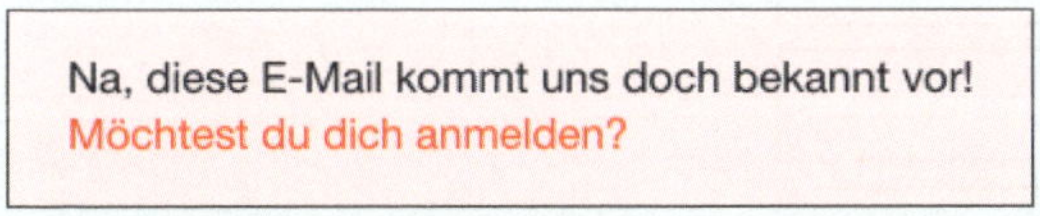

Abbildung 7.5 www.vimeo.com

Und das ist von der Webseite der *BBC*:

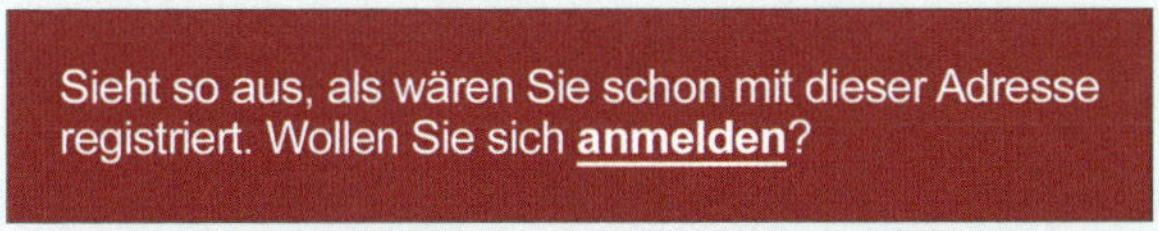

Abbildung 7.6 www.bbc.com (übersetzt aus dem Englischen)

Selbst für diesen spezifischen Fehler hat *Google* eine besondere und humorvolle Nachricht:

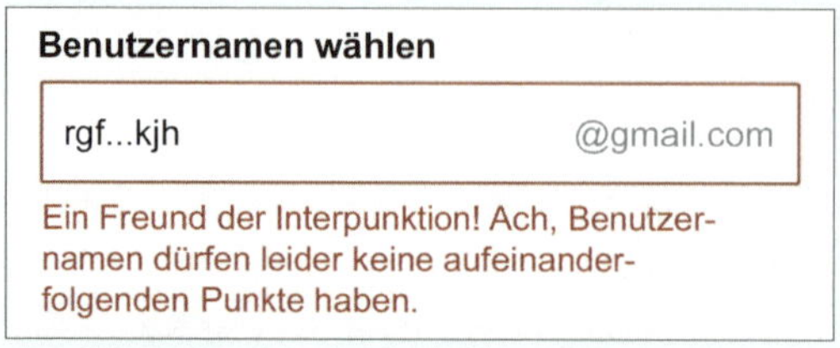

Abbildung 7.7 www.google.com (übersetzt aus dem Englischen)

Wenn Sie bei *Facebook* zwei Konten im selben Browser öffnen, erhalten Sie eine sehr menschliche Fehlermeldung, gefolgt von zwei Lösungsvorschlägen für das Problem.

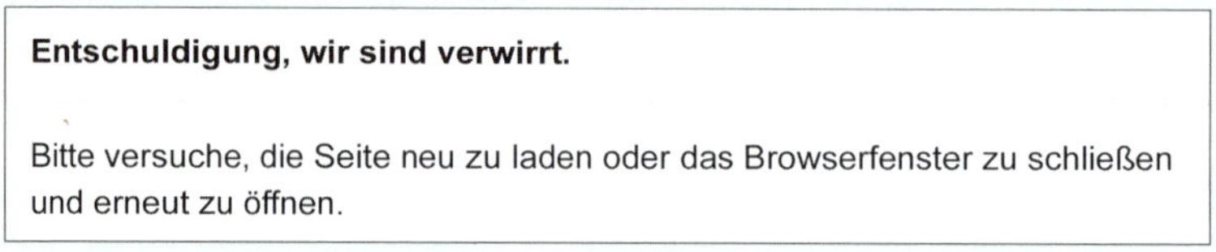

Abbildung 7.8 www.facebook.com (übersetzt aus dem Englischen)

Asos' Botschaften sind menschlich und ausgezeichnet, und für jedes benötigte Feld bieten sie einen einzigartigen Wortlaut.

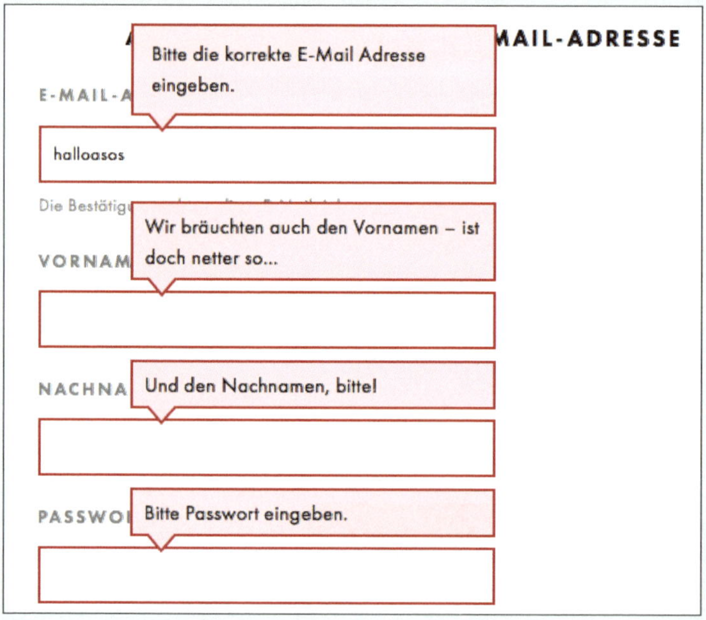

Abbildung 7.9 www.asos.com

Fitbit: Selbst wenn Benutzer das Problem nicht beheben können (z. B. einen Kommunikationsausfall), ist es wichtig, ihnen zu sagen, dass sie dieses Problem nicht allein in den Griff bekommen können, damit sie es nicht vergeblich weiterversuchen – was zu noch größerer Frustration führt.

Fitbit beschreibt die Situation gut, sowohl in Worten als auch mit einem schönen Bild. Nachdem Fitbit sich entschuldigt und erklärt hat, was das Problem ist, schlägt das Unternehmen ein paar Ideen vor, wie Nutzer die Wartezeit verbringen können. Damit hellt es die Stimmung nach einem lästigen Erlebnis auf. Dies ist ein gutes Beispiel für Bild und Microcopy, die sich gegenseitig gut unterstützen und zur Botschaft passen.

Abbildung 7.10 www.fitbit.com

PicMonkey: Dies ist nicht gerade eine Fehlermeldung, aber sie bezieht sich auf ein sehr ärgerliches Szenario: Der Browser ist veraltet und kann die Website nicht richtig anzeigen. Diese Art von Szenario bereitet uns und unseren Nutzern Kopfschmerzen. PicMonkey, eine Website, auf der Benutzer Fotos bearbeiten können, macht jedoch aus Zitronen Limonade und verwandelt das frustrierende Erlebnis in ein wohltuendes Lachen, was zum Stil der Marke passt. Die Benutzer müssen zwar noch einen neuen Browser installieren, aber zumindest werden sie es in guter Stimmung tun.

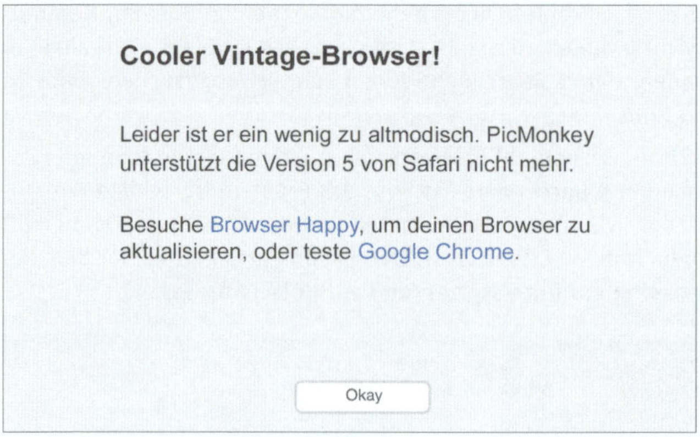

Abbildung 7.11 www.picmonkey.com

Tipp 19: Überlassen Sie es nicht Ihren Techies

Alle Fehlermeldungen, sowohl die Standard- als auch die Sondermeldungen, müssen von Ihren Microcopy-Textern geschrieben oder zumindest genehmigt werden. Es ist ratsam, den Softwareentwicklern so viele sorgfältig formulierte Fehlermeldungen wie möglich zu geben, bevor sie überhaupt mit der Arbeit an Ihrem System beginnen. (Eine Liste der am häufigsten zu formulierenden Fehlermeldungen finden Sie am Ende dieses Kapitels.)

Auf diese Weise können die Entwickler die Meldungen leicht integrieren. Allerdings werden Sie im Laufe der Entwicklung neue Szenarien entdecken, die Fehlermeldungen erfordern. Überlassen Sie diese nicht den Entwicklern! Es ist nicht deren Aufgabe, Fehlermeldungen zu schreiben – vielleicht sind sie gut darin, aber vielleicht auch nicht. Stellen Sie sicher, dass die Entwickler eventuell auftretende neue Fehlermeldungen an Ihre Microcopy-Texter weitergeben, und zwar mit einer Beschreibung des Szenarios, damit die Texter die Meldung ideal formulieren können.

Checkliste: Fehlermeldungen, die bei (fast) allen digitalen Produkten formuliert werden müssen

Registrierung

1. Der Benutzername oder die E-Mail-Adresse ist bereits vorhanden. (Geben Sie wenn möglich einen Link zur Login-Seite für registrierte Benutzer an.)
2. Fehler bei der E-Mail-Adresse (Normalerweise überprüft das System, ob das @ oder das Suffix fehlt, und sollte den Benutzern mitteilen, was das Problem ist.)
3. Die Telefonnummer oder ID entspricht nicht den Anforderungen. (Sagen Sie den Benutzern, was die Anforderungen sind.)

4. Das Passwort entspricht nicht den Anforderungen. (Die Nachricht muss die Anforderungen detailliert beschreiben. Und wenn die Anforderungen streng sind, sollten Sie sie sogar schon im Eingabeformular direkt neben dem Passwortfeld einblenden, um dem Fehler so vorzubeugen.)
5. Die Verifikation der beiden Passwortfelder schlägt fehl, weil die eingegebenen Passwörter nicht identisch sind.
6. Ein Pflicht-Feld wurde nicht ausgefüllt. (Ich empfehle Ihnen, eine spezifische Nachricht für jedes Feld vorzubereiten und nicht eine generische Nachricht für alle.)
7. Der Benutzer hat den Nutzungsbedingungen nicht zugestimmt.

Login für registrierte Benutzer

1. Der Benutzername oder die E-Mail-Adresse existiert nicht. (Versuchen Sie, einen Link zum Anmeldeformular anzugeben.)
2. Das Passwort ist falsch.
3. Der Benutzername und das Passwort stimmen nicht überein. Manchmal ist es aus Sicherheitsgründen nicht empfehlenswert, dem Benutzer mitzuteilen, welches der beiden Felder problematisch war. In solchen Fällen muss die Nachricht besagen, dass Benutzername und Passwort nicht übereinstimmen oder dass es einen Fehler in einem der Felder gibt (ohne zu sagen, in welchem).
4. Eines der beiden Felder BENUTZERNAME oder PASSWORT wurde nicht ausgefüllt.

Kontakt (und überall dort, wo Sie die Benutzer nach ihrer E-Mail-Adresse fragen, z. B. bei der Anmeldung zum Newsletter)

1. Fehler bei der E-Mail-Adresse
2. Die Telefonnummer entspricht nicht den Anforderungen.
3. Ein Pflicht- Feld wurde nicht ausgefüllt.

Passwort-Wiederherstellung

1. Der Benutzername oder die E-Mail-Adresse existiert nicht. (Ich empfehle Ihnen, einen Link zum Anmeldeformular anzugeben oder die Nutzer zu fragen, ob sie sich mit einem anderen Namen oder einer anderen E-Mail-Adresse registriert haben.)
2. Fehler bei der E-Mail-Adresse

8 Erfolgsmeldungen

Gratulation! Sie sind kurz davor, zum Profi für Erfolgsmeldungen zu werden. Lesen Sie mehr über die drei Ziele von Erfolgsmeldungen sowie die vier Komponenten einer guten Erfolgsmeldung.

8.1 Ende gut, alles gut

Im ersten Teil dieses Buches habe ich die faszinierenden Forschungsergebnisse von Professor Clifford Nass vorgestellt. Er fand heraus, dass Menschen von einer digitalen Benutzeroberfläche erwarten, dass sie sich nach akzeptablen sozialen Normen verhält – selbst wenn den Benutzern klar ist, dass sie es mit einem Computer zu tun haben. Dazu gehört, dass die Benutzeroberfläche auf die Handlungen der Nutzer reagiert, sie bei Bedarf ergänzt und ihnen hilft, wenn etwas schiefgelaufen ist.

Erfolgsmeldungen nach einer ausgeführten Aktion gehören zu den wichtigsten Reaktionen, die Ihre Nutzer erwarten.

Die folgende Liste enthält einige Beispiele für Aktionen, die mit einer Erfolgsmeldung enden:

- Anmelden an einer Website, einer Community beitreten oder eine Veranstaltung oder Dienstleistung buchen
- Kauf oder Bestellung eines Produkts, einer Dienstleistung oder eines Abonnements
- Anmeldung für einen Newsletter
- Abmeldung
- Herunterladen eines kostenlosen Leitfadens
- Senden eines Kontaktformulars
- Herunterladen/Hochladen von Dokumenten/Programmen/Plugins
- Import/Export von Daten/Dokumenten
- Überprüfung der E-Mail-Adresse
- sich für eine kostenlose Testversion entscheiden
- Wiederherstellen eines Passworts usw.

8.2 Die 3 Ziele von Erfolgsmeldungen

Warum sind Erfolgsmeldungen so wichtig? Sie haben 3 Ziele:

1. **Sicherheit geben** – Die Meldung bestätigt den Benutzern, dass die Aktion erfolgreich abgeschlossen wurde und dass alles in Ordnung ist.
2. **Anweisen** – Die Meldung informiert Benutzer über den nächsten optionalen oder obligatorischen Schritt.
3. **Verbinden** – Die Meldung ist Teil eines abschließenden Prozesses, und sie kann bewegend, lustig oder sogar berauschend sein. Sie kann der Aktion zusätzliche Bedeutung verleihen. Ihre Nutzer machen auf diese Weise eine angenehme Erfahrung und verbinden in Zukunft positive Gefühle mit Ihrer Marke.

Sie müssen nicht immer alle diese Ziele erreichen. Manchmal genügt ein einfaches Häkchen, das für ein paar Sekunden erscheint und dann verschwindet. Für eine häufige und einfache Aktion wie das Versenden einer E-Mail oder das Speichern eines Dokuments schreiben Sie eine super kurze und praktische Erfolgsmeldung. Aber je wichtiger die Aktion für die Benutzer ist, desto vollständiger sollte die Erfolgsmeldung sein.

Wie wird es also gemacht? Nicht so:

Die Transaktion wurde erfolgreich abgeschlossen.

- Die Registrierung war erfolgreich.
- Ihre Bestellung wurde erfolgreich bearbeitet.
- Deine E-Mail-Adresse wurde erfolgreich bestätigt.

Die Formulierung »X erfolgreich abgeschlossen« dient nur dem ersten Ziel (Sicherheit zu schaffen), aber auf langweilige, unpersönliche und distanzierte Weise. Also sollten Sie das vermeiden oder zumindest sicherstellen, dass dies nicht der Kern Ihrer Botschaft ist. Stellen Sie Inhalte bereit, um mindestens eines der anderen Ziele zu erreichen.

8.3 Die 4 Komponenten einer guten Erfolgsmeldung

Anstatt eine abgenutzte Floskel zu verwenden, führen Sie eine oder mehrere – oder noch besser alle – der folgenden Aktionen durch:

1. **Sprechen Sie über die Benutzer oder mit ihnen, aber nicht über die Aktion, die sie gerade ausgeführt haben** – Wenden Sie sich an die Person, die den Pro-

zess abgeschlossen hat, und beschreiben Sie nicht den Prozess selbst. Wenn Sie zum Beispiel Fotos auf Ihr Profil auf der Dating-Webseite *OkCupid* hochladen, lesen Sie nicht »Das Foto wurde erfolgreich hochgeladen«, sondern Sie sehen eine separate Meldung für jedes hochgeladene Foto – und jede Meldung macht Spaß und gibt Ihnen ein gutes Gefühl.

Abbildung 8.1 www.okcupid.com (übersetzt aus dem Englischen)

2. **Geben Sie einen klaren Hinweis darauf, dass das, was der Benutzer tun wollte, tatsächlich passiert ist** – Aber Sie sollten nicht mit der Formulierung »X erfolgreich abgeschlossen« arbeiten. Versuchen Sie, so klar wie möglich zu sein, aber ein bisschen anders. Beachten Sie, dass dies im vorherigen Beispiel von *OkCupid* gelang, indem das hochgeladene Foto angezeigt und darauf reagiert wurde.

   Im Folgenden finden Sie die winzige Erfolgsmeldung, die Sie von *The Outline*, einem Online-Nachrichtenmagazin, erhalten, nachdem Sie sich für den Newsletter angemeldet haben. Dieses Akronym (das für *»talk to you soon«* also *»Wir reden demnächst«* steht) dient zwei Zwecken: Es bestätigt das Abonnement und weckt beim Nutzer Erwartungen, worüber genau Sie sprechen werden. Aber Achtung: Wenn Sie ein globales Publikum anstreben, sollten Sie versuchen, solche Abkürzungen zu vermeiden. Denn Sie schicken garantiert einige verwirrte Benutzer zu Google auf der Suche nach Klärung.

Abbildung 8.2 www.theoutline.com

3. **Falls es relevant ist, greifen Sie einen tieferen, aussagekräftigeren Aspekt der getroffenen Maßnahmen auf** – Wie? Erinnern Sie den Nutzer kurz an den Mehrwert, den er durch die Durchführung der Maßnahme erhalten hat: wie die Maßnahme sich auswirkt und warum sie wichtig ist.
   - Wenn sich zum Beispiel jemand für Ihren Newsletter angemeldet hat, erinnern Sie diesen Nutzer daran, dass Ihr Juwel bald in seinem Posteingang erscheint, sodass der Adressat es kaum erwarten kann, dass der Newsletter eintrifft.
   - Wenn jemand ein Freizeitprodukt gekauft hat, teilen Sie die Begeisterung Ihres Kunden, und sorgen Sie dafür, dass die Person sich gut fühlt.
   - Wenn jemand Sie über die Kontaktseite erreicht hat, geben Sie demjenigen das Gefühl, dass sein Vertrauen in Sie gerechtfertigt ist und dass Sie am Ball bleiben.

   Eine Erfolgsmeldung, die dies wirklich gut macht, kommt von *WordPress* direkt nach der Installation:

Abbildung 8.3 www.wordpress.com

Die Botschaft ist lustig. Sie sagt aber auch, dass WordPress das Versprechen eingelöst hat, Ihnen eine einfache, intuitive Plattform zu liefern, und dass es eine ausgezeichnete Wahl war, ein Produkt zu nutzen, das Ihnen das Leben gerade viel einfacher gemacht hat.

4. **Präsentieren und bewerben Sie den nächsten Schritt für sich und Ihre Benutzer.**

   Zum Beispiel:

   - Erklären Sie, was jetzt passiert. (Wie lange dauert es, bis die Antwort auf die Nutzer-E-Mail erfolgt; wann Sie die gekaufte Ware versenden; wann das Abonnement beginnt; ob der Registrierungsprozess aktiviert werden muss und so weiter).
   - Weisen Sie Nutzer auf ihren Posteingang hin, wenn Sie ihnen eine E-Mail schicken möchten (um die Adresse zu überprüfen oder eine Zusammenfassung der Bestellung zu sehen).
   - Bieten Sie weitere Aktionen an, die die Benutzer durchführen sollen (einen Link zu der Seite, auf der die Benutzer mit der Nutzung des Produkts beginnen; eine Einladung zum Herunterladen Ihrer App; eine Einladung zum Teilen oder Folgen auf sozialen Medien).
   - Wenn Sie keinen weiteren Schritt haben, verweisen Sie die Nutzer auf etwas auf Ihrer Website, das wirklich interessant und wichtig ist, z. B. Werbeaktionen oder ein Blogbeitrag.

Zur Inspiration, wie Sie Ihre Erfolgsmeldungen ideal gestalten, empfehle ich den (englischsprachigen) Beitrag von Talia Wolf im Blog *Copyhackers*. Auf Deutsch übersetzt, heißt sein Titel *7 Hacks für die Dankes-Seite, mit denen Sie die Kundenbindung stärken*.[1]

In Abbildung 8.4 sehen Sie die Erfolgsmeldung von Marie Forleo nach der Newsletter-Anmeldung. Sie tut alles, was hier steht:

1. Sie spricht mit den Benutzern über sich selbst und ihre Beziehung zu ihnen, nicht über die Handlung »Newsletter angemeldet«.
2. Sie gibt Sicherheit, dass die Anmeldung erfolgreich war, jedoch ohne diesen eher technischen Begriff zu verwenden.
3. Sie gibt der Aktion eine zusätzliche Bedeutung: Der Nutzer wird zum Insider und kann mit ihr persönlich Verbindung aufnehmen.

1 *https://copyhackers.com/2016/09/thank-you-pages-retention/*

4. Sie verweist die Benutzer auf ihren Posteingang, um die erste E-Mail zu lesen, wobei sie einen großartigen Call-to-Action verwendet, der sehr ehrlich klingt.
5. Sie wirbt elegant für den nächsten Schritt und ermutigt die Nutzer, ihr auch in Social Media zu folgen.

Abbildung 8.4 www.marieforleo.com (übersetzt aus dem Englischen)

Beispiel

Epipheo erstellt Videos für Unternehmen. Das Ziel der Website ist es, die Nutzer dazu zu bringen, Epipheo zu kontaktieren und gemeinsam an einem tollen neuen Video zu arbeiten. Nach dem Absenden des Kontaktformulars erhalten die Nutzer folgende Erfolgsmeldung, die ihnen dankt, persönliche Aufmerksamkeit von einem Experten verspricht und die Glaubwürdigkeit enorm erhöht, indem sie die Business Developer persönlich mit Fotos vorstellt.

Dies ist eine wunderbare Kombination aus »persönlich« und »professionell«, die mir das Gefühl gibt, dass es richtig war, diese Firma zu kontaktieren. Und Epipheo hat nicht vergessen, den nächsten Schritt vorzuschlagen – sich seiner Facebook-Gruppe anzuschließen.

Abbildung 8.5 www.epipheo.com (übersetzt aus dem Englischen)

Wenn Sie Feedback zu einem der neuen Features von *Wix* gegeben haben, lesen Sie, was das eigentlich bedeutet: Sie haben gerade die Funktion verbessert. Die Illustration zeigt Dankbarkeit und vervollständigt das Beispiel. Sehr befriedigend.

Abbildung 8.6 www.wix.com (übersetzt aus dem Englischen)

Rounds: Dies ist die Erfolgsmeldung nach der Installation der Rounds-App. Einige Leute behaupten, dass Schulterklopfen herablassend rüberkommen kann, aber Clifford Nass entdeckte mit seiner Forschung, dass sich Benutzer über Komplimente freuen, sich gut fühlen und die Benutzeroberfläche toll finden, auch wenn sie wissen, dass sie völlig zufällig und nicht persönlich gemeint sind. Ja, wir Menschen sind seltsam. Also los, gratulieren Sie Ihren Benutzern, kein Problem.

Abbildung 8.7 Die Rounds-App (übersetzt aus dem Englischen)

Die Erfolgsmeldung von *Envato* nach Abschluss des Sicherheitschecks ist sehr kurz, aber auch überraschend und lustig. Sie vermittelt ein echtes Gefühl der Zusammenarbeit und sagt den Nutzern, wie diese profitieren: durch ein gesichertes Konto.

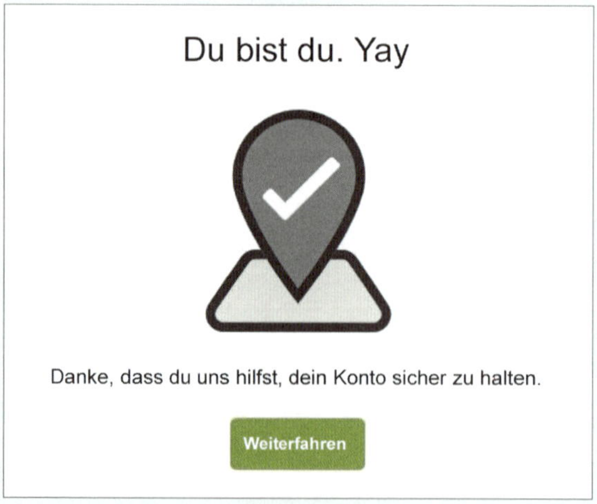

Abbildung 8.8 www.envato.com (übersetzt aus dem Englischen)

9 Leerzustände – Empty States

In diesem Kapitel: Wie Sie eine Sackgasse in eine offene Tür verwandeln, Leerzustände vor der ersten Nutzung einer Funktion, Leerzustände für leere Warenkörbe und frühere Bestellungen sowie Leerzustände für Suchergebnisse.

9.1 Hier gibt es nichts zu sehen, wollen Sie nicht weitergehen?

Worte stärken und schärfen eine Erfahrung nicht nur, sie können sie auch erschaffen – selbst wenn es so scheint, als ob es nichts zu erleben gibt. Microcopy für Leerzustände ist das beste Beispiel dafür.

Aber beginnen wir von vorn: bei der Definition. Leerzustände, auch bekannt als *Empty States*, sind Situationen auf Ihrer Website, in denen es nichts anzuzeigen gibt. Leerzustände können erscheinen, wenn ein Benutzer zum ersten Mal auf ein digitales Produkt oder eine Funktion in diesem Produkt trifft, oder sie können als Ergebnis auftreten, z. B. wenn der Nutzer eine Suche durchführt, die keine Ergebnisse liefert.

Wenn Sie den Leerzustand leer lassen, sagen Sie Ihren Benutzern im Grunde genommen, *was es nicht gibt*. Sie verpassen die Gelegenheit, Ihren Benutzern zu sagen, *was es gibt*. So könnten Sie zeigen, was hier hätte sein können, wie die Benutzer davon profitieren könnten und was sie tun können, um die Dinge in Bewegung zu bringen.

Eine noch nicht genutzte Funktion bietet die Möglichkeit, ihre Vorteile zu präsentieren und zur Nutzung zu ermutigen. Ein leerer Warenkorb ist eine Gelegenheit, den Verkauf zu fördern. Eine Suche, die ohne Ergebnisse endet, bietet die Möglichkeit, zu zeigen, wie sehr Sie sich bemühen, indem Sie andere Optionen anbieten – und so verhindern, dass die Benutzer mit leeren Händen gehen.

Dies ist nicht nur eine Chance, einen guten Service zu bieten, sondern auch eine Chance, die Nutzer auf den nächsten Schritt hinzuweisen und wieder mit ihnen ins Geschäft zu kommen.

9.2 Leerzustände vor der ersten Nutzung einer Funktion

77 % aller App-Downloads werden innerhalb von drei Tagen nach dem Download verworfen, schreibt Dina Chaiffetz in dem englischsprachigen Blogbeitrag *Warum Leerzustände mehr Designzeit verdienen* (InVision Blog)[1]. Natürlich können wir nicht die ganze Schuld auf Leerzustände schieben, aber sie spielen eine sehr wichtige Rolle bei der Gestaltung des ersten Eindrucks, den Benutzer von Ihrer Website, Ihrer App oder Ihrem Service haben.

Stellen Sie sich vor, wie Benutzer nach der Registrierung (oder nach dem Herunterladen der App) durch Ihre Website surfen – und alles, was sie sehen, ist eine Meldung wie:

- Es befinden sich keine Artikel in Ihrem Warenkorb (oder »Einkaufswagen« oder sogar »Tasche«).
- Deine Wunschliste ist leer.
- Es wurden keine vorherigen Aktionen gefunden.
- Du hast keine Favoriten gespeichert.
- Keine Nachrichten
- Du hast keine Freunde in deinem Netzwerk.

Oft erscheinen diese demotivierenden Zustandsmeldungen auf einer völlig leeren Seite – Zentimeter um Zentimeter Nichts.

Keine Aktivitäten vorhanden ☹

Abbildung 9.1 Typischer Leerzustand

Was für eine Verschwendung! Nach einer kurzen Tour durch ein so statisches und ineffektives Produkt bekommen die Benutzer das Gefühl, dass Sie nicht viel zu bieten haben und dass diese Website ihr Leben nicht verändern wird.

Wenn Benutzer eine Seite oder eine Funktion öffnen, die sie vorher nicht genutzt haben, haben Sie die Chance, ihnen das Potenzial der Funktion zu zeigen und sie zu motivieren, es zu nutzen.

Anstatt zu sagen, dass es hier nichts gibt, schreiben Sie darüber, was hier sein soll oder was man hier tun kann. Erklären Sie, was diese Funktion bewirkt und wie sie Benutzern hilft.

1 *http://www.invisionapp.com/inside-design/why-empty-states-deserve-more-design-time*, InVision Blog

Fügen Sie gegebenenfalls Anweisungen hinzu. Sagen Sie den Benutzern genau, wie sie mit der Verwendung der Funktion beginnen sollen (möglichst begleitet von einem Bild), oder geben Sie einen Link an.

Beispiel: Leerzustände vor der ersten Nutzung einer Funktion

Erinnern Sie sich, wie Ihr *Facebook*-Feed aussah, als Sie das Profil frisch eröffnet hatten? Dies ist der Leerzustand, bevor Sie etwas tun. Er begrüßt die Nutzer und führt sie zu der ersten Aktion, auf der die Plattform basiert – dem Hinzufügen von Freunden. Der Button mit der Aufschrift WEITER führt zu Freundschaftsvorschlägen. Ich würde erwarten, dass hier etwas steht wie Freunde hinzufügen oder Vorschläge sehen oder Schauen, wer sonst noch hier ist, aber vielleicht ist dieses Weiter unverbindlich und somit attraktiver. Ich frage mich, ob die Facebook-Entwickler das getestet haben.

Abbildung 9.2 www.facebook.com

Der Posteingang von *OkCupid* ist eine der wichtigsten Seiten des Dating-Portals. Wenn er noch leer ist, ermutigt OkCupid die Benutzer, die Website zu erkunden. Niedliche Illustrationen reflektieren die spezifische Situation – eine großartige Möglichkeit, um das Erlebnis zu verbessern. Ich würde noch einen Button hinzufügen, um sofort nach passenden Partnern zu suchen.

Abbildung 9.3 www.okcupid.com (übersetzt aus dem Englischen)

tumblr sagt nicht, dass Sie keine Meldungen haben, sondern wann Sie zurückkommen und nachsehen müssen. Es geht also nicht um das, was nicht da ist, sondern um das, was da sein wird.

Abbildung 9.4 www.tumblr.com (übersetzt aus dem Englischen)

Wenn Sie auf *Amazon Photos* noch keine Alben erstellt haben, sehen Sie nicht einfach »Keine Alben«, sondern Sie erfahren, wie Alben Ihnen helfen können (»Organisieren und teilen Sie Ihre Fotos«), und der Button mit dem Call-to-Action steht bereit, damit Sie gleich fortfahren und Ihr erstes Album erstellen können.

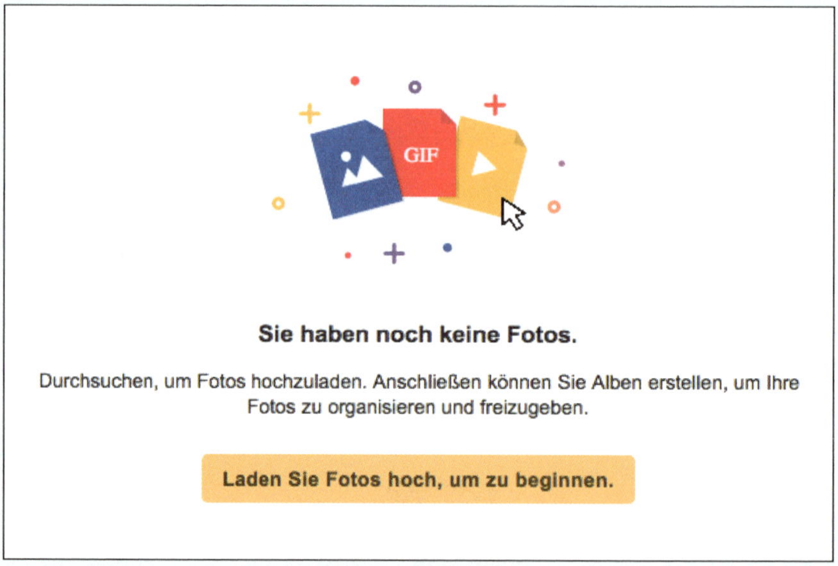

Abbildung 9.5 www.amazon.com/Photos

Todoist ist ein Werkzeug zur Aufgabenverwaltung. Wenn Sie noch keine Aufgabe für heute erstellt haben, sagt Todoist Ihnen nicht nur, dass Sie Ihre Aufgaben hier sehen würden, sondern auch, warum es sich lohnt, Ihre Aufgaben aufzulisten: So haben Sie einen klaren Überblick über den kommenden Tag. Das Bild stärkt diesen Mehrwert, und der Button ist praktisch und kommt gleich zum Wesentlichen.

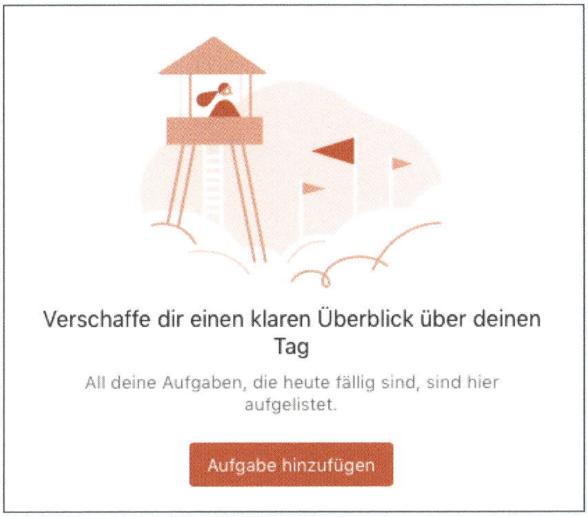

Abbildung 9.6 www.todoist.com

Monday macht großartigen Gebrauch von Leerzuständen, um neuen Benutzern zu zeigen, wie das System funktioniert und wie sie das Beste daraus machen können: Hier können Sie ganz einfach Tags finden und verwalten (statt nur »keine Tags«); Objekte, die Sie löschen, werden für 30 Tage aufbewahrt (anstelle von »keine gelöschten Objekte«); Sie können Ordner vorübergehend archivieren (anstelle von »keine archivierten Ordner«); und Sie können persönliche Meldungen mit @ empfangen und senden (anstelle von »noch keine Meldungen«). Die Bilder machen das Ganze noch schöner. Tolle Arbeit.

Abbildung 9.7 www.monday.com

Canva setzt auf den Raum, in dem Ihre zukünftigen Designs erscheinen werden, und vertraut darauf, dass Sie erstaunliche Dinge kreieren.

Abbildung 9.8 www.canva.com

9.3 Leerzustände für leere Warenkörbe und frühere Bestellungen

Benutzer haben eine Vielzahl von Gründen, ihren leeren Warenkorb zu öffnen (der auf manchen Sites auch Einkaufswagen oder Tasche genannt wird). Zum Beispiel, wenn sie denken, dass sie versehentlich einen Artikel in den Warenkorb gelegt haben und nachsehen möchten, ob dort etwas ist. Vielleicht erinnern sie sich auch nicht daran, ob sie einen Artikel schon hinzugefügt haben oder doch nicht, und wollen es jetzt überprüfen. Oder sie fragen sich, ob sich schon etwas im Warenkorb befand, sie den Artikel aber zwischenzeitlich doch entfernt haben und jetzt mit einem leeren Warenkorb dasitzen.

Ein leerer Einkaufwagen ist eine schreckliche Platzverschwendung. Ich habe schon einige Anzeigen wie diese gesehen:

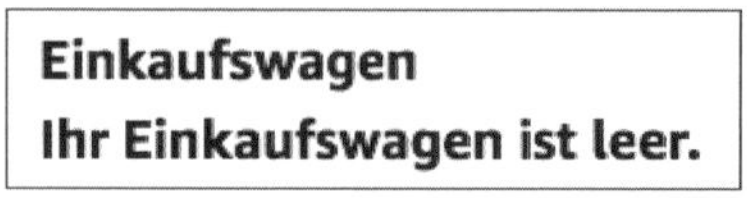

Abbildung 9.9 Typischer Leerzustand im Einkaufswagen

Wie können Sie diese leere Fläche nun nutzen? Um die Benutzer zum Einkaufen zu motivieren, natürlich:

1. Machen Sie deutlich, dass der Warenkorb leer ist, weil er keine Artikel enthält.
2. Beginnen Sie ein interessantes und überzeugendes Verkaufsgespräch. Versuchen Sie, lustig oder aufregend zu sein oder Ihre Gesprächspartner neugierig zu machen – und am besten alles gleichzeitig. Wie Sie im ersten Teil des Buches gesehen haben, wollen die Nutzer handeln, wenn sie glücklich oder aufgeregt sind. Eine Kombination aus Text und Grafik funktioniert hier sehr gut.

3. Leiten Sie Ihre Nutzer zu interessanten Teilen des Shops, z. B. zu den Sonderangeboten, zu beliebten oder neuen Artikeln usw.
4. Sie können auch soziale Beweise oder interessante Statistiken über andere Käufer oder Artikel liefern und die Benutzer erst dann auf spezifische Artikel im Shop verweisen.

So lesen Sie beispielsweise auf der Website eines sehr berühmten Schokoladenladens »*Ihr Warenkorb ist leer*«, und der Rest der Seite bleibt leer. Auf dieser leeren Fläche hätte das Unternehmen ein Verkaufsgespräch starten und neugierige Nutzer in den Laden leiten können, indem es deren Kaufdrang weckt. Zum Beispiel so:

Abbildung 9.10 Beispiel für einen gelungenen Einstieg in ein Verkaufsgespräch

Oder so:

Abbildung 9.11 Auch ein leerer Einkaufswagen ist eine Verkaufschance!

In einem anderen Online-Shop, der Gesundheits- und Schönheitsprodukte verkauft, lesen Sie nicht einmal, dass der Einkaufswagen leer ist. Das Einzige, was die Benutzer sehen, wenn sie den Einkaufswagen zum ersten Mal öffnen, ist ein leerer Raum, der mit seiner Sauberkeit blendet. Was hätte man schreiben können? Zum Beispiel das:

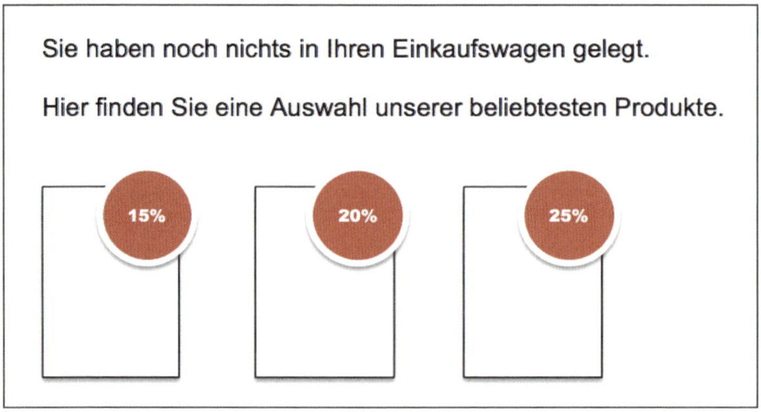

Abbildung 9.12 Beispiel für eine gelungene Microcopy im leeren Warenkorb

Achten Sie darauf, dass die Angebote nicht wie Produkte aussehen, die Nutzer in ihren Warenkorb legen. Wir versuchen, unsere Kunden zu motivieren, nicht aber, sie zu verwirren.

Sie könnten dies mit einem Social Proof kombinieren und schreiben:

Artikel, die diese Woche am meisten gekauft wurden

Oder:

Produkte, die andere Kunden in diesem Moment betrachten

Unter jedem Titel fügen Sie Fotos der Produkte und einen *Kaufen*-Button hinzu.

Viele Online-Shops bieten die Möglichkeit, eine Liste früherer Bestellungen zu sehen, sie zu durchsuchen oder sogar eine Bestellung zu wiederholen. Vor dem Kauf des ersten Artikels sehen Benutzer hier natürlich einen Leerzustand, aber wenn Sie nur »Es gibt keine früheren Bestellungen« schreiben, verpassen Sie eine Verkaufschance, genau wie beim leeren Warenkorb. Sowohl die Erfahrung der Benutzer als auch ihre Bereitschaft, etwas zu kaufen, verbessern sich drastisch, wenn Sie etwas Konkretes schreiben:

Abbildung 9.13 Konkrete Motivation, den Einkaufswagen zu füllen

Beispiel: Leerer Einkaufswagen

Belle and Sue ist ein israelisches Modegeschäft. Es macht zuerst deutlich, dass Ihr Einkaufswagen leer ist, aber tut dies mit einem Lächeln. Belle and Sue motiviert die Nutzer dann zum Kauf und bietet Links. Die ersten führen zum Shop und andere zu spezifischen Artikeln, und zwar mit Titeln, die den Einkaufsnerv berühren.

Abbildung 9.14 www.belleandsue.co.il (übersetzt aus dem Hebräischen)

Busted Tees macht deutlich, dass der Warenkorb leer ist, und verweist die Nutzer auf die drei interessantesten Seiten im Shop.

Dein Einkaufswagen ist leer.

Leg was Tolles rein! Schau dir aktuelle Aktionen, neue Designs oder lustige Dinge an.

Abbildung 9.15 www.bustedtees.com (übersetzt aus dem Englischen)

American Eagle glaubt, dass die neuen Kollektionen die Neugier der Nutzer wecken werden.

DEINE EINKAUFSTASCHE IST LEER ...

Zeit, die neue Kollektion anzuschauen!

DAMEN NEUHEITEN | HERREN NEUHEITEN | AERIE NEUHEITEN

Abbildung 9.16 www.ae.com (übersetzt aus dem Englischen)

Vielfalt, das Versprechen niedriger Preise, kostenlose Lieferung, Social Proof durch Bestseller und eine helfende Hand – *Book Depository* hat den Warenkorb so erfolgreich verwandelt, dass Sie gleich Lust bekommen, die Segel für Ihr nächstes Leseabenteuer zu setzen.

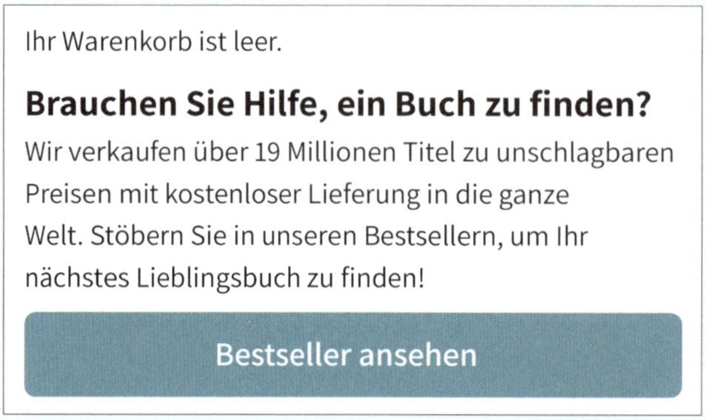

Abbildung 9.17 www.bookdepository.com (übersetzt aus dem Englischen)

Society6, der Kunstladen, hat für jeden Leerzustand eine andere Formulierung. Dies ist das Tooltip, das angezeigt wird, wenn der Benutzer mit der Maus über das leere Warenkorbsymbol fährt:

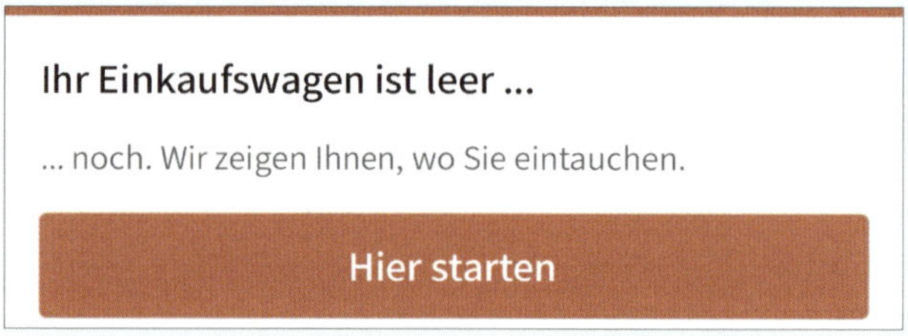

Abbildung 9.18 www.society6.com (übersetzt aus dem Englischen)

Und das erscheint auf der leeren Warenkorbseite:

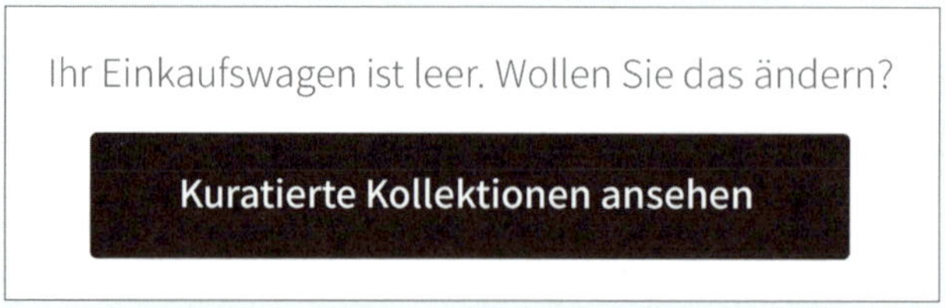

Abbildung 9.19 www.society6.com (übersetzt aus dem Englischen)

9.4 Leerzustände im Suchergebnis

Wenn Benutzer nach etwas suchen, aber das System die Information nicht finden kann, gibt es einen Leerzustand zurück. Entwickler schreiben in so einem Fall »Die Abfrage ergab keine Ergebnisse« oder »Es wurden keine Ergebnisse für die eingegebenen Werte gefunden«.

Aber Sie dürfen Ihren Benutzern gegenüber nie etwas vom »System« schreiben; auch nicht von »Abfragen« oder »Werten«! Außerhalb der Grenzen Ihres Büros erwähnen Sie keinen dieser Begriffe. Bitten Sie Ihre Nutzer auch nicht, eine weitere Suche durchzuführen – sie werden es schlicht und einfach nicht tun. Und belassen Sie es natürlich nicht bei »Keine Resultate« oder »Keine Ergebnisse gefunden«. Auch hier können Sie Ihre Benutzer nicht in dieser Sackgasse allein lassen. Vielmehr müssen Sie sie zum nächsten Schritt leiten und sie auf Ihrem Produkt in Bewegung halten:

1. Erklären Sie die Situation. Sagen Sie Ihren Nutzern deutlich, dass Sie nicht gefunden haben, wonach sie gesucht hatten. Sie könnten vielleicht Empathie oder sogar Humor in der Meldung verwenden.
2. Machen Sie einen der folgenden Vorschläge:
   - Andere Möglichkeiten, nach der gleichen Sache zu suchen. Wählen Sie die Methode, die für Ihre Art von Inhalten am relevantesten ist:
     - Suche nach der Kategorie
     - Suche nach einem allgemeineren Begriff
     - Suche nach einem konkreteren Begriff
     - »Überprüfen Sie Ihre Rechtschreibung.«
     - »Versuchen Sie, Synonyme zu verwenden.«
   - Bieten Sie Dinge an, die jenen ähnlich sind, nach denen die Nutzer gesucht haben. Schlagen Sie Elemente oder Links vor, die so nah wie möglich sind:
     - andere Artikel desselben Designers, Schriftstellers, Herstellers usw. (z. B. andere Toyota-Fahrzeuge)
     - andere Artikel mit ähnlichen Spezifikationen, aber von anderen Herstellern (z. B. andere Autos mit dem Baujahr 2009)
     - andere Gegenstände mit dem gleichen Typ, Stil oder Merkmal (z. B. andere Familienfahrzeuge)
   - »Meinten Sie ...« – Wenn Ihre Suchmaschine wie Google ähnliche Begriffe finden und verwenden kann, lohnt es sich, Ihren Nutzern diese Ergebnisse anzubieten. So ersparen Sie ihnen möglicherweise eine weitere Suche.

Bei jeder dieser drei Optionen müssen Sie wirklich verstehen, was die Benutzer mit ihrer Suche zu erreichen versuchten – und ihnen dann etwas anbieten, das sie ihrem Ziel näher bringt.

Beispiel: Leerzustände in Suchergebnissen

Zappos bietet drei Suchtipps und ein neues Suchfeld darunter. Sehr effizient.

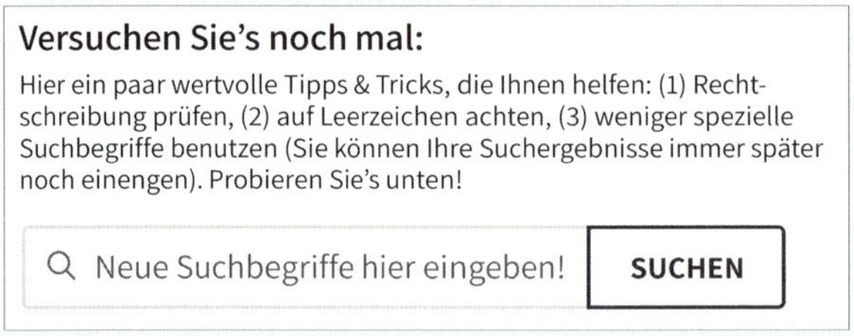

Abbildung 9.20 www.zappos.com (übersetzt aus dem Englischen)

Gmail bietet einen Link zu weiteren Suchoptionen. Wenn Sie auf ihn klicken, wird ein erweitertes Suchfeld geöffnet.

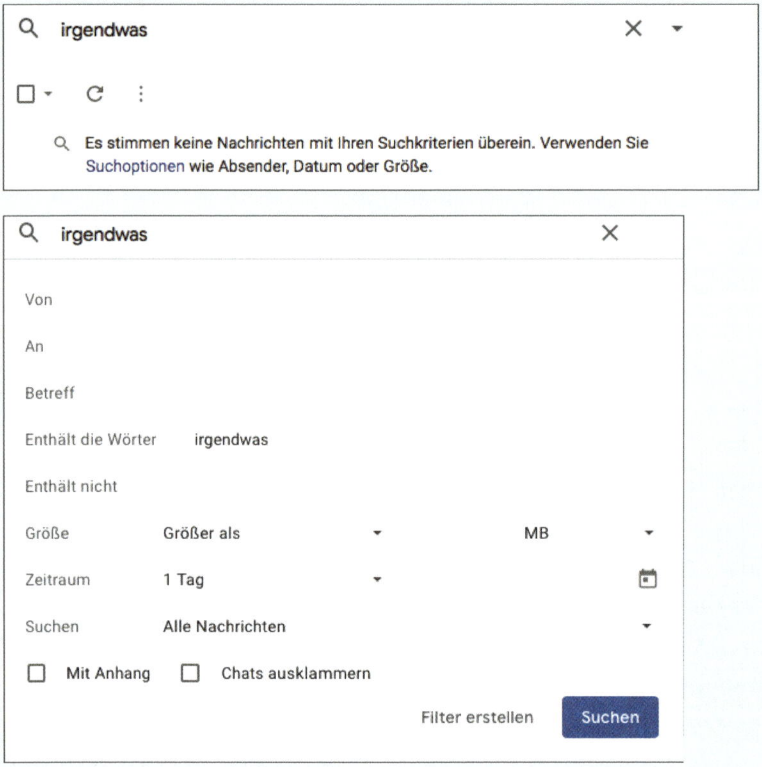

Abbildung 9.21 www.gmail.com

Google Maps schlägt vor, dass Sie auf die korrekte Schreibweise achten oder einen fehlenden Ort hinzufügen. Mit einem Link natürlich.

Abbildung 9.22 Google Maps App

Kickstarter schlägt eine Korrektur (»Haben Sie etwas anderes gemeint?«) mit einem Link vor, gibt einen Suchtipp (»Erweitern Sie Ihre Suche«) und präsentiert einige beliebte Projekte, falls Sie nur surfen. Stellen Sie sich vor, anstelle all dieser hilfreichen Informationen stünde hier nur: »Sorry, keine Ergebnisse«.

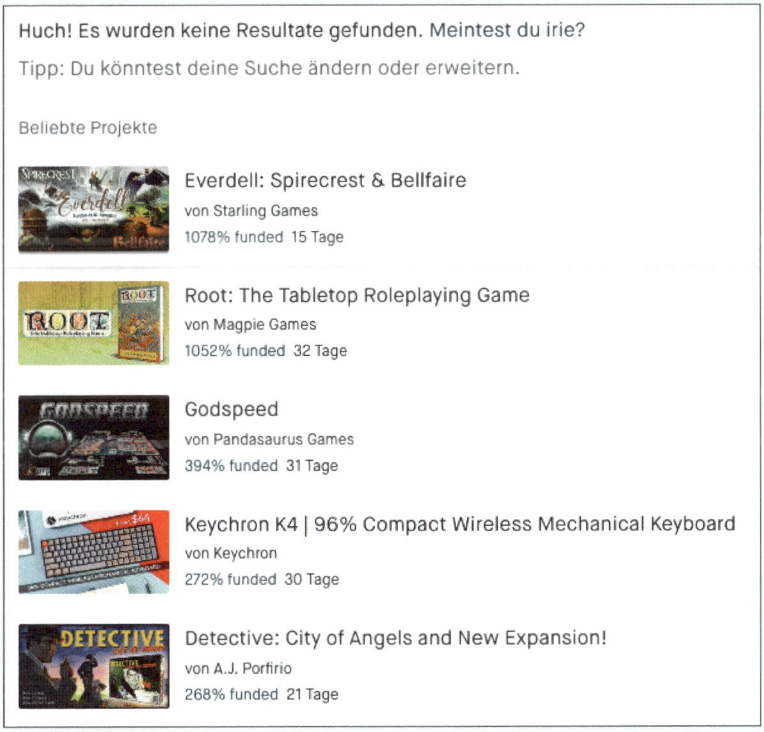

Abbildung 9.23 www.kickstarter.com

Wenn *Ebay* etwas nicht findet, bietet es Benutzern an, ihre Suche zu speichern und ihnen Benachrichtigungen zu schicken, wenn der Gegenstand auf eBay erscheint. Was für eine tolle Idee.

Abbildung 9.24 www.ebay.com

10 Platzhalter

Dies ist ein Platzhalter...? Wann Sie Platzhalter nutzen sollten – und wann lieber nicht, sowie sechs Arten von Platzhaltern und ihre Verwendung: das sind die Themen dieses Kapitel.

10.1 Wann Platzhalter nötig sind und – was noch viel wichtiger ist – wann nicht

Platzhalter sind jene Texte, die Sie innerhalb eines Feldes schreiben (normalerweise in einem hellen Farbton), bis der Benutzer mit der Eingabe beginnt. Wenn alles richtig funktioniert, sollte der Platzhalter entweder verschwinden oder sich bewegen, sobald der Benutzer den Cursor auf dem Feld positioniert.

Seit Smartphones unser Leben übernommen haben und die Notwendigkeit einführten, den Platz auf dem Display sparsam zu nutzen, wurde es immer beliebter, Feld-Titel als Platzhalter in die Felder zu schreiben. Zum Beispiel:

Abbildung 10.1 Typische Platzhalter

Diese Praxis hat ihren Weg auf den Desktop gefunden, auch wenn es dort keine wirkliche Platzbeschränkung gibt. Tatsächlich ist sie so allgegenwärtig geworden, dass Designer manchmal nicht mehr in der Lage sind, die Felder leer zu lassen. Sie veröffentlichen die Felder fast zwanghaft mit Fülltext, auch wenn es zu so einer seltsamen Redundanz kommt:

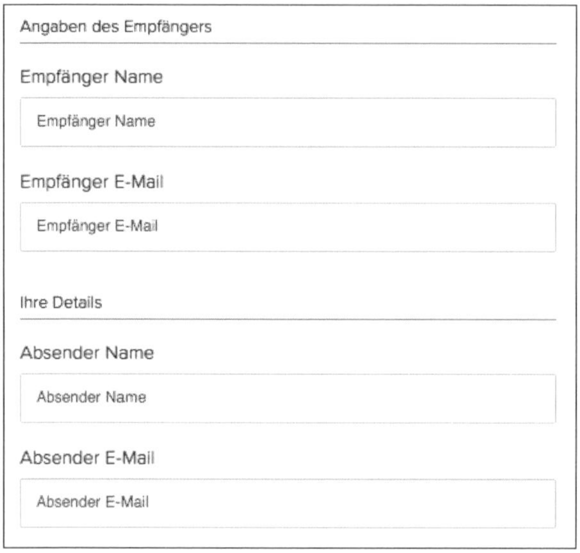

Abbildung 10.2 Typische Redundanzen

Manche versuchen noch, die Redundanz auf kreative Weise zu überwinden:

Abbildung 10.3 Redundant bleibt redundant.

Um das besser zu machen, sehen wir uns zunächst zwei wichtige Prinzipien an: den Unterschied zwischen Labeln und Platzhaltern und die Gründe für Platzhalter.

Unterscheiden Sie Labels und Platzhalter

Das *Label* ist der Titel eines Feldes oder die Frage, die den Benutzern sagt, welche Informationen sie in diesem Feld eingeben sollen. Das ist die einzige Funktion eines Labels, sonst nichts.

Wenn Sie das Label innerhalb der Felder platzieren, stellen Sie das Kurzzeitgedächtnis Ihrer Benutzer vor eine Herausforderung: Die Bezeichnung verschwindet, sobald die Benutzer mit der Eingabe beginnen. Nun haben die Nutzer keine Möglichkeit, zurückzugehen und sich zu merken, was sie in diesem Feld bereitstellen sollten: Die wichtigste Information ist einfach nicht mehr da.

Zugegeben, wenn man über E-Mail- und Passwort-Felder spricht, ist das Problem weniger schwerwiegend, da die Benutzer wissen, was von ihnen erwartet wird. Aber es ist nicht ganz verschwunden. So wurden beispielsweise zwei Felder in einem Anmeldeformular angezeigt. Die Gewohnheit zwang mich, meine E-Mail-Adresse in das erste Feld einzugeben, aber dann ...

Abbildung 10.4 Moment mal?

Moment, was hätte ich im ersten Feld eingeben müssen? Ich hatte keine Ahnung und musste die E-Mail-Adresse löschen, damit ich es herausfinden konnte.

Eine Möglichkeit, dieses Problem zu lösen, besteht darin, dass der Platzhalter nicht verschwindet, sondern sich über oder aus dem Feld bewegt, sobald Benutzer den Cursor auf dem Feld positionieren.

Schauen Sie sich an, was bei *eBay* passiert, bevor Sie den Mauszeiger ins Feld setzen:

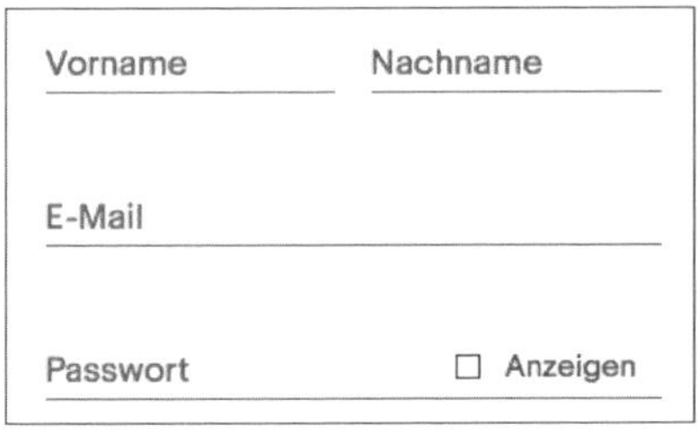

Abbildung 10.5 Platzhalter auf www.ebay.com

Und danach:

Abbildung 10.6 Platzhalter auf www.ebay.com

Eine weitere Möglichkeit, die eigentlich immer optimal ist (es sei denn, Sie leiden unter extremem Platzmangel), besteht darin, die Labels wirklich Labels sein zu lassen, und zwar außerhalb der Felder dauerhaft und in einer kontrastierenden Farbe dargestellt. (Das ist auch gut für die Barrierefreiheit; siehe Kapitel 18.)

Die Regel ist einfach: Wenn Sie die Eingabemöglichkeiten offensichtlich, auffällig, leicht verständlich und unproblematisch gestalten, wird es für alle Benutzer einfacher. Und wenn Sie ein Platzproblem haben, können Sie die Beschriftungen jederzeit über den Feldern platzieren, nicht daneben.

Fügen Sie keine Platzhalter hinzu, wenn es keinen guten Grund gibt

Wenn Benutzer ein Formular zum ersten Mal sehen, muss es so einfach wie möglich aussehen. Es muss das Gefühl vermitteln, dass es nicht viel Arbeit macht oder dass das Ausfüllen einfach ist.

Textblöcke negieren dieses Gefühl sofort, denn die Benutzer müssen all diese Wörter lesen, eine Arbeit an sich. Auch deutet viel Text auf viel Arbeit hin. Daher gilt in Formularen und anderen Bereichen, in denen Benutzer Aufgaben erledigen müssen, immer die Regel: so wenige Wörter wie möglich.

Bitte lesen Sie den englischsprachigen Artikel *Platzhalter im Formularfeldern sind schädlich* von Katie Sherwin (Nielsen Norman Group, Englisch).[1]

Wenn Sie sowohl Bezeichnungen als auch Platzhalter zu jedem Feld hinzufügen, verdoppeln Sie die tatsächliche Textmenge auf dem Formular. Es wirkt dann, als sei es schwierig auszufüllen. Das folgende Formular ist zum Beispiel ist eigentlich simpel, aber die Platzhalter lassen es überfüllt aussehen, zumal sie nichts zu dem hinzufügen, was die Labels bieten. Diese Platzhalter dienen somit keinem Zweck.

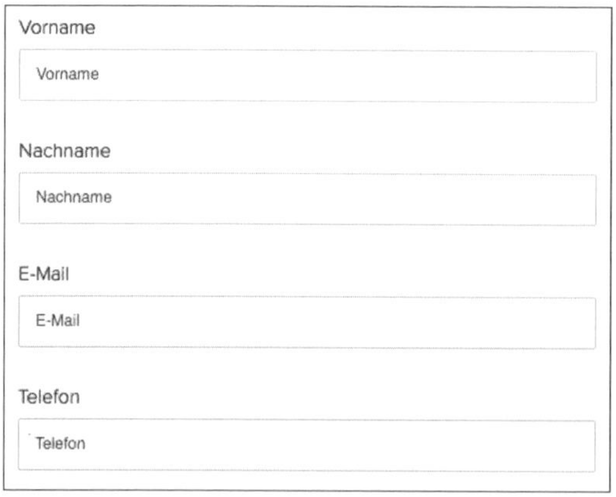

Abbildung 10.7 Unnötige Platzhalter

1 »Placeholders in Form Fields are Harmful«, *https://www.nngroup.com/articles/form-design-placeholders/*

So ein Design ist völlig unnötig. Ohne Platzhalter und mit den richtigen Bezeichnungen wirkt das Formular so einfach, wie es tatsächlich ist:

Abbildung 10.8 Ohne Platzhalter ist das Formular viel klarer.

Beachten Sie, dass die leeren Felder wirklich ins Auge fallen und Sie dazu bringen, etwas einzutragen. Wenn Sie möchten, dass sich Benutzer ausdrücken können, geben Sie ihnen den Freiraum dazu. In dem Artikel von Katie Sherwin, den ich vorhin erwähnt habe, schreibt sie:

> *»Eyetracking-Studien zeigen, dass die Augen der Benutzer von leeren Feldern angezogen werden. Im besten Fall werden die Benutzer nur mehr Zeit brauchen, um ein nichtleeres Feld zu finden – was ärgerlich ist. Im schlimmsten Fall werden sie das Formularfeld komplett übersehen – eine potenziell geschäftsschädigende Katastrophe.«*

Zusammengefasst heißt das: Fügen Sie keine Platzhalter hinzu, nur um Platz zu füllen. Fügen Sie nur dann welche hinzu, wenn es einen guten Grund gibt und sie helfen, ein konkretes Ziel zu erreichen. Wenn Sie wissen, was dieses Ziel ist, können Sie den Platzhalter auswählen, der am besten zu Ihrem Ziel passt. Auf den folgenden Seiten gebe ich Beispiele für die verschiedenen Arten von Platzhaltern und deren Verwendung.

Tipp 20: Moment mal, wie viele Zeichen haben Sie gesagt?

Es ist nicht ratsam, wichtige Hinweise oder Anweisungen als Platzhalter zu verwenden, da Ihre Benutzer möglicherweise während der Eingabe auf sie zurückgreifen müssen. Die Nutzer müssten dann bereits Eingegebenes löschen, um die Hinweise sehen zu können.

Wenn Sie Anweisungen zu einem bestimmten Feld geben wollen – zum Beispiel die Passwort-Regeln, die Beschränkung auf bestimmte Werte oder eine Begrenzung der

Zeichenanzahl –, dann zeigen Sie diese unterhalb des Labels an oder in einem Tooltip oder auf eine andere Weise, die zu Ihrem Design passt (siehe Kapitel 14, »Microcopy und Usability: Die Grundprinzipien«, für verschiedene Möglichkeiten). Hauptsache, die Benutzer können jederzeit zurückkommen und die Anweisungen einsehen, auch während der Eingabe.

10.2 Wann Sie Platzhalter verwenden sollten

Wenn Sie also keine Feldbezeichnungen (Labels) als Platzhalter verwenden sollen und Sie Platzhalter nicht für Anweisungen verwenden dürfen, wann ist die Verwendung von Platzhaltern überhaupt sinnvoll?

Felder, die Ihre Benutzer wirklich ausfüllen sollen

Ein Platzhalter ist zum Beispiel sinnvoll, wenn Sie auf Ihrer Startseite ein Suchfeld haben, das die Benutzer ermutigt, den Rest der Website zu erkunden. In der Regel finden Sie das Suchfeld oben auf der Startseite auf einem Ehrenplatz, mit motivierendem Text daneben und gefolgt von einem Suchbutton (Beispiele werden Sie bald sehen).

Ein weiteres, sehr wichtiges Feld ist jenes, das dem Hauptziel des Produkts dient. Zum Beispiel das Status-Feld auf Facebook oder die Profilfelder auf einem Dating-Portal. (Ohne Status oder ausgefüllte Profile gäbe es nichts, was Benutzer auf diesen Seiten tun können.)

In diesen wichtigen Feldern motivieren Platzhalter die Benutzer zum Handeln und setzen die Dinge in Gang.

Felder, die Benutzer möglicherweise nicht verstehen, vermeiden oder scheuen

Beispiele für solche Felder sind Fragen, die auf verschiedene Weise beantwortet werden können: offene Fragen, die Nachdenken und Zeit erfordern; Fragen, bei denen es schwierig ist, die Antwort festzulegen; Fragen, die sensible Informationen erfordern, oder Fragen, bei deren Beantwortung Benutzer andere Vorbehalte haben könnten (Beispiele kommen gleich).

In solchen Feldern lohnt es sich, Platzhalter zu verwenden, die den Nutzern helfen, die Hindernisse zu überwinden, und den Weg zum ausgefüllten Feld ebnen.

Ein weiterer Grund, Platzhalter hinzuzufügen, kann darin bestehen, Ihre Benutzer zum Lachen zu bringen – darauf werde ich im letzten Abschnitt dieses Kapitels eingehen.

10.3 Sechs Typen von Platzhaltern und wie man sie verwendet

Anstatt Formularfelder mit bedeutungslosen Wörtern zu füllen, nutzen Sie diese sechs Platzhalter-Typen, die Ihren Benutzern wirklich helfen, das Formular erfolgreich auszufüllen.

Typ #1: Fragen

Eine interessante persönliche Frage in einem besonders wichtigen Feld weckt bei Ihren Benutzern das Bedürfnis, zu antworten. Das erhöht den Traffic und die Aktivität auf Ihrem Produkt. Stellen Sie eine direkte Frage (vorzugsweise mit »du« oder »Sie«), die Nutzer interessiert, die sie beantworten wollen und die eine einfache und kurze Antwort hat.

Beispiel

Airbnb fragte früher, wohin Sie reisen möchten. Zeigen Sie mir die Person, die keine Antwort auf diese Frage hat ... Außerdem macht die Frage Lust, kurz nachzuschauen, was an meinem Traumziel verfügbar ist. Ich denke, das ist genau das, was Airbnb wollte.

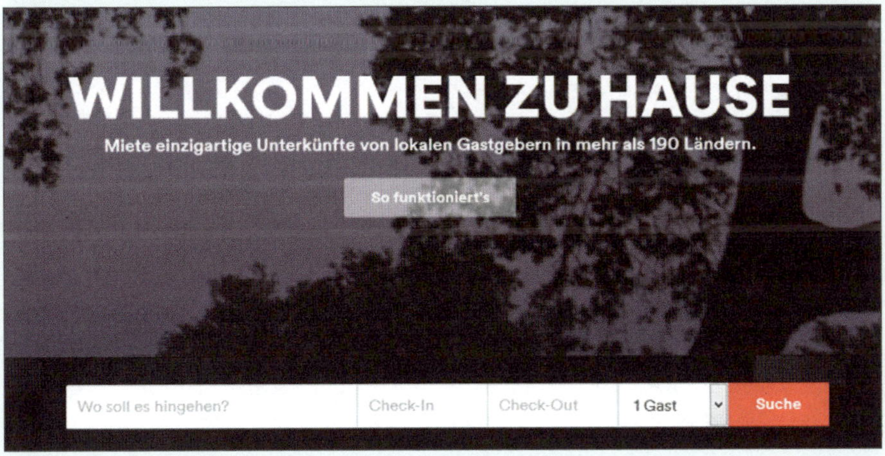

Abbildung 10.9 www.airbnb.com (eine frühere Version)

In ähnlicher Weise fragt *Booking.com*:

Abbildung 10.10 www.booking.com

Fiverr fragt auf dem Suchfeld: »*Was für einen Service suchen Sie?*« Der Text, der diesem Feld vorausgeht, ergibt zusammen mit dem Platzhalter einen wirklich effektiven Call-to-Action, eine Art Versprechen, dass Sie genau hier alles bekommen – sagen Sie einfach, was Sie brauchen.

Die Frage informiert die Nutzer auch darüber, welche Art von Suchbegriffen die besten Ergebnisse auf der Plattform erzielen: Services. Das könnte Fiverr übrigens auch mit Beispielen erreichen (darauf werde ich später im Kapitel eingehen).

Abbildung 10.11 www.fiverr.com (übersetzt aus dem Englischen)

Udemy, die Online-Kursplattform, fragt auf der Startseite:

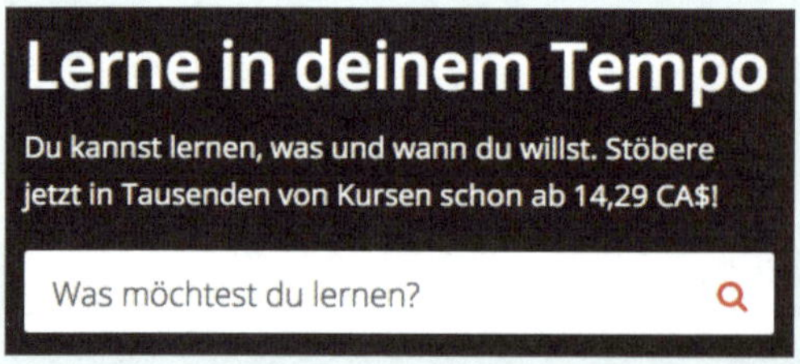

Abbildung 10.12 www.udemy.com

In allen bisherigen Beispielen motiviert der Platzhalter auf der Startseite die Nutzer nicht nur, ihre persönliche Antwort zu finden und in die Website einzutauchen. Er ermöglicht es ihnen auch, direkt zu dem zu gelangen, was sie interessiert. So müssen sich die Nutzer nicht durch eine hierarchische Menüstruktur wühlen.

WeTransfer macht dasselbe mit einer Frage als Platzhalter im Supportbereich:

Abbildung 10.13 www.wetransfer.com

Twitter fragt: »*Was gibt's Neues?*« Die Frage, die Sie als Platzhalter auf Ihrer Website stellen, bestimmt den Stil der Antwort, die Sie erhalten. So ist es kein Wunder, dass Twitter zum bevorzugten Social-Media-Kanal wurde, den Nutzer checken, um auf dem Laufenden darüber zu bleiben, was in der Welt geschieht.

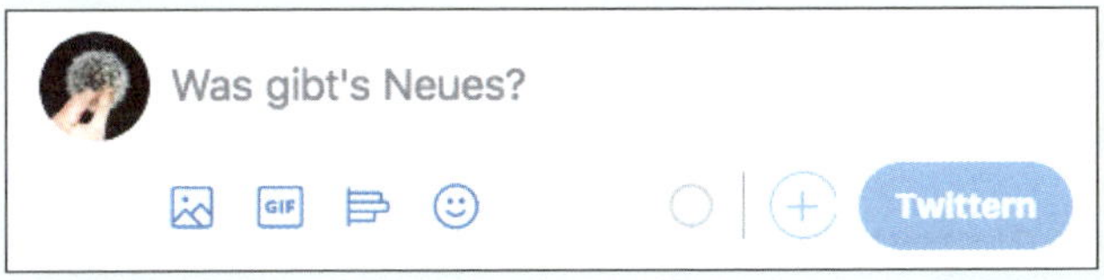

Abbildung 10.14 www.twitter.com

Facebook fragt mich in der englischen Version, woran ich denke. Das lenkt meine Gedanken nicht auf etwas, das draußen geschieht, sondern auf etwas, das in meinem Kopf geschieht. Und ein endloser Strang vergänglicher Gedanken ist genau das, was Sie dort finden.

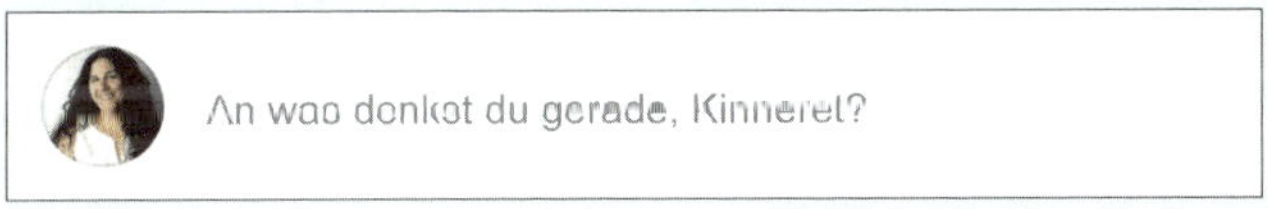

Abbildung 10.15 www.facebook.com (englische Sprachversion)

In der deutschen Version hingegen lautet die Frage: »*Was machst du gerade?*« Wie sehr dadurch der Fokus der deutschen Community auf Handlungen gelenkt wird, wäre eine interessante Frage, die man untersuchen könnte.

Abbildung 10.16 www.facebook.com (deutsche Sprachversion)

Typ #2: Kategorien

Vordefinierte Kategorien helfen, den Auswahlbereich so zu reduzieren, dass sich Ihre Benutzer auf die Möglichkeiten konzentrieren können und auf dem besten Weg sind, ein Feld zu nutzen. Wie Frageplatzhalter ermutigen auch Kategorien die Benutzer, etwas einzugeben, das sie persönlich interessiert.

Beispiel

Die Audio-Plattform *SoundCloud* beschreibt das, was Sie dort finden, in vier Kategorien:

Abbildung 10.17 www.soundcloud.com

Der Urlaubsplaner *Ebookers* erklärt, wonach Sie suchen können, um ein Hotel zu finden.

Abbildung 10.18 www.ebookers.com

Die Jobbörse *SimplyHired* bietet drei Kategorien, um einen Job zu finden, und drei für die Standortwahl.

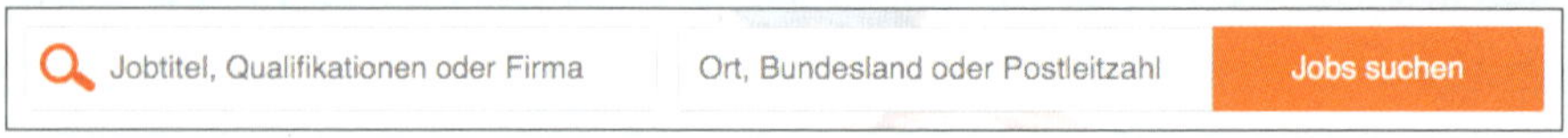

Abbildung 10.19 www.simplyhired.de

Pixabay ist eine Plattform für den Austausch von kostenlosen Stockfotos. Der Platzhalter schlägt die besten Suchkategorien vor, und unter dem Feld gibt es einige Beispiele, um die Dinge noch übersichtlicher zu machen.

Abbildung 10.20 www.pixabay.com

Auf den nächsten Seiten werden wir über die Verwendung von Beispielen sprechen.

Typ #3: Beispiele

Manchmal zeigt ein Beispiel (oder sogar zwei oder drei, aber nicht mehr) Ihren Benutzern die beste Art und Weise, ein Feld zu nutzen.

Beispiel

Tailor Brands ist ein Logo-Generator. Die Benutzer sind eingeladen, ihr Unternehmen zu beschreiben. Das Beispiel, das hier als Platzhalter angegeben ist, liefert die Art der benötigten Informationen: Größe, Branche, Standort und Zielgruppe.

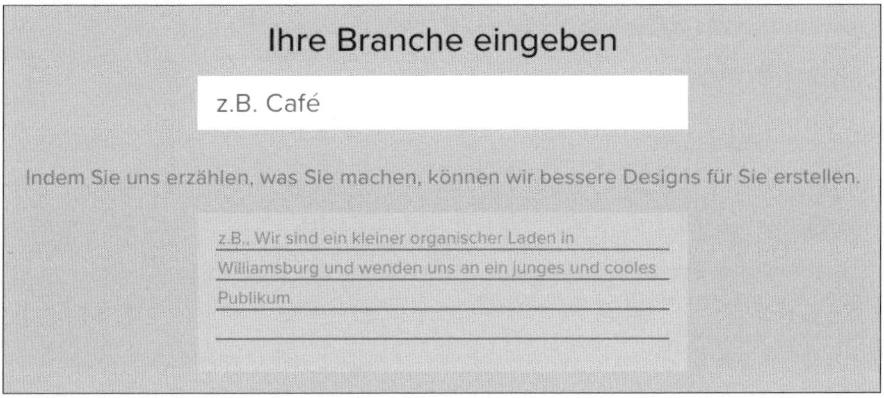

Abbildung 10.21 www.tailorbrands.com

Wenn Sie eine Rechnung erstellen, erinnert das Beispiel von *PayPal* Sie daran, dass eine Geschäftsnotiz auch persönlich sein kann:

Abbildung 10.22 www.paypal.com

Die Online-Lernplattform *Udemy* hilft Lehrkräften anhand von Beispielen, ihren Kurs sehr praxisnah zu beschreiben:

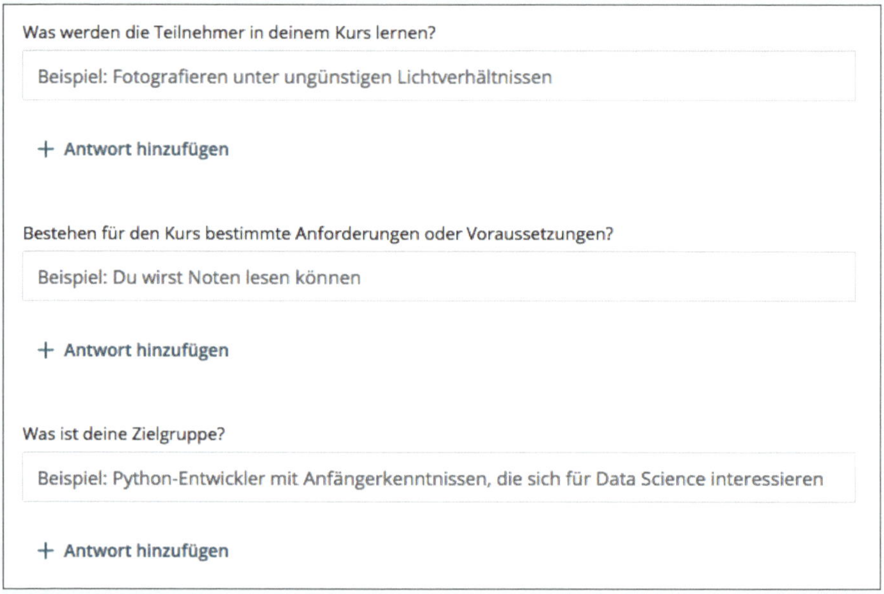

Abbildung 10.23 www.udemy.com

Die Designplattform *Canva* gibt Beispiele für Designvorlagen, die sich bei jedem Besuch der Website ändern:

Abbildung 10.24 www.canva.com

Typ #4: Leitsatz

Offene Fragen laden zum Nachdenken ein. Aber wenn es etwas gibt, das Benutzer nicht gerne tun, dann ist das, mitten in einer Aufgabe nachzudenken. Alles, was sie tun wollen, ist das Formular auszufüllen und weiterzumachen.

Wenn Sie also offene Fragen als Platzhalter verwenden, sollten diese dazu dienen, den Benutzern Inspiration zu geben und sich auf das zu konzentrieren, was ihnen den Vorgang erleichtert und sie zum Antworten ermutigt.

Beispiel

Auf den Job-Boards der *RealMatch*-Stellenbörsen können Bewerber dem Lebenslauf ein Anschreiben beifügen. Das Erstellen eines Anschreibens erfordert viel Nachdenken, und viele Kandidaten beschließen, diesen Schritt zu überspringen – obwohl er die Chance erheblich erhöht, eine Antwort von potenziellen Arbeitgebern zu erhalten. Um ihnen den Einstieg zu erleichtern, macht der Platzhalter den Zweck des Anschreibens deutlich und benennt die Hauptthemen, über die Benutzer schreiben können.

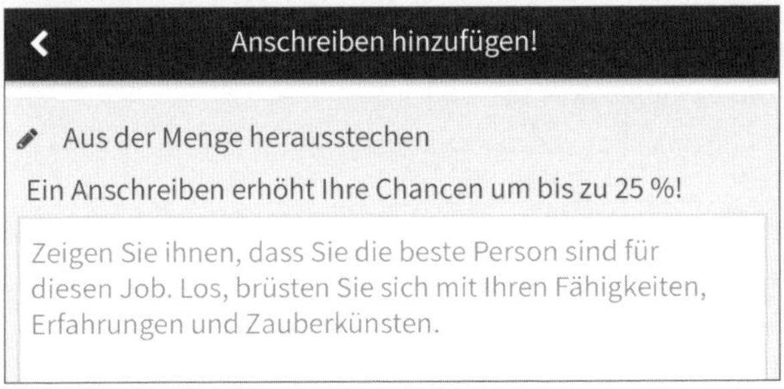

Abbildung 10.25 RealMatch-Jobbörsen (übersetzt aus dem Englischen)

Wenn Sie auf *Airbnb* eine Entdeckung erstellen, werden Sie von Platzhaltern angeleitet, wie Sie Ihr Angebot für Gäste attraktiver klingen lassen.

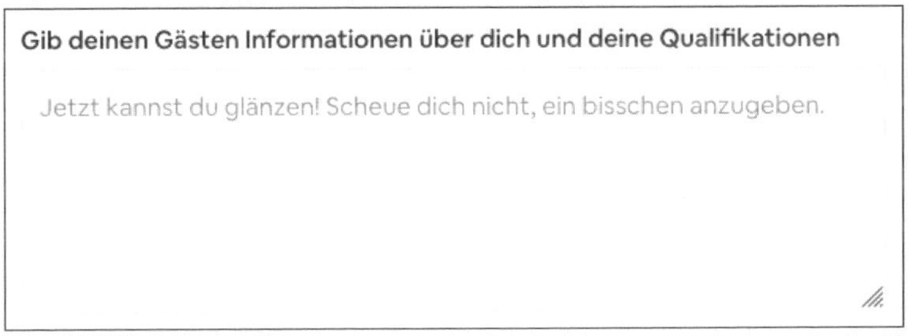

Abbildung 10.26 www.airbnb.com

Typ #5: Hindernisse beseitigen

Wenn Sie von einem Problem Ihrer Benutzer wissen, das diese daran hindert, eine Frage zu beantworten, kann der Platzhalter dieses Hindernis direkt ansprechen und dabei helfen, es zu beseitigen.

Beispiel

Wenn Sie die Profilseite auf dem Dating-Portal *OkCupid* ausfüllen, gibt es eine Reihe von offenen Fragen, und viele Benutzer empfinden es als Herausforderung, sie zu beantworten. Jede Frage erscheint über dem Feld. Eine lautet beispielsweise:

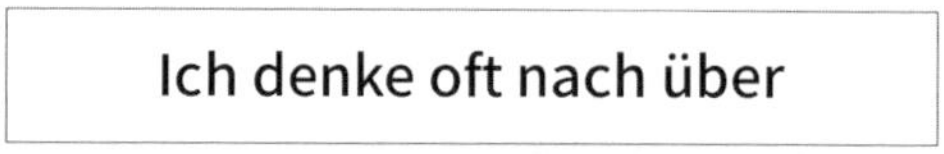

Abbildung 10.27 www.okcupid.com (übersetzt aus dem Englischen)

Benutzer müssen hier einen Interessensbereich angeben, an den sie oft denken. Aber sie könnten sich Sorgen machen, dass die meisten Dinge, über die sie nachdenken, für potenzielle Partner nicht sehr interessant sind (zu trivial, zu tiefgründig, ein wenig seltsam, nicht wichtig genug oder zu wichtig ...). Diese Befürchtung könnte dazu führen, dass sie nicht ehrlich oder gar nicht antworten.

Also sagt der Platzhalter:

Abbildung 10.28 www.okcupid.com (übersetzt aus dem Englischen)

Der Platzhalter beseitigt das Hindernis, indem er Beispiele kombiniert, die sehr wichtig sind (globale Erwärmung), nicht wichtig (Mittagessen) oder sehr beliebt (nächster Urlaub). Und am Ende fügt er noch einen beruhigenden Satz hinzu – genau das, was die Nutzer lesen müssen, damit sie ihre Bedenken ablegen und eine ehrliche Antwort geben können.

Und wenn wir bereits über OkCupid sprechen, empfehle ich – auch den glücklich Verheirateten unter Ihnen – dringend, diese Website zu besuchen und sich die Fragen und Platzhalter der Profilseite anzusehen. Die Microcopy rund um die Felder reduziert Verwirrung und Besorgnis erheblich und macht das Ausfüllen des Formulars einfach und sogar lustig.

Typ #6: Es ist auch möglich, nur Spaß zu haben

Manchmal sind Platzhalter einfach nur dazu gedacht, die Benutzer zu unterhalten. Das ist ausgezeichnet – aber denken Sie daran, dass der Zweck von Formularen darin besteht, dass Benutzer diese so schnell wie möglich ausfüllen können. Normalerweise sind Formulare also nicht der Ort, um mit Ihren Kunden zu scherzen. Es sei denn, Spaß ist ein integraler Bestandteil Ihres Voice & Tone Designs und passt zur Atmosphäre des Produkts. Oder es handelt sich einfach um ein lustiges Formular, bei dem niemand in Eile ist.

Beispiel

Auf dem *Trello*-Anmeldeformular sollen die Platzhalter Benutzer zum Lächeln bringen. Jedes Mal erscheint ein anderer fiktionaler Charakter aus einer TV-Serie, einem Film, Buch oder Videospiel im Feld.

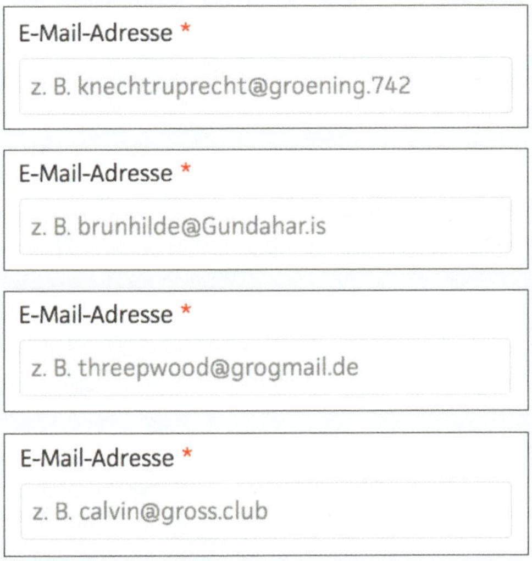

Abbildung 10.29 www.trello.com

Und das ist von *Typeform*:

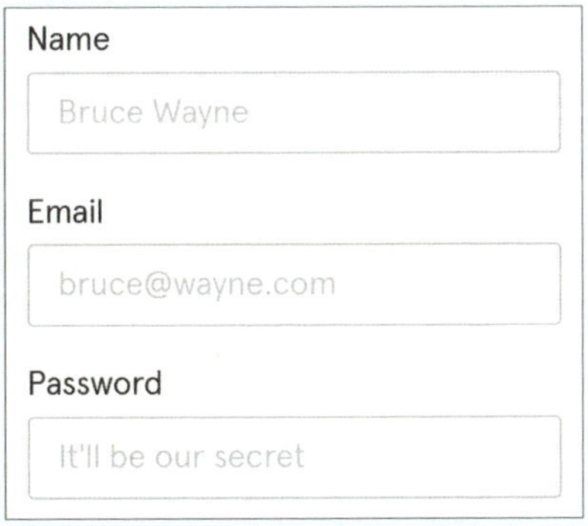

Abbildung 10.30 www.typeform.com (übersetzt aus dem Englischen)

11 Buttons

In diesem Kapitel lesen Sie, wie Sie mit den richtigen Buttons die Conversion Rate erhöhen, was Klicktrigger sind, und wie sie verwendet werden.

11.1 Die richtigen Knöpfe drücken

Die Bedeutung von Buttons kann gar nicht überschätzt werden. Damit die Nutzer das bekommen, wofür sie gekommen sind, und damit ihr Surfen zu dem Ergebnis führt, das Sie sich wünschen, d. h. zur Conversion, müssen Benutzer auf eine Schaltfläche klicken: Der Button ist also der Punkt, an dem eine Entscheidung zu einer Aktion wird.

Entsprechend sollten Sie dem Button die Zeit und die Sorgfalt widmen, die er verdient (und auch die Zeit, ihn nach Möglichkeit zu testen). Geben Sie sich nicht mit allgemeinen Begriffen zufrieden, die Ihre Benutzer nicht bewegen. Das ist so, als würden Sie kurz vor der Ziellinie abbremsen.

Bevor wir in die Best Practices für Button-Texte eintauchen, erlauben Sie mir eine wichtige Anmerkung:

Testen, testen, testen – Microcopy für Buttons ist voller Überraschungen. Wenn Sie nur ein Wort auf dem Button ändern, kann sich die Conversion Rate erheblich erhöhen oder aber fallen. (Es gibt viele Beispiele dafür im Internet, googeln Sie mal »buttons copy«.) Wenn Sie Ihre Conversion Rate maximieren möchten, investieren Sie in *A/B-Tests*. Das ist eine Investition, die sich auszahlt. Warum brauchen Sie eine Best Practice? Damit Sie aus einer von zwei ausgezeichneten Entscheidungen auswählen können, nicht aus zwei mittelmäßigen.

11.2 »Was kriege ich?« statt »Wie kriege ich es?«

Allgemeine Button-Begriffe wie DOWNLOAD, SUCHE, SENDEN oder REGISTRIEREN helfen Ihren Benutzern nicht bei einer Entscheidung. Wenn Benutzer einem so allgemeinen Button begegnen, müssen sie die Vor- und Nachteile selbst abwägen: Die Nutzer müssen sich daran erinnern, was sie bisher gelesen und verstanden haben, und selbst entscheiden, ob es sich lohnt, auf den Button zu klicken oder nicht.

Ein weiteres Problem mit diesen allgemeinen Begriffen ist, dass sie normalerweise betonen, was die Benutzer zu tun haben: die harte Arbeit.

Was sollten Sie stattdessen schreiben? Michael Aagaard hat vier Jahre lang Buttons getestet und daraus die folgende Formel aufgestellt:

Wert + Relevanz = Conversion

In seinem Artikel *Wie Sie Call-to-Actions schreiben, die konvertieren*[1] (Unbounce, Englisch) empfiehlt Aagaard, nicht auf den Button zu schreiben, was der Benutzer tun soll (die Aktion), sondern zu erklären, was der Benutzer bekommt (den Wert).

Als Aagaard zum Beispiel Button-Texte von »Bestellinformationen« in »Informationen erhalten« änderte, stieg die Conversion Rate um fast 40 %!

Der Grund dafür ist, dass der *Bestellinformationen*-Button betont, was die Benutzer zu tun haben, und nicht das, was sie erhalten werden. Das vermittelt ihnen nicht genug Mehrwert, um auf den Button klicken zu wollen.

Wenn sich der Button auf die Handlung statt auf den Wert konzentriert, überlassen wir es den Nutzern, Schlussfolgerungen zu ziehen, und wir haben keine Möglichkeit zu wissen, wohin ihr Gedankengang sie führen könnte. Wenn Sie jedoch den Wert auf dem Button benennen, bieten Sie genau das Endergebnis, nach dem Ihre Nutzer suchen – und das ist ein viel größerer Motivator.

Die zweite Variable in Aagaards Gleichung ist die Relevanz. Der Wert an sich könnte noch zu allgemein sein, und Aagaards Tests zeigten, dass Buttons besser konvertieren, wenn die Microcopy konkret und für einen bestimmten Kontext relevant ist. Mit anderen Worten, schreiben Sie nicht nur »Kostenloser Download«, sondern »Anleitung gratis herunterladen« oder noch besser: »Holen Sie sich Ihre kostenlose Anleitung«.

Auch hier kann das richtige Feintuning die Conversion Rate um Dutzende von Prozent erhöhen. Und wenn die Länge des Button-Textes entmutigend erscheint, können Sie sich entspannen. Buttons mit dem entsprechenden Wert erhöhen die Conversion Rate auch wenn sie lang sind. Aber glauben Sie mir nicht nur aufs Wort, sondern sehen Sie selbst.

Achtung: Nicht jeder Button auf Ihrem Produkt muss einen erheblichen Wert bieten. Wenn ich von »Wert« spreche, meine ich nur jene Buttons, die Conversions oder eine für Sie wichtige Aktion generieren, z. B. die Registrierung, das Generieren von Leads oder das Herunterladen. Falls die wichtigste Aktion an Ihrem Produkt zum Beispiel das Suchen, Kommentieren oder Ansehen eines Verkaufsvideos ist – dann sind das die Buttons, in die Sie investieren sollten.

1 »[How to] write a call-to-action that converts«, *https://unbounce.com/conversion-rate-optimization/how-to-write-a-call-to-action-that-converts-with-case-sudies/*

Die häufigste Button-Microcopy auf Ihrem Produkt sind wahrscheinlich funktionale Richtlinien, die standardisiert, offensichtlich und den Anwendern bekannt sind – und es ist sogar ideal, wenn sie das bleiben: »Weiter«, »In den Warenkorb legen«, »Mit uns chatten«, »Sicher bezahlen«, »Bearbeiten«, »Teilen«, »Zusammenstellen«, »Hochladen«, »Speichern« und so weiter.

Beispiel

Drei verschiedene digitale Buchhaltungssysteme bieten eine kostenlose 30-Tage-Testversion. Ihre Buttons unterscheiden sich leicht voneinander:

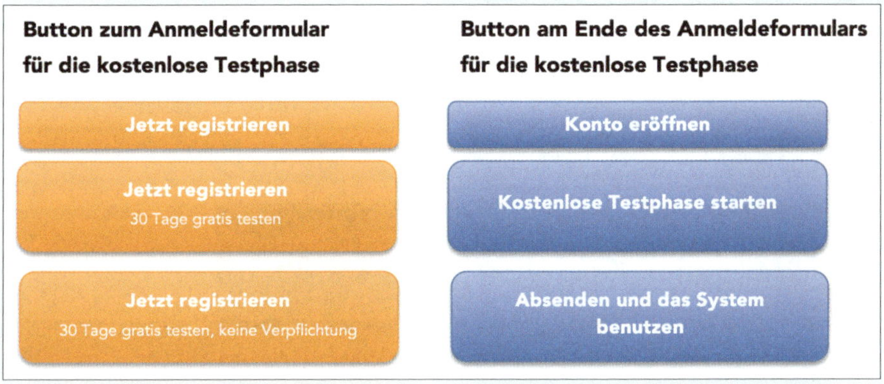

Abbildung 11.1 Je konkreter, desto besser

Im ersten System (Zeile 1) beziehen sich beide Buttons auf die Maßnahmen, die Benutzer ergreifen müssen, aber keiner von ihnen bietet einen Wert, der das Klicken auf den Button schmackhaft macht (es sei denn, eines Ihrer Hobbys ist die Erstellung von Konten im gesamten Internet). Es gibt auch keine Relevanz: Beide Buttons sind völlig allgemein, man könnte sie genau so auf jedem anderen digitalen Produkt platzieren – und sie würden gut passen.

In den Systemen 2 und 3 (Zeilen 2 und 3) sprechen die Buttons auf der Startseite (linke Spalte) zwar über die Maßnahmen, die Nutzer ergreifen müssen, erinnern sie aber sofort an den Wert: 30 Tage gratis testen. Da diese Buttons jedoch auf der Homepage erscheinen, wäre es vielleicht besser gewesen, nur den Wert zu benennen: »Holen Sie sich eine kostenlose 30-Tage-Testversion« – ohne den Anmeldeprozess zu erwähnen, der kompliziert sein könnte, was Benutzer davon abhält, auf den Button zu klicken.

Wenn wir auf dem Homepage-Button die Vorteile einer 30-tägigen kostenlosen Testversion benannt haben, wovon sollte der Button am Ende des Formulars sprechen (rechte Spalte)? Vom eigentlichen Wert, dem Erstellen von Rechnungen. In System 3 (Zeile 3, rechte Spalte) ist ein vergleichbarer Wert erwähnt (Das System benutzen). Aber die Relevanz ist nur teilweise gegeben, da dieser Button tatsächlich zu jedem anderen System passt – und immer noch auf die Arbeit verweist, die Benutzer zu leisten haben, und nicht auf das, was sie als Ergebnis dieser Arbeit erhalten. Eine relevantere Formulierung wäre: »Beginnen Sie mit der Erstellung digitaler Rechnungen«.

Beispiel

Unbounce ist auf die Erstellung von Landing Pages spezialisiert, die für die Konvertierung optimiert sind und über Buttons mit vielen Werten verfügen. Die Buttontexte wirken lang, und als Schreibende könnten wir das Gefühl bekommen, dass man einige Wörter streichen sollte. Aber den Benutzern liefern sie wichtige Informationen – und niemand sagt, dass die Buttons kurz sein müssen.

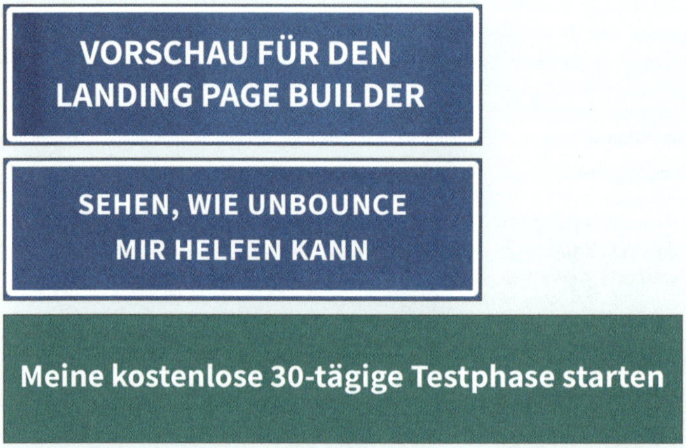

Abbildung 11.2 www.unbounce.com (übersetzt aus dem Englischen)

Bei Kauf-Buttons gilt: Je banaler, desto besser

»In den Warenkorb legen« bedeutet, den Artikel in den Warenkorb zu legen, und das war's. Benutzer erwarten, dass das Hinzufügen eines Artikels zu ihrem Warenkorb diesen Artikel für zukünftige Überlegungen oder für den Kauf speichert. Sie haben noch nicht die Absicht, sich daran zu binden und den Zahlungsprozess zu starten. Alles andere, was Sie schreiben, erhöht nur die Unsicherheit der Benutzer. Zum Beispiel wird »Ich will das«, »Ich wähle das« oder ein ähnlicher Ausdruck beim Nutzer sofort unnötige Zweifel daran aufkommen lassen, was dieser Button tatsächlich tut und wohin er ihn führen wird.

Der Checkout-Button sollte ebenfalls klar sein (es könnte sich höchstens um einen Text wie »Sicher bezahlen« oder »Sicher bestellen« handeln, wie wir in Kapitel 16 sehen werden), sodass nur Benutzer, die wirklich mit der Zahlung fortfahren wollen, auf diesen Button klicken. Dies gilt auch für den finalen Button: »Zahlung bestätigen«, »Bestellung aufgeben« oder »Bestellung absenden«.

Darüber hinaus ergab die Forschung von UniqUI (die derzeit nur auf Hebräisch vorliegt), dass Abweichungen vom standardisierten Kaufprozess die Conversion Rate senken. Das ist also wirklich weder die Zeit noch der Ort, das Rad neu zu erfinden.

Beispiel

So kommen Sie von Standardtexten zu einem konkreten Vorteil, den Ihre Nutzer tatsächlich begehren:

- Anmelden

Abbildung 11.3 www.wix.de

Abbildung 11.4 www.makro-foto.com

Abbildung 11.5 www.themiddlefingerproject.com (übersetzt aus dem Englischen)

- Suchen

Abbildung 11.6 www.indeed.ch

Abbildung 11.7 Die Loco-App (übersetzt aus dem Englischen)

- Starten

Abbildung 11.8 www.myperfectresume.com (übersetzt aus dem Englischen)

Abbildung 11.9 www.ziprecruiter.com (übersetzt aus dem Englischen)

- Registrieren

Abbildung 11.10 www.leadpages.net (übersetzt aus dem Englischen)

Abbildung 11.11 www.themiddlefingerproject.com (übersetzt aus dem Englischen)

Erinnern Sie mich daran, warum ich mich anmelden wollte

Der Button »Anmelden« am Ende des Anmeldeformulars wird viel interessanter und motivierender, wenn Sie sich fragen, wie Benutzer von der Anmeldung profitieren oder was sie danach tun können. Besser als »Anmelden« sind Texte wie »Anmelden und Rezepte speichern«, »Französisch lernen«, »Ein professionelles Logo erstellen«, »Passende Jobs sehen« und so weiter.

Falls diejenigen, die sich anmelden, einen Rabatt oder ein Geschenk erhalten, können Sie das auf dem Button benennen: »Erhalten Sie kostenloses Guthaben« oder »Erhalten Sie 25 % Rabatt«. Solche Buttons verlagern das Gewicht von der Registrierung auf den Grund der Registrierung und können sehr effektiv sein.

Tipp 22 – Was zum Kuckuck breche ich gerade ab?

Andere Buttons, die besondere Aufmerksamkeit verlangen, sind die *Abbrechen*-Buttons. Diese Buttons können sehr verwirrend sein. Zum Beispiel:

Abbildung 11.12 Nutzer sehen nicht, was sie gerade abbrechen.

Was wird nun mit dem Klick auf ABBRECHEN beendet: die Aktion oder der Abbrechen-Prozess?

In solchen Fällen ist es besser, die Worte »Abbrechen« und »Rückgängig« durch »Ja« oder »Nein« (oder eine noch klarere Formulierung) zu ersetzen und ein oder zwei klärende Worte anzufügen.

Zum Beispiel:

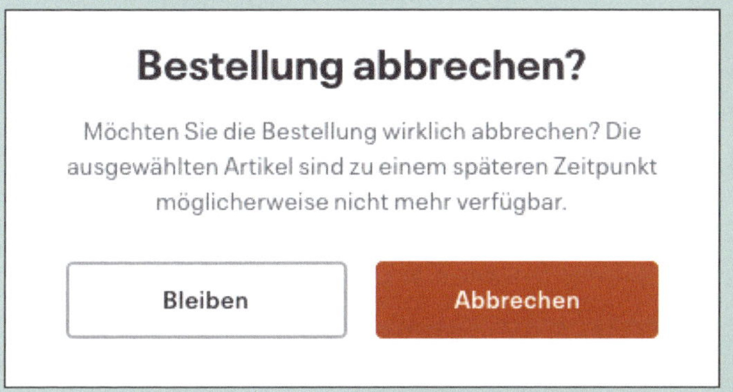

Abbildung 11.13 Hier können Nutzer sofort erkennen, wie sie die Aktion abbrechen (www.eventbrite.com).

11.3 Klicktrigger – das Zünglein an der Waage

Joanna Wiebe zeigt in *Buttons und klicksteigernde Call–to-Actions*[2] (Copyhackers, Englisch), wie kurze Nachrichten, die neben dem Button platziert werden, die Conversion Rate signifikant erhöhen können – genau wie der Haupttext auf dem Button. Sie nennt diese kurzen Sätze *Klicktrigger*.

Das Ziel von Klicktriggern ist es, den Benutzern genau die Wörter zu liefern, die in Sekundenbruchteilen den Ausschlag für eine Entscheidung geben. Klicktrigger sollen die Nutzer dazu bringen, sofort zu reagieren und die Absicht in die Tat umzusetzen.

Es lohnt sich, neben (oder unter oder über) jeden für Sie wichtigen Button mindestens einen Klicktrigger zu schreiben, egal ob es sich um die Anmeldung für einen Newsletter, die Anmeldung für das Produkt, das Anschauen eines Demo-Videos oder den Kauf von etwas handelt.

2 »Buttons and Click-Boosting Calls to Action«, https://copyhackers.com/product/button-copy-calls-to-action/

Genau wie die Microcopy auf dem Button können Klicktrigger die Benutzer auch daran erinnern, welchen Wert sie erhalten, wenn sie klicken. Aber Klicktrigger können auch auf eine andere, sehr interessante Weise für Sie arbeiten: Sie beseitigen die mit dem Klicken verbundenen Probleme und ebnen den Weg dorthin.

Sie sollten den Klicktrigger sorgfältig auswählen – basierend auf den Zielen Ihrer Benutzer, auf dem Produkt und auf den Dingen, die Benutzer am meisten abschrecken. Auch wenn Sie diese Probleme bereits an anderer Stelle des Produkts angesprochen haben, kann eine kurze Erinnerung neben dem Button die gewünschte Reaktion erzeugen. (Mehr über das Ausräumen von Vorbehalten erfahren Sie in Kapitel 16, »Sorgen und Bedenken lindern«.)

Bei Bedarf können Sie sogar zwei bis drei Klicktrigger schreiben, aber übertreiben Sie es nicht: Wählen Sie sorgfältig diejenigen, die am meisten Einfluss haben, und führen Sie wie gewohnt A/B-Tests durch.

Beispiel

Die Klicktrigger von *Intercom* sind großartig. Die drei bilden zusammen das Bild eines einfach zu bedienenden Produkts, bei dem Sie nur profitieren können, wenn Sie es ausprobieren. Hat es Ihnen nicht gefallen? Sie können kündigen, ohne Zeit und Geld zu verlieren.

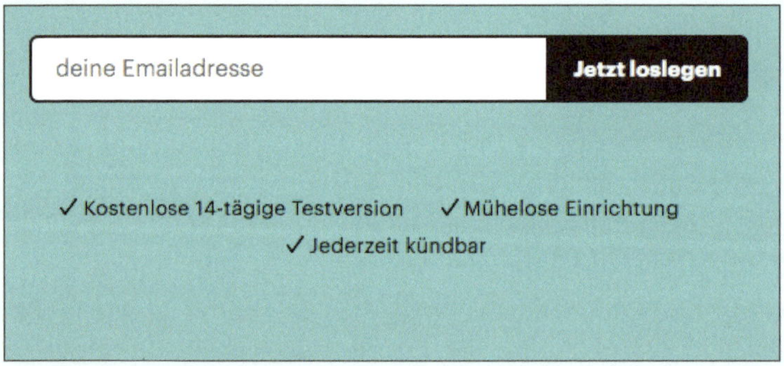

Abbildung 11.14 www.intercom.com

Booking.com ist bekannt für effektive Klicktrigger. Das Unternehmen verwendet viele soziale Beweise, um den Wert eines Zimmers zu zeigen und vor allem um ein Gefühl der Dringlichkeit zu erzeugen. Wenn Benutzer darüber nachdenken, ob sie auf den Button klicken sollen oder nicht, kann der soziale Beweis, dass das Hotel von anderen gut angenommen wird, ein Auslöser sein. Zusätzlich wird das Gefühl vermittelt, dass Benutzer das Zimmer verlieren, wenn sie nicht jetzt buchen.

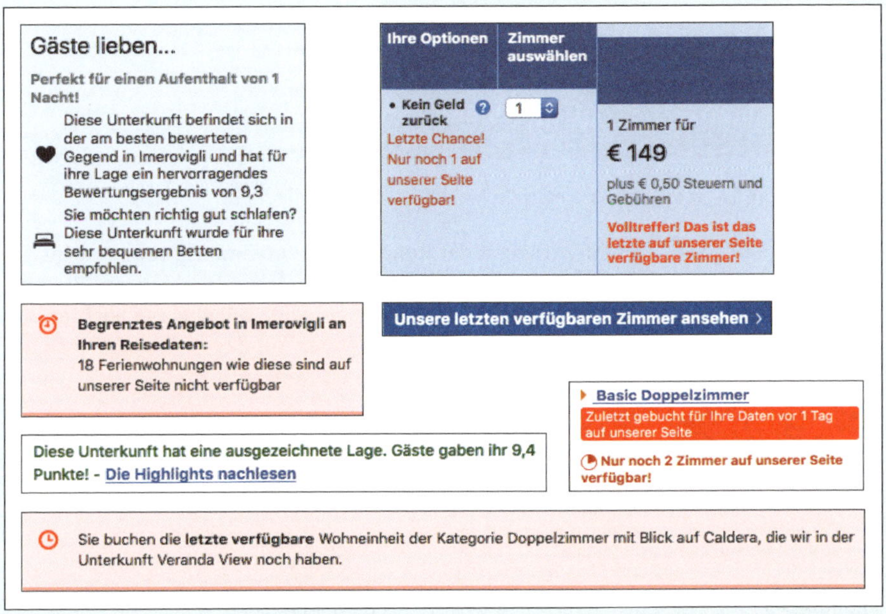

Abbildung 11.15 www.booking.com

Ähnlich ergeht es einem bei *Airbnb*. Wenn man darüber nachdenkt, ob man ein Haus buchen soll, gibt es zwei Klicktrigger unter dem Button: Der erste lindert Bedenken, der zweite schafft das Gegenteil.

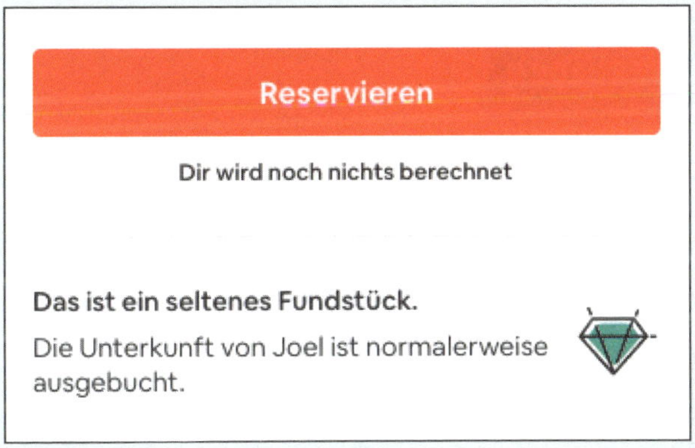

Abbildung 11.16 www.airbnb.com

Showpo macht das Gleiche mit Modeartikeln – wer zu spät kommt, den bestraft das Leben.

Abbildung 11.17 www.showpo.com (übersetzt aus dem Englischen)

Society6 lindert einen großen Vorbehalt der Kunden: »Wenn mir das Produkt nicht gefällt, kann ich es dann zurückgeben? Machen die mir die Rückgabe schwer?« Die Antwort lautet »Nein«, und wenn die Benutzer das wissen, fällt es ihnen viel leichter, mit der Bestellung fortzufahren. Im schlimmsten Fall können sie das Produkt einfach zurückgeben.

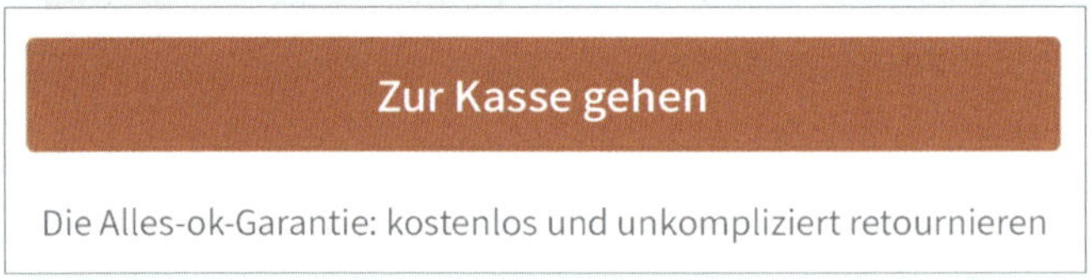

Abbildung 11.18 www.society6.com (übersetzt aus dem Englischen)

Hohe Bewertungen sind ein häufiger sozialer Beweis, und Sie können sie auch als Klicktrigger verwenden. So wird es bei *Download* gemacht.

Abbildung 11.19 www.download.com (übersetzt aus dem Englischen)

Hier ist ein Beispiel für einen Klicktrigger, der auf dem Button selbst erscheint: *InVision* – für immer kostenlos!

Abbildung 11.20 www.invisionapp.com (übersetzt aus dem Englischen)

12 Fehler 404: Seite nicht gefunden

Es tut uns leid, diese Seite ist nicht verfügbar. Sonst hätten Sie erfahren, welche vier Dinge auf einer 404-Seite nicht fehlen dürfen – und Ideen gekriegt, wie eine perfekte 404-Seite im eigenen Markendesign aussehen könnte.

12.1 Schwarze Löcher im Internet

Renny Gleeson fasste seinen sehr kurzen TED-Vortrag über 404-Seiten (*404, die Geschichte einer nicht-existierenden Seite*[1]) so zusammen:

> *»Ein einfacher Fehler kann mir sagen, was Sie nicht sind, oder er kann mich daran erinnern, warum ich Sie lieben sollte.«*

Benutzer geraten auf eine 404-Fehlerseite, wenn sie eine Seite suchen, die nicht mehr existiert (oder die nie vorhanden war). Das kann passieren, wenn Sie irgendwo auf Ihrer Website oder im Internet auf eine Seite verlinken, die es nicht mehr gibt oder deren Adresse sich geändert hat. Eine 404-Seite kann aber auch erscheinen, wenn Benutzer eine falsche URL eingegeben haben.

Im Idealfall sollten Ihre Benutzer die 404-Seiten nicht oder nur selten sehen. Sie ist dennoch wichtig. Wenn die Nutzer von der Google-Suchergebnisseite oder von einer anderen Webseite, die auf Sie verwiesen hat, hierher gelangt sind und nur

> *Fehler 404: Seite nicht gefunden*

zu lesen bekommen, dann werden sie sofort auf ZURÜCK klicken, und Sie haben sie verloren. Die Chance, dass sie andere Seiten auf Ihrer Website erkunden, ist gleich null. Ihre Nutzer haben keine Ahnung, wie sie von hier aus weitermachen sollen, und sie haben keinen guten Grund, es überhaupt zu versuchen.

Außerdem erzählt die 404-Seite, wie Gleeson sagt, den Nutzern viel über Ihre Marke: zum Beispiel, wie Sie mit Ihren eigenen Fehlern umgehen, wie Sie mit Benutzerfehlern umgehen, und wie Sie Benutzer behandeln, wenn sie auf ein Problem stoßen oder enttäuscht sind.

Eine Standardmeldung wie oben zeigt, dass die Autoren der 404-Seite weder die Benutzer noch das Problem verstanden haben (falls überhaupt jemand der Seite

1 *»404, the story of a page not found«, https://www.ted.com/talks/renny_gleeson_404_the_story_of_a_page_not_found*

auch nur einen Hauch von Aufmerksamkeit geschenkt hat). Technisch betrachtet, hilft eine solche Nachricht Ihren Nutzern nicht dabei, zu verstehen, was schiefgelaufen ist. Sie hilft ihnen auch nicht, an ihr eigentliches Ziel zu gelangen. Sie ist eine Sackgasse. Selbst emotional zeigt sie kein Mitgefühl für die Enttäuschung der Nutzer, die nicht in der Lage waren, das zu finden, wonach sie suchten.

Es ist wichtig zu verstehen, dass das Design einer 404-Seite essenziell ist – aber das reicht nicht. Ein Bild ohne Microcopy mag ein Lächeln hervorrufen, es hilft den Benutzern aber nicht, dorthin zu gelangen, wo sie hinwollen.

12.2 Wie Sie Microcopy für 404-Fehlerseiten schreiben

Eine gute 404-Fehlerseite unterstützt Benutzer dabei, zu finden, was sie suchten – und sorgt dafür, dass sie nicht abspringen. Wie das gelingt? Beachten Sie die folgenden vier Faustregeln:

Faustregel #1: Erklären Sie den Benutzern, was passiert ist und wie sie hier gelandet sind

Denken Sie daran, dass Ihre Nutzer wahrscheinlich nicht wissen, was ein 404-Fehler ist. Tatsächlich müssen Sie nicht einmal die Nummer *404* oder das Wort *Fehler* erwähnen. Erklären Sie einfach in simplen Worten, ohne Fachjargon, dass die Seite nicht gefunden wurde oder nicht mehr hier ist. (Falls Ihre Benutzer digital versiert sind, lohnt es sich möglicherweise, den Begriff *404* zu erwähnen, weil diese Nutzer ihn verstehen – aber er sollte trotzdem nicht die Hauptmessage sein.)

Faustregel #2: Zeigen Sie Einfühlungsvermögen

Weil die Nutzer enttäuscht sind, dass sie nicht das gefunden haben, wonach sie suchten, und weil dies manchmal unsere Schuld ist, lohnt es sich, Mitgefühl zu zeigen. Das bedeutet, ein Wort oder einen Satz hinzuzufügen, der den Nutzern zeigt, dass Sie verstehen, wie sie sich gerade fühlen. Sie können sich entschuldigen, und Sie können ihre Gefühle spiegeln. (Beispiele dazu folgen bald.)

Faustregel #3: Geben Sie einen Ausweg an

Es lohnt sich, eines oder mehrere der folgenden Elemente anzubieten:

- Links zu zentralen Bereichen der Website, zu Kategorien, nach denen viele Leute suchen, oder zu Seiten, zu denen Sie Benutzer leiten möchten
- ein Suchfeld

- einen Link zur Startseite
- Wenn das Hauptmenü auf der 404-Seite erscheint, lenken Sie die Aufmerksamkeit der Benutzer entweder mit Worten oder einem visuellen Zeichen auf das Menü. Verlassen Sie sich nicht darauf, dass die Nutzer von selbst sehen und verstehen, dass das Hauptmenü ihr Ausweg ist.

Faustregel #4: Cooles Design, angemessener Humor und praktische Kontaktangaben sind nette Extras

Eine 404-Seite kann, muss aber nicht, eines der folgenden Merkmale aufweisen:

- ein tolles Design
- Humor, der die negative Erfahrung in eine positive verwandelt. (Aber achten Sie darauf, dass Sie verwirrte Benutzer nicht auslachen.)
- Bieten Sie eine Möglichkeit, den defekten Link zu melden, also etwas in der Art von: »Wenn du von einer anderen Seite hierhergekommen bist, sag uns doch bitte woher, damit wir den Fehler beheben können und anderen so ersparen, auch hier zu landen.« Fügen Sie dann einen Link zur Kontaktseite oder ein spezielles Supportformular hinzu, das allein diesem Zweck dient.
- Nennen Sie die Kontaktdaten von Kundenservice und Support.

Die Dinge ins rechte Licht rücken

Es gibt Websites, die viel Geld in ihre 404-Seite investieren. *Google* hat ein Spiel für die 404-Seite von Android entwickelt (siehe Screenshot unten), und auf der Website von Romain Brasier (*www.romainbrasier.fr*) gibt es ein Spiel, bei dem man 404 Lemminge retten muss. In der Welt von Microcopy und UX wurde schon mehr über 404-Seiten geschrieben als über jede andere Seite: Es gibt mehrere Dutzend Artikel vom Typ »*Die 30 besten 404-Seiten aller Zeiten*«.

Aber seien wir ehrlich: Wir sind diejenigen, die gekonntes 404-Seitendesign am meisten genießen. Unsere Nutzer bekommen die Seite nur selten zu sehen, und wenn, dann bleiben sie dort nicht hängen, sondern bewegen sich weiter zu dem, was sie eigentlich gesucht haben.

Es ist wichtig, dass die Fehlerseite zum Mitmachen anregt und den Wunsch weckt, von dort aus zum Rest der Website zu gelangen. Aber noch wichtiger ist es, dass die 404-Seite alle Details und den erforderlichen Service dazu enthält. Es gibt keinen Grund, zu übertreiben: Ein einfaches Design oder ein lustiges Bild, ein klarer Text mit einem Hauch von Humor und drei Links zu zentralen Bereichen auf der Website reichen vollkommen aus.

Wohlgemerkt: Erfolgreiche 404-Seiten haben ihren Besitzern einen großartigen Marketingservice geboten, weil Benutzer sie geteilt haben. Romain Brasier ist so ein Beispiel, ebenso wie das *Nosh*-Video, das viral wurde (siehe *Nosh 404* auf YouTube). Wenn also der Zweck Ihrer 404-Seite der Verkauf ist, dann los, investieren Sie!

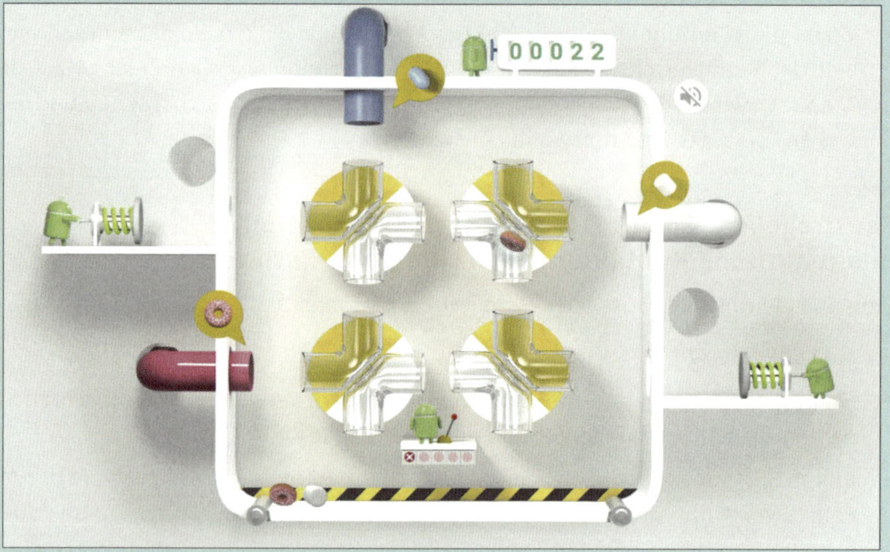

Abbildung 12.1 www.android.com

Beispiel

Die 404-Seite des israelischen Modegeschäfts *Belle and Sue* enthält kein Bild, ist aber sehr lustig. Sie reflektiert die Frustration der Nutzer, aber relativiert sie auch mit viel Humor. Sie stellt fest, dass es ein Problem gibt (Benutzer sind nicht an den technischen Details des Problems interessiert), und am Ende der Nachricht werden Möglichkeiten angeboten, wie sie zu anderen Seiten auf der Website gelangen. Einfach nett.

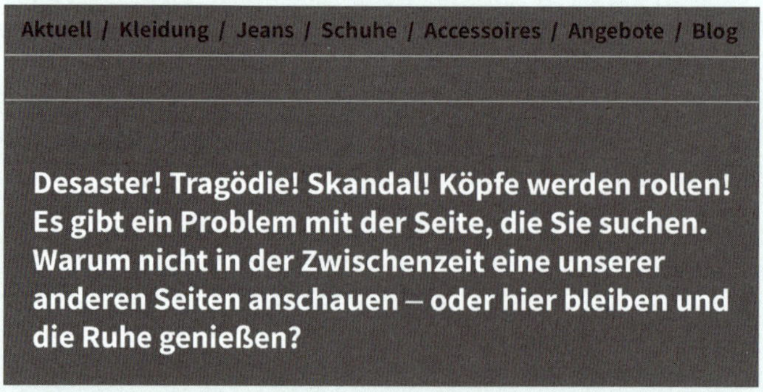

Abbildung 12.2 www.belleandsue.co.il (übersetzt aus dem Englischen)

Auf seiner einfachen, aber schönen 404-Seite zeigt *Spotify* einen Plattenspieler (auf dem sich die Platte tatsächlich dreht) mit einem Titel, der die Enttäuschung reflektiert. Die Seite erklärt in alltäglichen Worten, was passiert ist, und bietet Links zu den FAQ, zur Community und zurück. Der Link ZURÜCK führt die Nutzer allerdings auf die Startseite. Es wäre besser gewesen, genau das zu sagen, da die Benutzer vielleicht von woanders hier gelandet sind.

Abbildung 12.3 www.spotify.com

Die britische Tierschutzorganisation *RSPCA* verwendet lustige Copy, die beschreibt, was mit der Seite passiert ist (ein Hund ist damit durchgebrannt und hat sie im Garten vergraben, war ja klar). Sie zeigt zudem einige nützliche und wichtige Links plus einen zusätzlichen für die weitere Suche im Hilfecenter. Super niedlich und praktisch; transportiert den Geist der Organisation.

Abbildung 12.4 www.rspca.org.uk (übersetzt aus dem Englischen)

Ideen: Was Sie außer Microcopy auf einer 404-Seite unterbringen können

- lustige Bilder
- Grafiken, die jene Frustration ausdrücken, die Benutzer empfinden
- Animation
- eine Erklärung in Voice & Tone Ihrer Marke, die Benutzern erklärt, warum die Seite fehlt
- Auszüge aus Songs oder Filmen
- YouTube-Videos

Das israelische UX-Studio *UniqUI* erklärt das Problem schön mit einfachen Worten (der Begriff *404* wird für diejenigen angedeutet, die ihn verstehen), übernimmt die volle Verantwortung und bietet ein paar Links als Ausweg.

Abbildung 12.5 www.uniqui.co.il (übersetzt aus dem Hebräischen)

12.3 Markeninhalte auf 404-Seiten

Im Zitat, das dieses Kapitel eröffnet hat, sagt Gleeson, dass die 404-Seite auch eine Gelegenheit ist, die Nutzer daran zu erinnern, warum sie die Marke lieben und warum sie hier sind.

Mit anderen Worten: Die Fehlerseite ist nicht nur dazu da, den Benutzern bei der Behebung des Fehlers zu helfen, sondern ist auch eine Gelegenheit, sie zu begeistern. Um dies zu tun, empfehle ich Ihnen, Content-Ideen Ihrer Marke in Ihre 404-Seiten aufzunehmen. Um beispielsweise das Fehlen einer Seite zu erklären, sollten Sie Gründe nennen, die mit dem zusammenhängen, was die Marke tut, und Terminologie aus relevanten Inhalten einsetzen.

Beispiel

Jedes Mal, wenn wir eine 404-Seite in der *IMDB*-Datenbank für Kino und Fernsehen sehen, sehen wir ein anderes »Filmzitat« – insgesamt etwa 15.

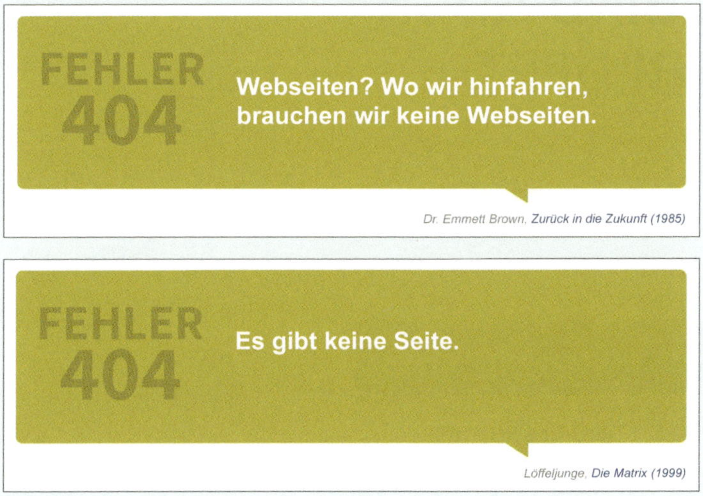

Abbildung 12.6 www.imdb.com (übersetzt aus dem Englischen)

TripAdvisor sagt uns, dass die Seite, die wir suchen, gerade Urlaub macht – und dass wir das auch tun sollten.

Abbildung 12.7 www.tripadvisor.com

Leadpages hat sich darauf spezialisiert, mit selbst erstellten Landing Pages und Kampagnen Leads für seine Kunden zu generieren. Auf der 404-Seite zeigt das Unternehmen Einfühlungsvermögen für die Enttäuschung der Nutzer und dankt ihnen für ihre Geduld. Was aber noch interessanter ist: *Leadpages* bietet Ihnen kostenlose relevante Inhalte, wenn Sie Ihre E-Mail-Adresse zur Verfügung stellen, und lassen Sie so Leads generieren. Auf der 404-Seite!

Ich finde das kreativ und effizient. Es zeigt den Nutzern, dass sie es mit Profis zu tun haben und wie sie von deren Service profitieren. Am unteren Rand präsentiert Leadpages Links zu drei Hauptbereichen auf seiner Website.

Abbildung 12.8 www.leadpages.net (übersetzt aus dem Englischen)

Die *NASA* denkt bei ihren Fehlermeldungen an Astrophysik und schickt die Nutzer über den Ereignishorizont hinaus.

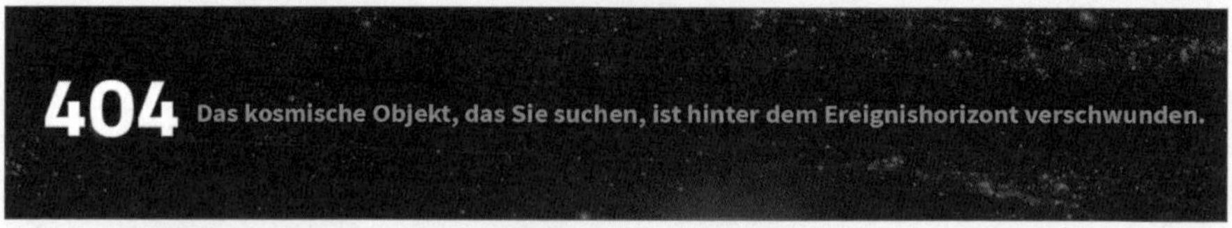

Abbildung 12.9 www.nasa.gov (übersetzt aus dem Englischen)

Es scheint, dass die Financial Times viele Stunden mit ihrer 404-Seite verbracht hat, um zu erklären, warum die fehlende Seite nicht da ist: Es gibt 22 (!) mögliche Wirtschaftstheorien dazu. Lesenswert! (Geben Sie dazu *www.ft.com/404* im Browser ein.)

Entschuldigung

Die Seite, auf die Sie zugreifen möchten, existiert nicht.

Dies kann daran liegen, dass Sie die Webadresse falsch eingegeben haben oder dass die Seite verschoben wurde.

Für Hilfe besuchen Sie bitte help.ft.com.

Wir entschuldigen uns für die Unannehmlichkeiten.

Warum wurde diese Seite nicht gefunden?

Wir haben einige führende Ökonomen gefragt.

Stagflation
Die Kosten für Seiten stiegen drastisch an, während sich die Seitenproduktionsrate verlangsamte.

Allgemeine Wirtschaftslehre
Es gab keinen Markt dafür.

Liquiditätsfallen
Wir haben etwas mehr Geld in das Technologieteam gesteckt, aber es gab wenig oder gar kein Interesse, also hat das Team das Geld einfach behalten und es somit versäumt, die Seitenökonomie zu stimulieren.

Monetarismus
Die Regierung hat die Anzahl der im Umlauf befindlichen Seiten begrenzt.

Effiziente-Märkte-Hypothese
Wenn Sie genug für die Seite bezahlt hätten, wäre sie erschienen.

Moralische Gefährdung
Diese Seite zu zeigen, würde dich nur ermutigen, mehr Seiten zu wollen.

Tragik der Allmende
Jeder wollte diese Seite sehen, aber niemand war bereit, sie zu pflegen.

Abbildung 12.10 www.ft.com (übersetzt aus dem Englischen)

NPR, ein Nachrichten- und Radionetzwerk, das für mutigen und verantwortungsbewussten Journalismus steht, präsentiert auf seiner 404-Seite Nachrichten über Menschen und Gegenstände, die verschwanden und nie gefunden wurden – genau wie die Seite, die Sie gesucht haben. Besuchen Sie die Fehlerseite unter *www.npr.org/404*, und schauen Sie sich die spannende Liste an.

Schade, dass die Seite verloren ging, aber zumindest ist sie in guter Gesellschaft; bleiben Sie hier und stöbern Sie in NPR-Geschichten über verschwundene Menschen, Orte und Dinge, die bis heute nicht wieder aufgetaucht sind.

Amelia Earhart

Forscher versuchen immer noch herauszufinden, was mit der Fliegerin Amelia Earhart passiert ist, die 1937 beim Flug über den Südpazifik verschwand.

18,5 Minuten der Watergate-Affäre

Rose Mary Woods, die treue Sekretärin von Präsident Richard Nixon, übernahm die Verantwortung für das Löschen von Tonbändern, die für die Watergate-Untersuchung entscheidend waren.

Jimmy Hoffa

Staatsanwälte in Michigan sagen, dass Behörden die jüngste Suche nach den Überresten von Jimmy Hoffa, dem lange vermissten ehemaligen Teamsters-Chef, aufgeben.

Abbildung 12.11 www.npr.org (übersetzt aus dem Englischen)

13 Wartezeit

Warum ist es wichtig, in die Wartezeit-Erfahrung zu investieren? Und wie können Sie Ihren Nutzern helfen, die Zeit auf angenehme Weise zu vertreiben? Nur Geduld – die Antworten auf diese Fragen finden Sie auf den nächsten Seiten.

13.1 Wertvolle Zeit mit Ihren Benutzern

Die Wartezeit ist diejenige Zeit, die ein System benötigt, um Daten zu laden, zu verarbeiten, zu suchen, eine Datei herunterzuladen etc. Und wenn Sie sich fragen, warum Sie sich mit solch niederen Beschäftigungen auseinandersetzen sollten, dann wirft ein großartiger Artikel (vorerst nur auf Hebräisch) von Tal Mishaly, dem UX-Profi-Berater für dieses Buch, ein wenig Licht darauf.

Eine faszinierende Erkenntnis aus seiner Forschung über *User Experience versus Usability* ist, dass Animationen, Textänderungen oder ein Fortschrittsbalken die wahrgenommene Zeit verkürzen, während Benutzer warten. Mit anderen Worten: Wenn es etwas gibt, das die Benutzer während des Wartens beschäftigt – etwas zum Lesen, Anschauen oder Folgen – vergeht die Zeit schneller, denn man nimmt die Wartezeit als kürzer wahr, als sie wirklich ist.

Ein weiterer Grund ist, dass Sie ein paar Momente haben, in denen Benutzer einfach auf den Bildschirm starren und warten. Warum diese Zeit nicht dazu nutzen, etwas Kluges und Herzerwärmendes im Sinne der Marke zu vermitteln? Mit minimaler Investition können Sie Ihren Nutzern eine weitere Überraschung bereiten, die zeigt, dass Sie über Ihre Nutzer nachgedacht haben und dass sie Ihnen viel bedeuten. Diese kleinen Dinge machen den Unterschied!

Es ist wichtig, klarzustellen, dass Sie während dieser Wartezeit nur Grafiken ohne ein einziges Wort verwenden können. Wenn Sie also in eine lustige Animation investieren können – toll. Aber Worte brauchen viel weniger Design und Entwicklung und bieten damit eine schnellere und billigere Lösung, die genauso gut funktioniert.

Welchen Text können Sie also während der Wartezeit anzeigen, damit es so aussieht, als würde es etwas schneller gehen? Wie können Sie die Zwangspause in wertvolle Zeit verwandeln, in der Sie mit Ihren Benutzern in Kontakt treten? Wählen Sie eine oder mehrere der folgenden Optionen.

13.2 Bringen Sie Ihre Benutzer in Stimmung

InVision verspricht ein Erlebnis für User-Experience-Designer:

Abbildung 13.1 www.invisionapp.com (übersetzt aus dem Englischen)

WIX, eine Plattform zum Erstellen von Websites, möchte, dass die Benutzer während der Arbeit gut gelaunt sind:

Abbildung 13.2 www.wix.com (übersetzt aus dem Englischen)

8tracks, eine App zum Erstellen und Entdecken von Playlisten, macht Spaß und ist lustig:

Abbildung 13.3 Die 8tracks-App (übersetzt aus dem Englischen)

13.3 Lassen Sie die Benutzer daran teilhaben, was das System für sie tut

Wenn die Benutzer den Fortschritt des Geschehens verfolgen, hilft das, die Zeit schneller vergehen zu lassen. Es gibt ihnen das Gefühl, am Prozess teilzunehmen, und weckt zudem ihre Neugierde auf das Ergebnis, wenn der Prozess abgeschlossen ist. Wie wir bald sehen werden, funktioniert das auch, wenn die Kulissen offensichtlich nicht echt sind.

Während die Benutzer auf die Generierung ihres Online-Shops warten, hält *Shopify* sie über das Geschehen auf dem Laufenden:

Abbildung 13.4 www.shopify.com

Tailor Brands gibt den Nutzern das Gefühl, dass in Logo und Produktdesign viel Denkarbeit steckt. Ich nehme an, das Unternehmen will betonen, dass der Prozess zwar automatisch abläuft, aber gut durchdacht ist, sodass das Ergebnis aussieht, als wäre es von einem echten Designer entworfen worden.

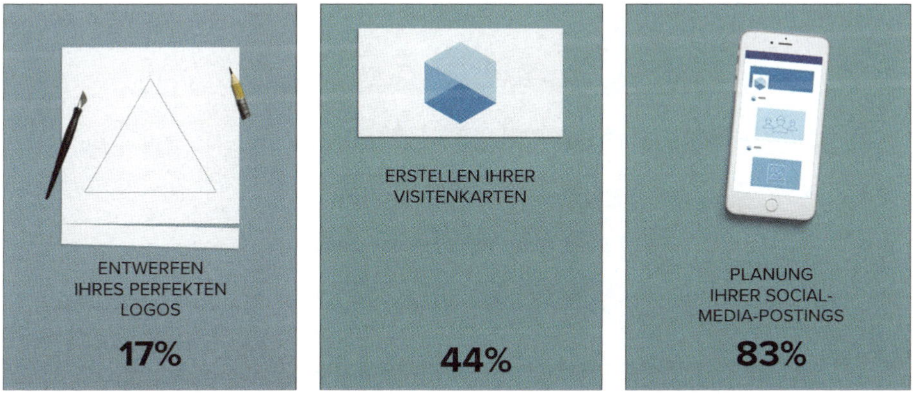

Abbildung 13.5 www.tailorbrands.com

Am Ende des Registrierungsprozesses informiert *OkCupid* die Benutzer, dass das Unternehmen großartige Menschen für sie findet. Und genau dafür sind die Nutzer gekommen.

Abbildung 13.6 www.okcupid.com (übersetzt aus dem Englischen)

Videostream, die App für *Chromecast* gestaltet die Werbezeit humorvoll:

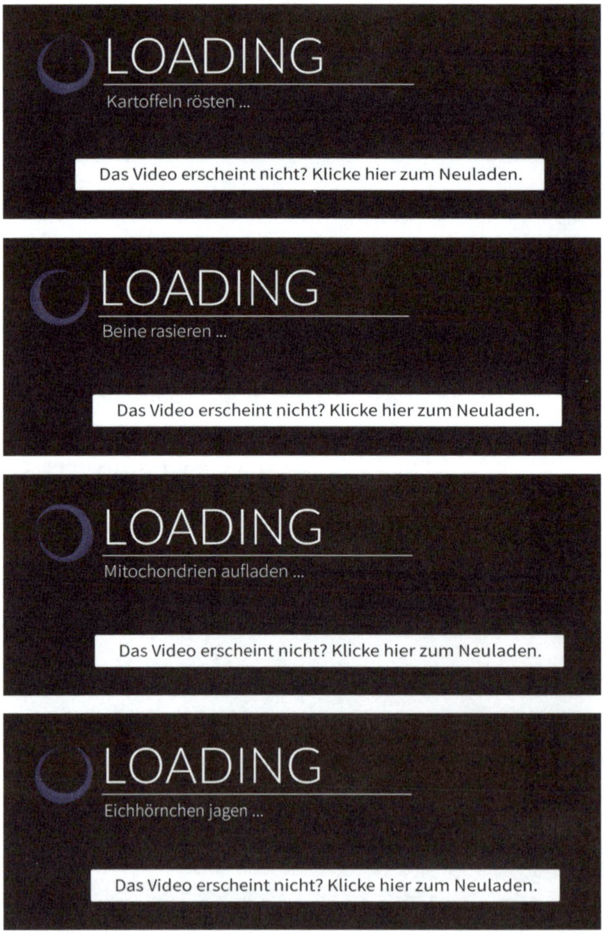

Abbildung 13.7 Die Videostream-App (übersetzt aus dem Englischen)

13.4 Tipps, wie Sie das Beste aus dem Produkt herausholen (ideal für komplexe Systeme)

Beim Hochladen von *Google*-Anzeigen erhalten Sie einen kurzen Tipp, der sich jedes Mal ändert, wenn Sie sich bei *Google Ads* anmelden. Solche Hinweise sind nicht nur eine Möglichkeit, Ihren Benutzern die Zeit zu vertreiben, sondern auch eine großartige Chance, ihnen die Funktionen des Systems näherzubringen.

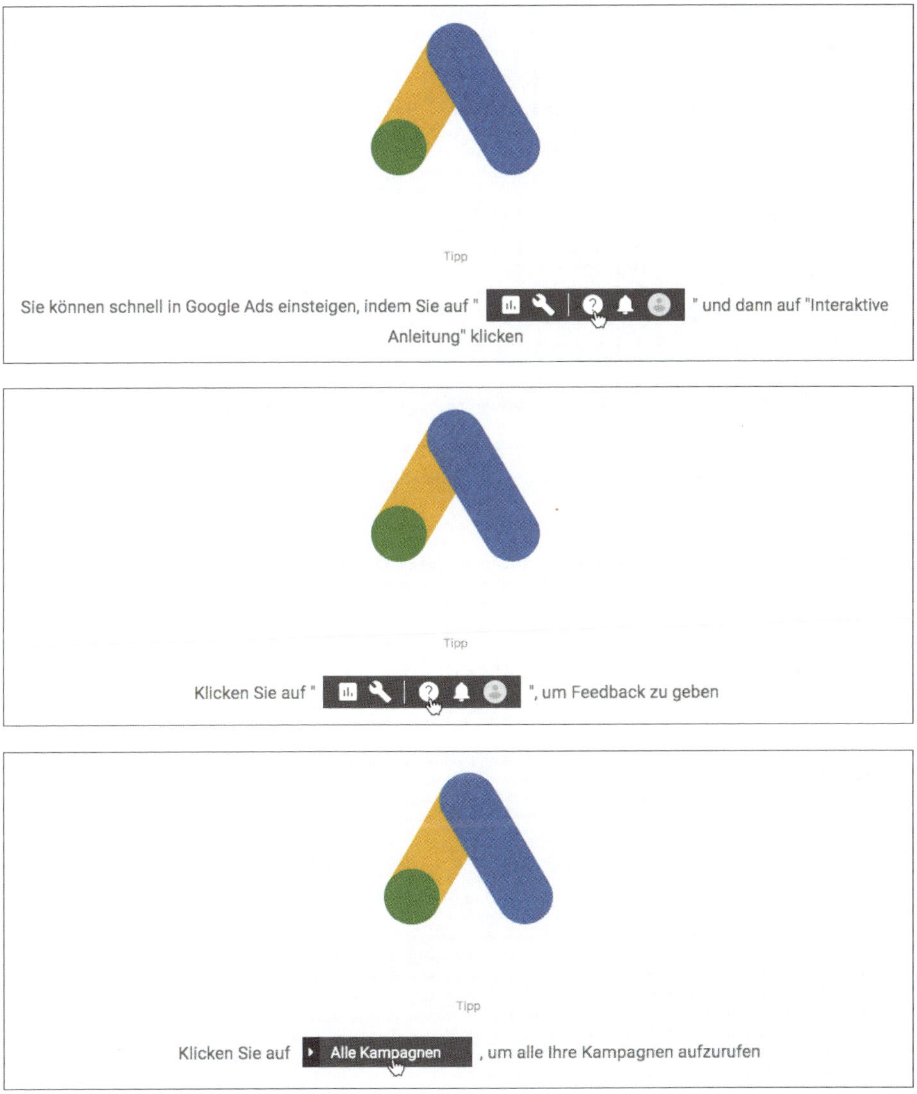

Abbildung 13.8 www.ads.google.com

Wenn die Wartezeit voraussichtlich lang sein wird, können Sie vorschlagen, dass Benutzer in der Zwischenzeit etwas anderes tun

Twitter Counter – jene Seite, welche die Followerzahl von Twitter-Nutzern überwacht – verspricht, dass wir uns nach Ablauf der Wartezeit auf wertvolle Informationen freuen können. Der Text schlägt vor, dass die Benutzer sich eine Tasse Kaffee holen oder einen zufälligen Artikel auf Wikipedia lesen, während das System Daten sammelt und die Ergebnisse analysiert, und bietet auch einen direkten Link (leider nicht zum Kaffee):

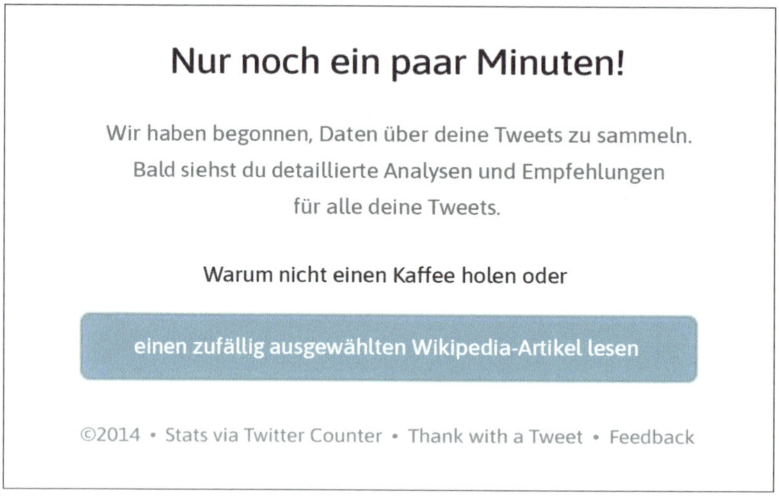

Abbildung 13.9 www.twittercounter.com (übersetzt aus dem Englischen)

Auf der App *HouseParty* ist das Warten auf die Teilnahme Ihrer Freunde am Video-Chat ein Teil des Erlebnisses und kann eine Weile in Anspruch nehmen. In der Zwischenzeit bietet Ihnen die App Dutzende Anmerkungen, Denkanstöße und lustige Fakten. Wenn Ihre Freunde dann zu Ihnen stoßen, haben Sie sicher Gesprächsstoff.

Abbildung 13.10 Die HouseParty-App (übersetzt aus dem Englischen)

TEIL III

Usability

Wie Sie Reibungsverlusten vorbeugen

Nutzer brauchen nur sehr wenige Gründe, um einen Prozess aufzugeben. Es genügt, dass sie auf ein einzelnes Feld stoßen, bei dem nicht ganz klar ist, wie sie es ausfüllen sollen; auf eine Aufgabe, die zu sehr nach harter Arbeit aussieht; auf die kleinste Sorge um ihre Privatsphäre oder auf eine Frage, auf die sie keine Antwort finden. Es gibt Benutzer, die beim ersten Problem oder beim ersten Anzeichen von Schwierigkeiten aufgeben. Gute Microcopy erscheint überall dort, wo derartige Reibungsverluste drohen, und sie bietet eine sofortige Lösung. Manchmal kann sie Reibungsverluste sogar ganz verschwinden lassen.

Im vorangehenden Teil des Buches haben wir hauptsächlich jene UX-Texte behandelt, die vor oder nach der Aktion eines Benutzers erscheinen. In Teil 3 sprechen wir über Microcopy, die Handlungen begleitet, Nutzer anleitet und Aufgaben einfacher und schneller gestaltet. Ihr Ziel ist es, dass die Anwender eine Aufgabe prompt und vor allem erfolgreich erledigen können – für sie und für uns.

14 Microcopy und Usability: Die Grundprinzipien

Halten Sie sich kurz und bündig, wie Sie Microcopy in Formularen optimal platzieren, und wie Sie erkennen, wann und wo Microcopy nötig ist: legen wir los.

14.1 Je weniger Worte, desto besser, aber ...

Bei den Meldungen und Call-to-Actions, die in den vorangegangenen Kapiteln diskutiert wurden, bestand der Zweck der Microcopy hauptsächlich darin, die emotionale Erfahrung zu bereichern und das Engagement der Benutzer zu vergrößern. Nun, da Sie sie dazu gebracht haben, zu handeln, und die Nutzer den gewünschten Prozess auf der Website, der App oder einem komplexen System gestartet haben (beispielsweise die Anmeldung, Bestellung oder den Start eines neuen Projekts), ändert sich der Zweck der Microcopy: Jetzt muss sie die Benutzerfreundlichkeit erhöhen und den Benutzern helfen, Reibungsverluste zu vermeiden, damit der Prozess schnell und einfach beendet werden kann.

Darum verschiebt sich der Fokus von der emotionalen Erfahrung, die Sie für Ihre Benutzer geschaffen haben, auf die Stärkung von Klarheit und Praktikabilität. Hier wird guter Service nicht daran gemessen, wie angenehm er ist (er muss natürlich angenehm bleiben), sondern daran, wie sehr Sie Ihren Nutzern helfen, die Aufgabe mit minimalem Aufwand zu erledigen (oder mit minimalem Denkaufwand, wie Steve Krug es ausdrückte).

Das bedeutet nicht, dass Sie wieder wie ein Anwalt möglichst unnahbar und herablassend schreiben, im Gegenteil: Es bedeutet, dass Sie Microcopy nur dort einsetzen, wo sie wirklich benötigt wird – und sich auf möglichst wenige Worte beschränken. Solange Ihre Benutzer versuchen, die Aufgabe zu erledigen, solange Sie möchten, dass sie von einem Schritt zum nächsten übergehen, bis sie auf den Sende-Button klicken, so lange gilt: Seien Sie nicht zu clever, und verkomplizieren Sie die Dinge nicht.

Sagen Sie nur das, was nötig ist. Präzise, prägnant und in einfacher Sprache.

Das folgende Praxis-Beispiel wirkt, als hätten die Autoren alles darangesetzt, einen guten Service zu bieten. Aber sie sind in die falsche Richtung gegangen und haben aus einem einfachen Standardformular etwas Kompliziertes, ja sogar Abschreckendes gemacht.

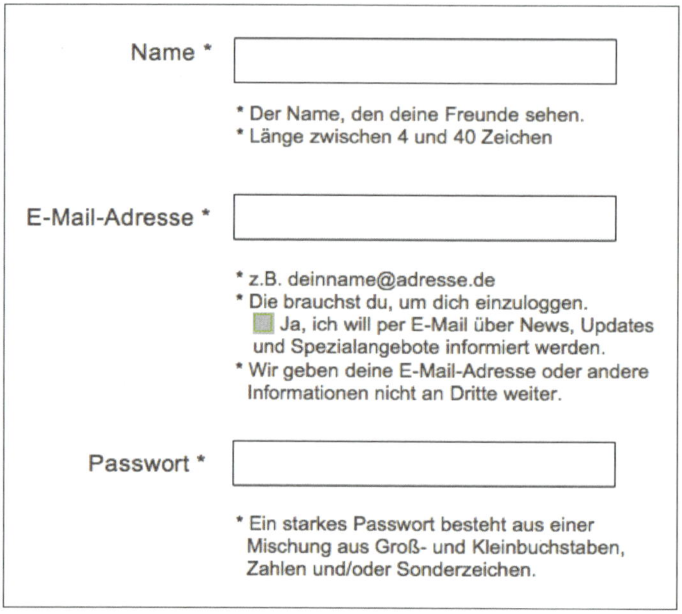

Abbildung 14.1 Gut gemeint, aber eher abschreckend

Die meisten dieser Erklärungen sind völlig unnötig – und jene, die nötig sind, müssten viel kürzer sein. Es stimmt, dass Sie sympathisch schreiben sollen. Aber in Formularen wie diesem ist es wichtig, Informationen möglichst verständlich und klar bereitzustellen und lange Sätze zu vermeiden.

Zum Beispiel ersetzen Sie

Länge zwischen 4 und 40 Zeichen

durch:

4–40 Zeichen

Bevor Sie Ihre Benutzeroberfläche also mit Worten füllen, sollten Sie sich fragen:

1. Sind sie wirklich notwendig?
2. Wie kann ich es mit möglichst wenigen Worten formulieren?

Überprüfen Sie Ihr UX

Wenn Sie merken, dass Sie Dinge oft und wortreich erklären oder erst gar nicht die richtigen Worte finden, haben Sie vielleicht ein UX-Problem. Das UX-Design einer guten Benutzeroberfläche ist so gestaltet, dass sie motiviert und selbsterklärend ist. Die Microcopy soll den Prozess nur unterstützen und verbleibende Probleme beseitigen. Wenn Sie das Gefühl haben, dass die Benutzeroberfläche vor Worten überquillt, empfehle ich Ihnen dringend, das UX-Team zu bitten, eine kreative Lösung zu finden.

Umgekehrt sollten Sie nicht zögern, bei Bedarf Hilfestellung zu geben

Prägnant zu sein ist unerlässlich. Aber die Frage lautet nicht, wie viel Microcopy Sie einem Formular hinzufügen müssen. Sondern sie lautet: »Brauchen die Benutzer Hilfe?« Lautet die Antwort »Ja«, fügen Sie eine einfache schriftliche Anleitung hinzu.

In einem großartigen Vortrag zeigt Sara Walsh, wie das Finanzdienstleistungsunternehmen *Capital One* die Anzahl der Worte auf einem Webformular verdoppelte, Leerstellen beseitigte und Hilfetexte um die Formularfelder herum hinzufügte – mit dem Resultat, dass sich die Ausfüllrate von 26 auf 92 % verdreifachte. (Schauen Sie sich *Don't forget your online forms*[1] auf YouTube an.)

Wenn Sie auf Ihrem Formular eine Stelle identifizieren, bei der Benutzer aufgeben, einen Fehler machen oder sich unsicher fühlen könnten, dann zögern Sie nicht, die Antwort auf jene Frage zu geben, die die Nutzer möglicherweise beschäftigt. Oder schreiben Sie genau die beruhigenden Worte, die Ihre Nutzer an dieser Stelle brauchen. Verzichten Sie niemals auf wichtige Erklärungen, nur um die Benutzer nicht zu überfordern. Im Gegenteil: Ihre Nutzer freuen sich, wenn sie an diesen Problemstellen Unterstützung erhalten und sofort finden, wonach sie suchen – ohne dass sie den Support kontaktieren müssen oder gar das gewünschte Ergebnis aufgeben.

Wie wir bereits gesehen haben, sollten die Anweisungen so kurz und bündig wie möglich sein und mit minimalem Wortaufwand maximale Information bieten. Sie können die Anweisungen auch bis zu dem Zeitpunkt versteckt halten, an dem sie gebraucht werden, oder sie je nach Kontext auf unterschiedliche Weise präsentieren.

1 Verfügbar auf *https://www.youtube.com/watch?v=FUXZZSa8Igk&feature=youtu.be* (englisch)

14.2 Vier Möglichkeiten, Microcopy in Formularen unterzubringen

Gezielt eingesetzte Microcopy erleichtert Ihren Benutzern das Ausfüllen von Formularen – und Sie freuen sich über eine höhere Ausfüllquote. Dabei ist nicht nur wichtig, was Sie schreiben, sondern wie (und wo) Sie die Microcopy platzieren. Es gibt vier grundsätzliche Möglichkeiten, und jede hat ihre eigenen Vor- und Nachteile.

Möglichkeit #1: Statisch

Bei dieser Möglichkeit wird die assistierende Microcopy permanent auf dem Bildschirm angezeigt, ohne extra zu erscheinen, sich zu bewegen oder zu verschwinden. Sie ist stets präsent, zugänglich und permanent sichtbar, vor oder neben dem Steuerelement.

- **Hauptvorteil:** Nutzer können sie nicht verpassen.
- **Hauptnachteil:** Sie kann die Übersichtlichkeit des Formulars verringern.
- **Am besten geeignet,**
  - für entscheidende Anweisungen, ohne die Benutzer nicht verstehen, wie sie handeln müssen.
  - um sicherzustellen, dass die Benutzer keine Informationen verpassen.

Munchery verwendet statische Microcopy, um Benutzer über eine irreversible Aktion zu informieren:

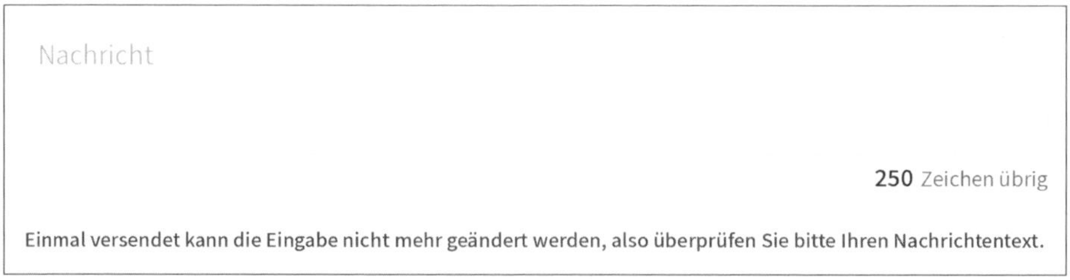

Abbildung 14.2 www.munchery.com (übersetzt aus dem Englischen)

Beachten Sie, dass diese Anweisungen vor dem Formularfeld platziert werden sollten, um die Anforderungen an barrierefreie Microcopy zu erfüllen (siehe Kapitel 18, »Microcopy und Barrierefreiheit«).

Möglichkeit #2: Angezeigt bei Bedarf

Diese Art wird Microcopy erscheint (in der Regel als QuickInfo), wenn Benutzer auf ein Symbol wie »?«, »!« oder »i« klicken, mit der Maus darüber fahren oder einen Link anklicken.

- **Hauptvorteil:** immer für alle leicht zugänglich, ohne diejenigen zu belasten, die bereits mit dem Formular vertraut sind
- **Hauptnachteil:** Benutzer klicken möglicherweise nicht darauf und verpassen wichtige Informationen.

Daher empfehle ich, wichtige Erklärungen neben dem Feld anzuzeigen und nicht in einem *Tooltip* zu verstecken. (Es sei denn, die Erklärungen erscheinen automatisch, wie Sie bald sehen werden.)

- **Am besten geeignet,**
  - wenn viele Informationen oder Anweisungen platziert werden müssen, die zu einer visuellen Überlastung führen könnten, wenn sie permanent angezeigt würden.
  - um Benutzern Hintergrundinformationen über eine Aktion zu geben, die sie anleiten oder den Wert der Aktion anzeigen könnten.
  - bei häufig ergriffenen Maßnahmen, sodass erfahrene Benutzer sie ohne Klick auf das Info-Symbol abschließen können. Neue Benutzer erhalten so die benötigten, hochverfügbaren Informationen, während Veteranen sich schnell und ohne Unterbrechung bewegen können, die Info aber trotzdem aufrufen können, wenn Bedarf besteht.

Der Tooltip aus Abbildung 14.3 erscheint, wenn Sie mit der Maus über das Symbol »?« auf *Booking.com* fahren, einer Website, die voller Informationen und Anweisungen ist. Der Tooltip soll erklären, warum Sie nach solchen privaten Informationen gefragt werden (siehe auch Kapitel 16, »Sorgen und Bedenken lindern«).

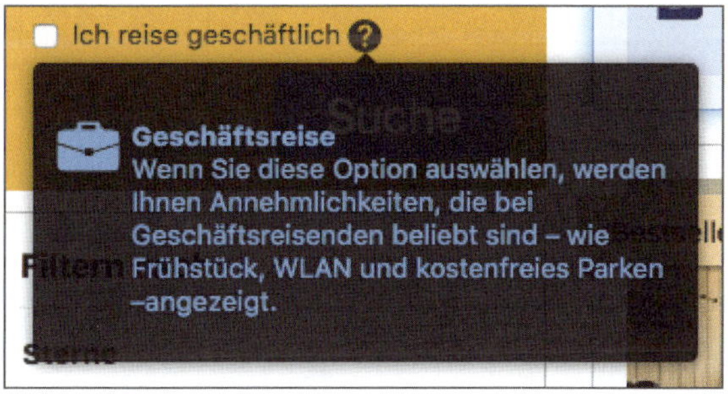

Abbildung 14.3 www.booking.com

Abbildung 14.4 zeigt die Benutzeroberfläche von *Facebook* für die Erstellung von Anzeigen. Neben jedem Feld ist ein »i«-Symbol platziert, was viel ist, aber die Symbole stehen nicht im Weg. Im Gegenteil, sie liefern exakte, zugängliche und hilfreiche Anleitungen für jeden Begriff und helfen den Benutzern, die richtigen Entscheidungen zu treffen.

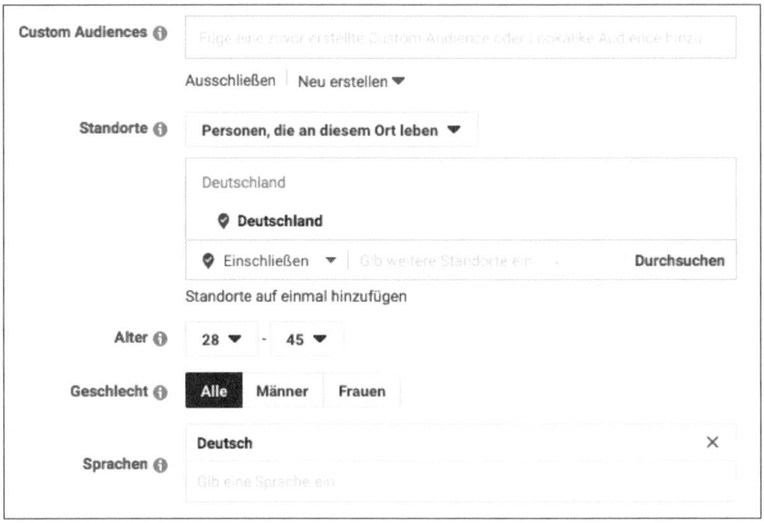

Abbildung 14.4 www.facebook.com

In den folgenden Abschnitten werden Sie viele weitere Beispiele für erklärende und unterstützende Tooltips sehen.

Möglichkeit #3: Erscheint automatisch

Bei dieser Möglichkeit erscheint Microcopy automatisch genau dann, wenn die Benutzer sie benötigen (d. h., wenn sich der Cursor auf dem Feld befindet und das Feld im Fokus ist). Sie bleibt so lange sichtbar, wie sie benötigt wird. Sobald die Benutzer im Formular fortfahren, verschwindet sie – ersetzt durch eine neue Anleitung, je nachdem, wo der Fokus liegt.

- **Hauptvorteile:** jederzeit erreichbar bei Bedarf, belastet das Formular nicht; fast keine Möglichkeit, dass Anweisungen übersehen werden
- **Hauptnachteil:** wird immer wieder auftreten, auch bei wiederkehrenden Benutzern, die keine Unterstützung mehr benötigen
- **Am besten geeignet,**
  - wenn es viele Informationen oder Anweisungen gibt, die zu einer visuellen Überlastung führen könnten und daher besser ausgeblendet werden sollten.

- wenn es sich um einmalige Aktionen handelt, z. B. um die Einrichtung eines Online-Shops, die Einrichtung eines Kontos, das Starten einer Crowdfunding-Kampagne oder die Buchung einer geführten Tour nach Papua-Neuguinea.
- wenn Sie den Nutzern das Gefühl geben wollen, dass sie während des gesamten Prozesses eng begleitet werden, z. B. bei Finanztransaktionen, bei der Anmeldung zu einer akademischen Einrichtung oder bei einem teuren Kauf.
- wenn es wichtige und seltene Aktionen sind, z. B. der Kauf von Flugtickets.

Dieser Tooltip von der *Wizzair*-Website erscheint automatisch, wenn das Passwortfeld im Fokus steht, und er bleibt bei Ihnen, bis ein gültiges Passwort erstellt wurde:

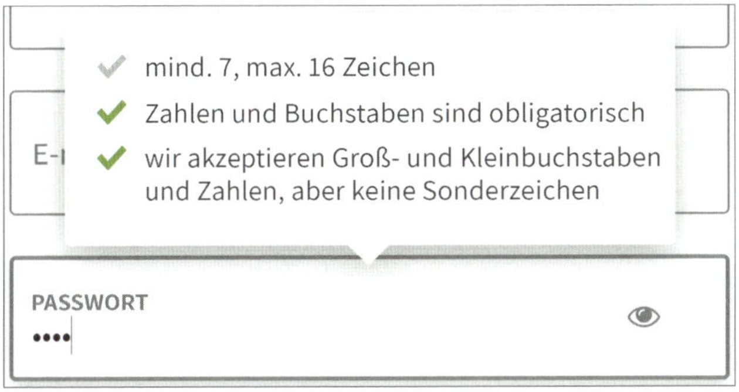

Abbildung 14.5 www.wizzair.com (übersetzt aus dem Englischen)

Wizzair hätte es aber noch viel kürzer schreiben können:

- 7–16 Zeichen
- Muss Zahlen und Buchstaben enthalten
- Keine Sonderzeichen

Dieser ausgezeichnete Tooltip erscheint automatisch, wenn Sie den Mauszeiger auf dem *Alt-Text* auf der Blog-Plattform von *Wix* platzieren. Er erklärt, wofür der Alt-Text da ist, und fördert das Hinzufügen eines solchen:

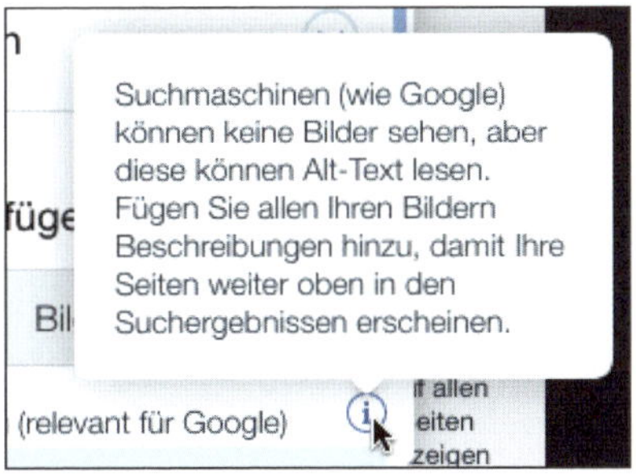

Abbildung 14.6 de.wix.com

Übrigens, es muss kein Tooltip sein. Diese Screenshots stammen von *Zeplin*. Der Text auf der rechten Seite erscheint automatisch, wenn das E-Mail-Feld im Fokus steht:

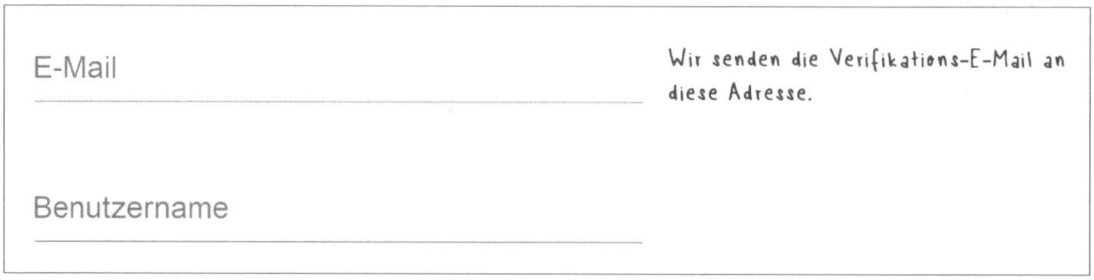

Abbildung 14.7 www.zeplin.io (übersetzt aus dem Englischen)

Und wenn Sie mit dem Benutzernamen-Feld fortfahren:

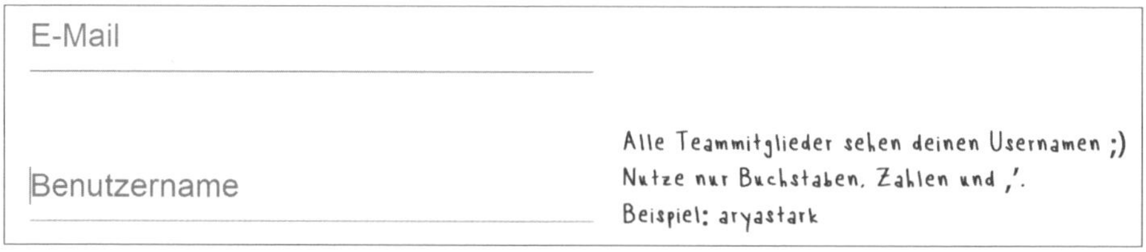

Abbildung 14.8 www.zeplin.io (übersetzt aus dem Englischen)

Möglichkeit #4: Als Platzhalter

Wie Sie in Kapitel 10 gesehen haben, werden Platzhalter in der Regel in einem helleren Farbton in das Feld geschrieben und verschwinden, wenn das Feld in den Fokus kommt.

- **Hauptvorteil:** Der Platzhaltertext wird nicht übersehen.
- **Hauptnachteil:** Der Hinweis verschwindet und Benutzer können die Informationen nicht wieder aufrufen.
- **Am besten geeignet,**
  - wenn es sich um Kurzanleitungen handelt.
  - wenn kein Risiko besteht, dass die Benutzer die Informationen erneut sehen möchten, nachdem der Platzhalter verschwunden ist.
  - wenn Sie den Benutzern einen Anstoß oder eine Formulierung geben möchten, mit dem sie beginnen können.
  - wenn Sie den Benutzern ein kurzes Beispiel geben möchten, wie sie das Feld richtig ausfüllen.

In Kapitel 10 finden Sie viele Beispiele und weitere Möglichkeiten, Platzhalter zu verwenden.

Natürlich sollten Sie nicht alle vier Möglichkeiten im gleichen Formular verwenden. Beständigkeit ist, wie Sie wissen, eine Tugend. Verwenden Sie jede Methode entsprechend den Bedürfnissen Ihrer Benutzer, um Formulare zu erstellen, die einfach und angenehm zu benutzen sind.

Tipp 23: »?« oder »!« oder »i« oder vielleicht ein Link?

Wann sollten Sie ein Ausrufezeichen- oder ein Fragezeichen-Symbol verwenden? Oder ist es vielleicht besser, einen kurzen Link zu erstellen? Die Antwort ist nicht immer klar – aber sie liegt in den Köpfen Ihrer Benutzer.

Wenn Sie denken (oder in Usability-Tests entdeckt haben), dass eine bestimmte Frage relativ häufig auftaucht – zum Beispiel »Was meinen Sie?«, »Was macht das?«, »Warum wollen Sie diese Information?« –, dann sollten Sie ein Fragezeichen setzen. Es spiegelt die Frage wider und gibt einen Hinweis darauf, dass sie hier beantwortet wird.

Wenn sich eine konkrete Frage stellt – »Wie wurde dieser Betrag berechnet?«, »Wo finde ich die Infos, die Sie von mir wollen?« –, ist es sicherlich möglich, einen Textlink neben das entsprechende Feld zu setzen. Nutzen Sie dann jene Worte, die Ihre Benutzer selbst verwenden würden. Zum Beispiel: »Wie haben wir das berechnet?« oder »Wo soll ich das überprüfen?«. Die Frage sollte kurz und einfach sein. (In den folgenden Kapiteln finden Sie viele Beispiele.)

Sie können das Ausrufezeichen oder das »i«-Symbol setzen, wenn Sie Informationen bereitstellen möchten, die nicht unbedingt die Frage eines Benutzers beantworten, aber Hintergrundinfos liefern oder andere wichtige Details hinzufügen.

Aber, wie gesagt, es gibt keine allgemeingültige Regel. Wenn Sie darüber diskutieren, was angemessener ist, ist die Lage wahrscheinlich grenzwertig – und die Entscheidung für die eine oder andere Variante wird das Ganze nicht groß beeinflussen. Am wichtigsten ist, dass die Microcopy effizient, einfach und wirklich reibungslos funktioniert.

14.3 Woher Sie wissen, wo Microcopy nötig ist

Immer dort, wo es zu Reibungsverlusten zwischen Anwendern und der Oberfläche kommen kann, benötigen Sie Microcopy. Reibungsverluste können durch Verzögerungen, Missverständnisse, Bedenken oder Fehler verursacht werden. Die Frage ist natürlich, wie Sie wissen, wo Reibungen auftreten können und wie Sie sie im Voraus verhindern können.

Im Buch *Web Form Design* von Luke Wroblewski (Rosenfeld Media, 2008) erläutert der Autor eine Vielzahl von Möglichkeiten, Schwachstellen in Formularen zu identifizieren und zu beheben. Im Folgenden sind die drei wichtigsten Quellen in Bezug auf Microcopy aufgeführt.

Usability-Tests

Schauen Sie sich die Aufnahmen der Tests an (achten Sie auf die Worte, die Benutzer verwenden), und notieren Sie, wo die Benutzer lange gebraucht haben, wo sie gezögert oder sich festgefahren haben und was genau sie an einem Ort nicht verstanden haben. Manchmal genügen ein paar erklärende Worte, um einen Stolperstein verschwinden zu lassen.

Nehmen wir an, Sie haben ein Steuerelement zum Autovervollständigen und die Benutzer müssen einen Wert aus einer Liste auswählen. In den Tests beobachten Sie jedoch, dass Benutzer es vorziehen, den vollständigen Namen einzugeben, anstatt aus der Liste auszuwählen. In so einem Fall empfiehlt es sich, eine kurze Anleitung über einem Feld hinzuzufügen und Klarheit zu schaffen.

Abbildung 14.9 Kurze Anleitungen über dem Feld vereinfachen Ihren Nutzern das Leben.

Natürlich wäre es vorzuziehen, dass Benutzer den vollständigen Namen eingeben können, wenn sie es wünschen. Aber wenn es keine andere Wahl gibt, kann Microcopy helfen.

Kundenbetreuer

Fragen Sie Ihr Online-Kundensupport-Team, welche Fragen Kunden am häufigsten stellen und warum sie das Gefühl haben, dass sie sich an den Support wenden müssen. Sie erfahren so, welche Stelle im Prozess Ihren Kunden Probleme bereitet, wobei sie Hilfe brauchen und worin genau die Schwierigkeit für sie besteht. Diese Schwachstellen erfordern entweder eine UX-Reparatur oder die Hilfe der Microcopy.

Wenn sich beispielsweise viele Benutzer während des Bezahlvorgangs an den Support wenden und den Kauf am Telefon abschließen möchten, könnte es sein, dass sie die Online-Zahlung für unsicher halten. In solchen Fällen lohnt es sich, an mehreren Stellen und auf verschiedene Weisen zu betonen, dass die Zahlung sicher ist. Sie könnten sogar darauf hinweisen, welche Art von Zahlungssicherheit Sie anbieten und wie gut sie wirklich ist. (Beispiele dazu finden Sie in Kapitel 16, »Sorgen und Bedenken lindern«.)

Überwachungs- und Analysewerkzeuge

Webanalyse-Tools wie *Heatmaps* können Ihnen zeigen, wo Benutzer eine Aufgabe abgebrochen haben, was sie als Letztes versucht haben und wo viele Fehlermeldungen angezeigt wurden. Diese Tools liefern Ihnen auch noch andere wichtige Daten, mit denen Sie die quietschenden Scharniere identifizieren, die Sie mit Microcopy schmieren können.

Wenn Sie zum Beispiel feststellen, dass Benutzer die Eingabe des Geburtsdatums überspringen oder Fehlermeldungen erhalten, weil sie das Datumsfeld nicht ausgefüllt haben, dann ist es wahrscheinlich, dass sie nicht verstehen, warum Sie diese privaten Informationen wünschen. Es empfiehlt sich, solche Felder als obligatorisch zu markieren und eine kurze Erklärung anzufügen, die einen überzeugenden Grund liefert (z. B. weil die Angabe gesetzlich vorgeschrieben ist; siehe Beispiele in Kapitel 16, »Sorgen und Bedenken lindern«).

In den nächsten Kapiteln liste ich einige Schwachstellen auf, die Sie in fast jedem Formular finden. Für jeden Punkt beschreibe ich Microcopy, mit der Sie diese Schwachstellen verbessern, die Benutzerfreundlichkeit erhöhen und die Fertigstellungsrate und Conversion Rate steigern können.

15 Fragen beantworten und Wissenslücken füllen

In diesem Kapitel finden Sie die vier häufige Fragen, die Microcopy beantworten sollte.

15.1 Den Fluch des Wissens beseitigen

Fast alle digitalen Prozesse wecken bei ihren Nutzern ein gewisses Maß an Unsicherheit. Jemand anderes hat diesen Prozess für sie entworfen, und sie vervollständigen ihn in dem Glauben, dass sie davon profitieren oder dass er zumindest keine Probleme bereiten wird.

Wir, die wir den Prozess entworfen haben, sehen das Gesamtbild. Die Nutzer hingegen sehen nur wenige Schritte voraus. Wenn sie also einen Begriff nicht verstehen und keine Erklärung dafür finden oder wenn unklar ist, wie die Benutzeroberfläche überhaupt zu benutzen ist, dann nimmt diese grundlegende Unsicherheit zu – und die Nutzer verlieren ihr Vertrauen in sich und in uns.

Microcopy kann die Fragen Ihrer Nutzer sofort und verständlich beantworten und so ein Gefühl der Sicherheit schaffen. UX-Texte liefern nicht nur Antworten, sie zeigen den Nutzern auch, dass wir uns in sie hineinversetzen können, dass ihre Frage legitim ist und dass sie uns voll und ganz vertrauen können.

Der Schwierigkeiten für Microcopy-Autoren resultieren aus dem sogenannten *Fluch des Wissens*. Dies meint die Unfähigkeit einer Person, die bereits über einige Kenntnisse verfügt, die Dinge aus der Perspektive von jemandem zu betrachten, dem dieses Wissen fehlt. Wenn Sie Microcopy schreiben, wissen Sie alles über das digitale Produkt, für das Sie schreiben, über das Thema, die konkrete Aufgabe und über Benutzeroberflächen im Allgemeinen.

Dinge, die Ihnen bekannt und offensichtlich erscheinen, könnten für Ihre Benutzer jedoch neu und unverständlich sein. Um jene Stellen zu identifizieren, an denen Benutzer fragen könnten »Was ist das und was macht das?« oder »Wie benutze ich das?«, müssen Sie einen neuen Blick auf den Prozess werfen. Dazu ist es auch ratsam, die in Kapitel 14, »Microcopy und Usability: Die Grundprinzipien«, beschriebenen Ressourcen (Usability-Tests, Kundenbetreuer und Analysetools) zu nutzen.

Dieses Kapitel erläutert einige Fragen, die sich Benutzer häufig stellen. Noch bevor Sie Usability-Tests in Angriff nehmen, sollten Sie versuchen, den Prozess mit den Augen völlig neuer Benutzer zu betrachten und jene Stellen zu identifizieren, an denen Fragen auftreten können. Schreiben Sie dann Microcopy, die diese Fragen beantwortet.

Frage #1: Was ist das?

- Gehen Sie den Prozess durch, und suchen Sie nach Fachbegriffen Ihrer Branche und nach Begriffen, die für Ihre Benutzer so ungewöhnlich oder neu sein könnten, dass sie sich fragen: »Was ist das?«
- Überprüfen Sie für jeden dieser Begriffe, ob Sie ihn durch einfachere Wörter ersetzen können.
- Wenn Sie einen Begriff nicht vereinfachen können, fügen Sie Microcopy mit einer Erklärung hinzu.

Beispiel

Die Kunden der *Commonwealth Bank* sind die Aufforderung nicht gewohnt, ihre Kreditkarten-PIN anzugeben. Dies kann dazu führen, dass sie den Begriff *Karten-PIN* nicht verstehen. Darum erhalten sie direkt auf dem Formular eine klare Erklärung. Es wäre noch besser gewesen, ein Fragezeichen-Symbol zu setzen, denn diese Erklärung beantwortet die Frage: »Was ist das?« (siehe Tipp 21 in Abschnitt 14.2, »Vier Möglichkeiten, Microcopy in Formularen unterzubringen«).

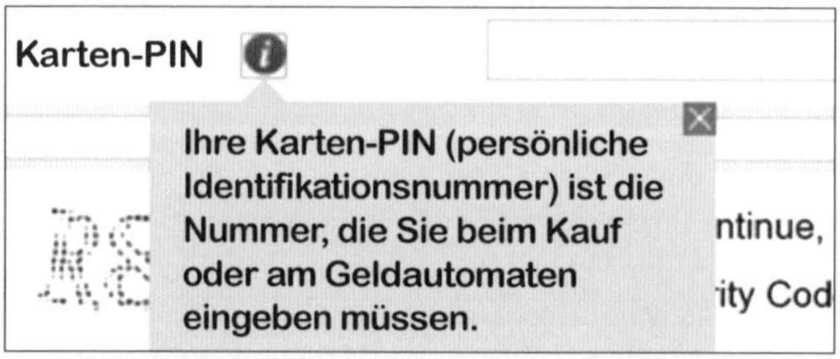

Abbildung 15.1 www.commbank.com.au (übersetzt aus dem Englischen)

Wenn Sie verschiedene Funktionen in Ihrem Produkt aufzählen, arbeiten Sie wahrscheinlich mit neuen, produktinternen Begriffen, die Benutzer möglicherweise nicht verstehen. Die Benutzer können auch nicht erkennen, welchen Mehrwert eine Funktion bringt. Wenn Sie möchten, dass Benutzer eine Funktion verwenden, sollten Sie erklären, was sie bedeutet und wofür sie gut ist.

Monday, das Team-Projektmanagement-Tool, macht das mit bunten Tooltips:

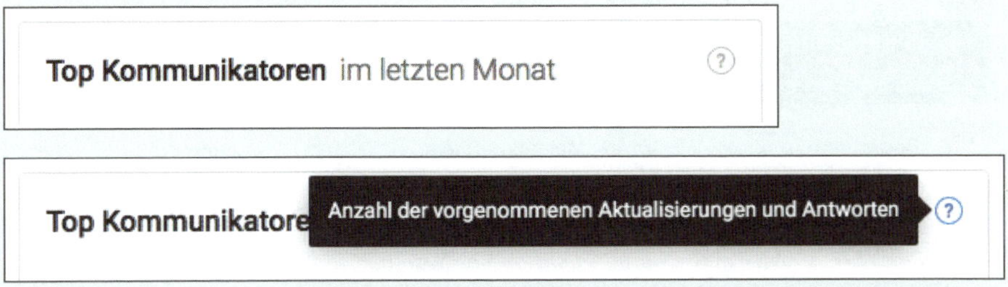

Abbildung 15.2 www.monday.com: Die Tooltips wechseln die Farbe beim Mouseover.

Golan Telecom ist ein israelischer Mobilfunkbetreiber. Wenn ein Benutzer einen neuen Telefonanschluss bestellt, kann er die *Zahlenreihenfolge* bestellen. Aber was ist eine Zahlenreihenfolge? Wenn Sie mit der Maus über das Fragezeichen-Symbol fahren, wird die Erklärung angezeigt: Sie können SIM-Karten mit fortlaufenden Nummern kaufen. Noch besser wäre, wenn Golan Telecom die Erklärung als Call-to-Action formulieren würde, falls das Unternehmen wirklich fortlaufende Nummern verkaufen will (und ich schätze, das tut es). Zum Beispiel: »Bestellen Sie mehr als eine SIM-Karte, und erhalten Sie fortlaufende Nummern.«

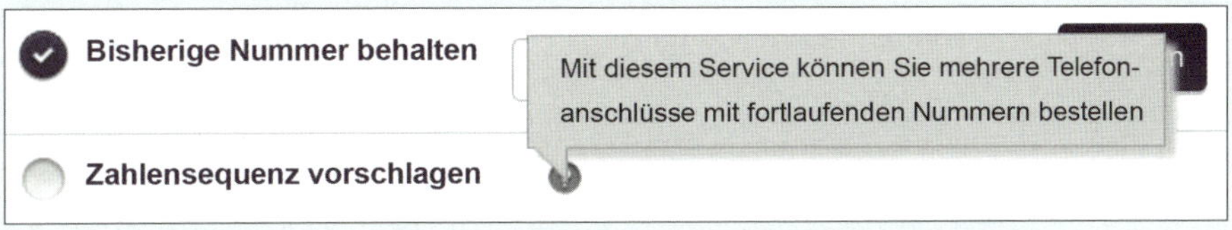

Abbildung 15.3 www.golantelecom.co.il (übersetzt aus dem Englischen)

Target zeigt einen permanenten Link, der zu einer Erklärung führt, was die *GiftNow*-Funktion ist:

Abbildung 15.4 www.target.com (übersetzt aus dem Englischen)

Wie bei Platzhaltern ist ein Beispiel manchmal der beste Weg, um eine komplexe Idee zu erklären. *Typeform*, das Fragebogen-Tool, erklärt die verfügbaren Fragetypen jeweils anhand eines Beispiels in einem Tooltip. Das klärt die Bedingungen und macht es den Benutzern sehr einfach, genau das auszuwählen, was sie benötigen.

Abbildung 15.5 www.typeform.com (übersetzt aus dem Englischen)

Airbnb beantwortet häufige Fragen im Voraus und erklärt die verschiedenen Elemente der Zahlung auf einfache und verständliche Weise. Ich finde, der Begriff *einmalig* wirkt beruhigend und lindert Einwände, besonders zusammen mit der Erklärung, was *Airbnb* mit den Gebühren macht – und vor allem, was dabei für die Nutzer drin ist.

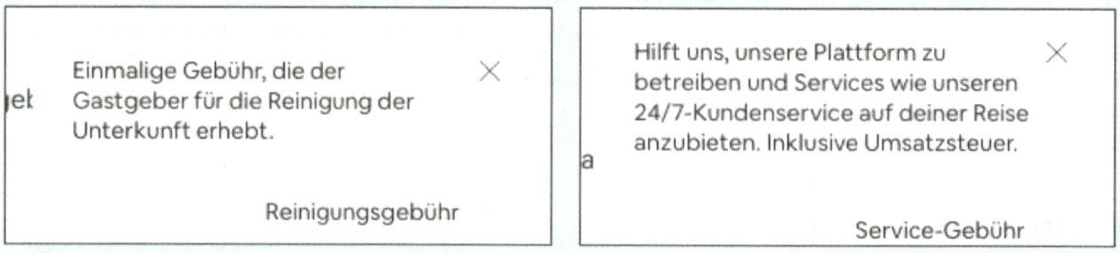

Abbildung 15.6 www.airbnb.com

Wenn Sie den Benutzern eine Zahl anzeigen, die ein Ergebnis einer von Ihnen durchgeführten Berechnung ist, dann sollten Sie darüber nachdenken, wie Sie zu diesem Ergebnis gekommen sind. *Airbnb* bietet einen Tooltip mit einer Aufschlüsselung des Basispreises. Transparenz ist eine sehr beruhigende Praxis.

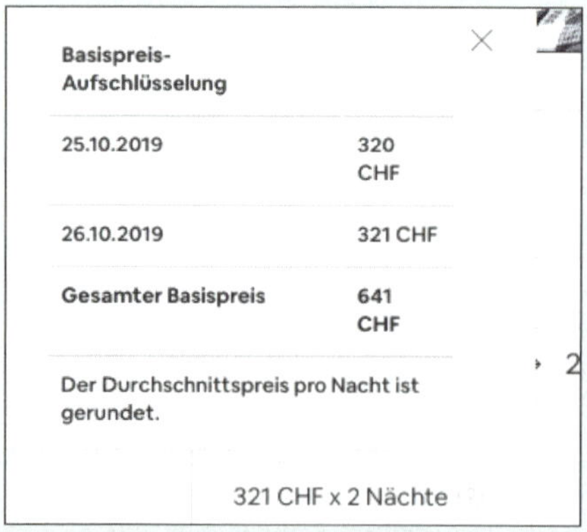

Abbildung 15.7 www.airbnb.com

eBay sagt den Nutzern, wie die Schätzung des Liefertermins zustande kommt:

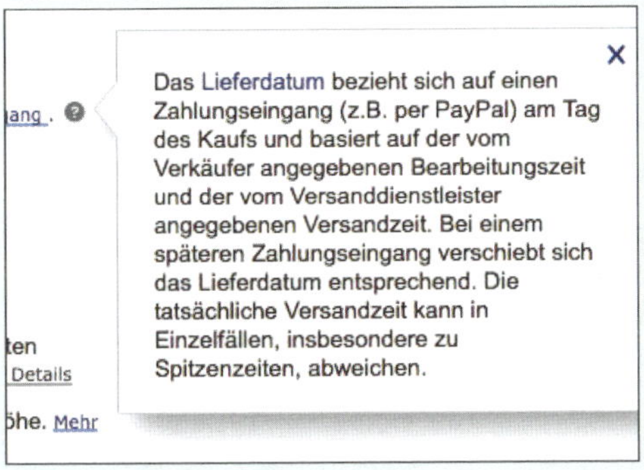

Abbildung 15.8 www.ebay.com

Die Erklärung von Fachbegriffen kann Benutzern helfen, zwischen verschiedenen Optionen zu wählen. Im folgenden Beispiel gibt der Icon-Shop *The Noun Project* eine äußerst nützliche Erklärung für jedes Dateiformat. Sie beschreibt, wofür das Dateiformat gut ist und was seine jeweiligen Vor- und Nachteile sind. Das hilft den Benutzern bei der Entscheidung, welches Format sie herunterladen möchten.

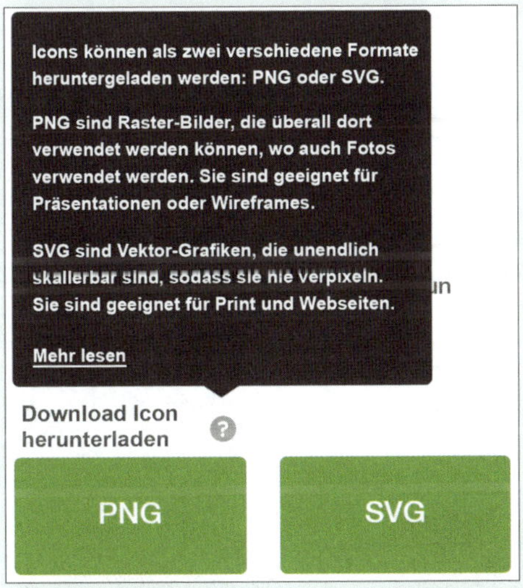

Abbildung 15.9 www.thenounproject.com (übersetzt aus dem Englischen)

Allerdings macht das Fragezeichen-Symbol allein noch nicht deutlich, dass sich dahinter so nützliche Informationen verbergen. Stattdessen würde ich einen permanenten Link setzen, mit einem Text wie »Was ist der Unterschied?« oder »Wie wähle ich?« oder »Was sind PNG und SVG?«.

Ich meine zudem, dass die beiden ersten Zeilen im Tooltip redundant sind, da die Benutzeroberfläche selbsterklärend ist.

Frage #2: Was bewirkt das?

Wenn Sie einen Ein-/Ausschalter (*Toggle-Button*) oder ein Kontrollkästchen haben und die Aktion nicht ganz offensichtlich ist, schreiben Sie in die Nähe des Steuerelementes, was passiert oder nicht passiert, wenn man das Ein- oder Ausschalten wählt. Erklären Sie den Benutzern bei Bedarf die Vor- und Nachteile des Ein- und Ausschaltens.

Wenn Sie ein besonderes Interesse daran haben, die Benutzer zur Nutzung einer Funktion zu bewegen, formulieren Sie Ihre Erklärung als Call-to-Action – und zwar auf attraktive, interessante Weise, nicht in einem neutralen, technischen Ton.

Beispiel

Seit *YouTube* die Autoplay-Funktion lancierte, beantwortet ein Mouseover auf dem Schalter die Frage »Was macht das?«. Da *YouTube* ein klares Interesse daran hat, dass wir diese Funktion nutzen, um die Anzahl der Views zu erhöhen, wäre es besser, die Erklärung aktiv zu formulieren. Zum Beispiel so: »Schalten Sie diese Funktion ein, um automatisch das nächste vorgeschlagene Video abzuspielen.«

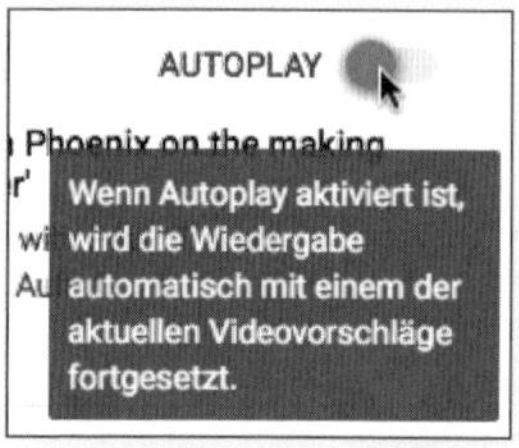

Abbildung 15.10 www.youtube.com

Was passiert, wenn Sie auf VERKÄUFER SPEICHERN klicken? Wie wird Ihnen das helfen? *eBay* präsentiert die Antworten auf diese Fragen in einem Tooltip. Aber wissen die Benutzer wirklich, dass sie hier mehr Informationen finden? Oder wäre es besser, ein kleines Hilfesymbol hinzuzufügen?

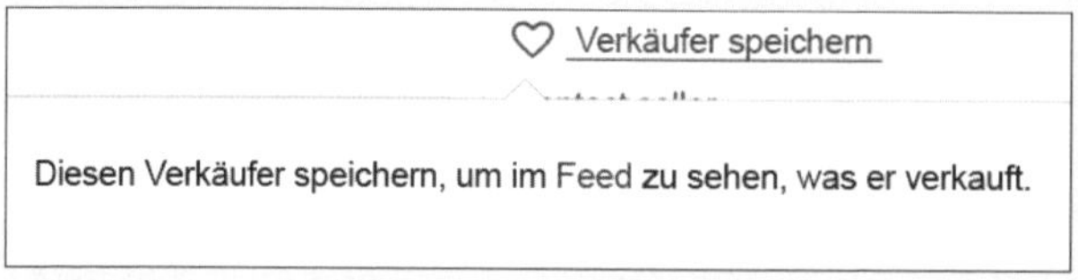

Abbildung 15.11 www.ebay.com (übersetzt aus dem Englischen)

Für *Toshl*, die Budget-App, arbeiten Monster mit viel Humor. Aber nicht alle Benutzer möchten ihre Finanzangelegenheiten mit einem Lachen serviert bekommen (siehe Kapitel 1, »Voice & Tone Design: So definieren Sie Stimme und Tonfall«, über die Verwendung von Humor in Ihrer Microcopy). Für diese Benutzer gibt es einen Schalter, der aus den Monstern politisch überaus korrekte Kreaturen macht.

Abbildung 15.12 Die Toshl-App

Notica, eine App, die Fotos verarbeitet und als visuelle Notizen speichert, erklärt dem Benutzer alle Folgen, die das Ein- bzw. Ausschalten der Hochauflösung-Funktion hat. Die Erklärung ist etwas lang, aber die Informationen sind wichtig für Benutzer, die Zeit und Mühe in die Organisation ihrer Fotos investieren. So können sie eine Entscheidung treffen, die ihren individuellen Bedürfnissen am besten entspricht.

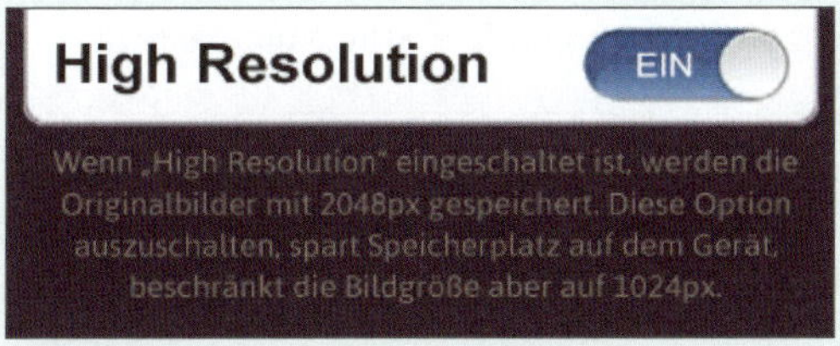

Abbildung 15.13 Die Notica-App

WhatsApp hat ein Feature zwar mit einem einfachen und klaren Label versehen, benötigt aber dennoch den Satz, der darunter steht. Denn darin wird genau erklärt, was IN AUFNAHMEN SPEICHERN bedeutet und wo und wann etwas gespeichert wird.

Abbildung 15.14 Die App von WhatsApp

Frage #3: Wo kann ich das finden?

Auf Formularen, in denen die Nutzer aufgefordert werden, konkrete Informationen anzugeben (z. B. ihre Führerscheinklasse, die Kontonummer auf ihrer Stromrechnung etc.), ist es ratsam, neben dem Feld deutlich zu erklären, wie man diese Informationen findet. Am besten versehen Sie die Erklärung sogar mit einem Bild, das den genauen Fundort hervorhebt.

Wenn der einzugebende Wert Bindestriche, Schrägstriche oder eine Kombination aus Buchstaben und Zahlen enthält, machen Sie klar, ob diese Zeichen eingegeben werden müssen oder nicht und in welcher Reihenfolge das geschehen soll. Oder gestalten Sie die Eingabefelder als eine Kombination von Feldern, die Symbole automatisch überspringen.

Beispiel

Wenn Sie einen Laptop von *HP* registrieren, müssen Sie den Produktnamen oder die Produktnummer angeben. Das Formular enthält einen Link mit der Aufschrift Sie können Ihre Seriennummer nicht finden?. Anschließend öffnet sich ein neues Fenster, in dem über Video und andere mediale Wege erklärt wird, wie Benutzer die einzugebende Nummer finden können.

Beachten Sie, dass Sie weniger Worte verwenden könnten: Der Befehl Geben Sie Ihre Seriennummer ein ist nicht notwendig, da das Label und der Platzhalter gute Arbeit leisten. Zudem könnte der Link auch kürzer sein: »Wo finde ich die Nummer?«

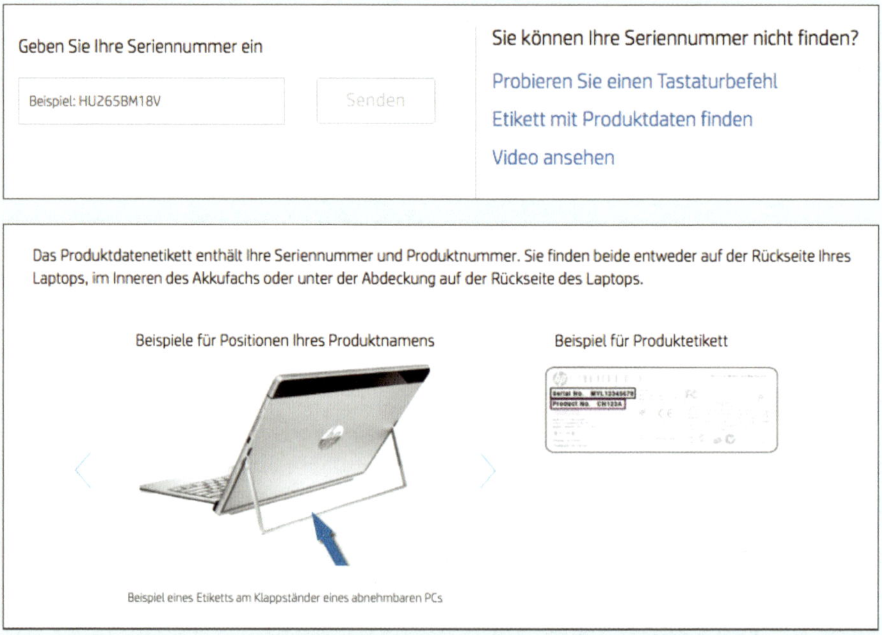

Abbildung 15.15 support.hp.com

Auch *Monday* erklärt bei der Frage nach der *Board ID*, was eine solche ID ist und wo sie gefunden wird.

Abbildung 15.16 www.monday.com (übersetzt aus dem Englischen)

> **Tipp 24: Sie können mehr als eine Option auswählen**
>
> Sie wissen wahrscheinlich, dass Radiobuttons meistens dort verwendet werden, wo nur eine Option möglich ist, während Kontrollkästchen bei einer Mehrfachauswahl erscheinen. Aber die breite Öffentlichkeit weiß das nicht unbedingt. Es kann sein, dass die meisten Benutzer nicht einmal bemerken, dass es zwei Arten von Auswahlbuttons gibt. Wenn es also möglich ist, mehr als eine Option auszuwählen, ist es sinnvoll, darauf explizit hinzuweisen.

Frage #4: Wie verwende ich das?

Theoretisch sollte die Benutzererfahrung selbsterklärend sein und Text sollte nur als letztes Mittel verwendet werden. Aber verstehen die Benutzer wirklich von selbst, was sie tun müssen? Hier ist der »Fluch des Wissens« besonders verwirrend: Sie selbst verstehen die Benutzeroberfläche, Sie kennen die neuesten Internet-Trends, Sie sind technologisch veranlagt und können intuitiv fast alle digitalen Produkte bedienen, denen Sie begegnen. Aber was ist mit Ihren Benutzern? Was kann als grundsätzliche Fähigkeit bei Menschen des 21. Jahrhunderts vorausgesetzt wurden? Was muss noch erklärt werden? Wann müssen Sie *ziehen*, *tippen*, *klicken* und *wählen* schreiben, und wann ist es offensichtlich?

Was für alle anderen Aspekte von UX gilt, gilt hier umso mehr: Der beste Weg, um herauszufinden, wann Sie eine schriftliche Anleitung benötigen und wann nicht, ist die Durchführung von Usability-Tests.

15.2 Wann keine Erklärung nötig ist

Felder, Buttons, Dropdown-Listen, Ausrufe- oder Fragezeichensymbole, Links, Sterne, Auswahlknöpfe und Kontrollkästchen: All diese Dinge benötigen keine Anweisungen. Es reicht vollkommen, ein einfaches Label daneben zu setzen, z. B. »E-Mail« und nicht »Ihre E-Mail-Adresse eingeben«, da die Benutzer bereits wissen, was sie mit diesen Feldern tun sollen. In den meisten Fällen reicht es auch bei Radiobuttons und Kontrollkästchen, wenn Sie nur die Bezeichnung angeben. Es ist hier nicht nötig, »Bitte wählen« zu schreiben, und neben einem Button muss nicht »Hier klicken« stehen.

Beispiel

OkCupid bietet Dropdown-Listen, ohne Benutzern zu sagen, was sie damit anfangen sollen – einfach deswegen, weil das Dropdown-Menü als Element so bekannt ist. So bleibt die Benutzeroberfläche frei von Worten und damit klar und simpel.

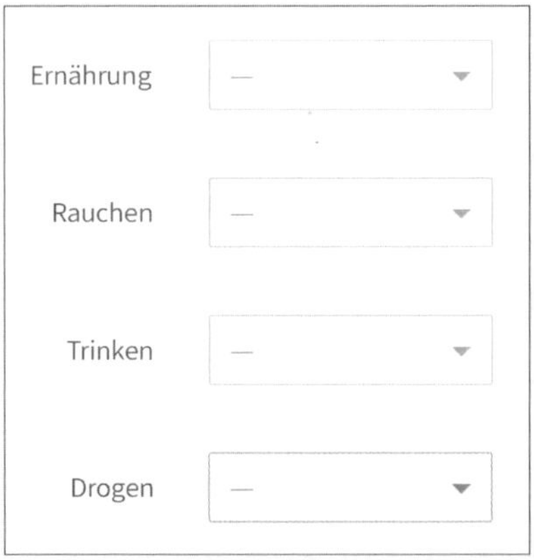

Abbildung 15.17 www.okcupid.com (übersetzt aus dem Englischen)

Anstelle von:

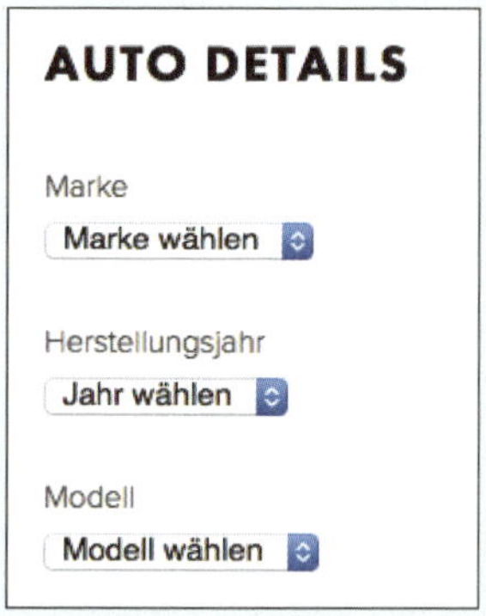

Abbildung 15.18 Sind diese Erklärungen wirklich nötig?

Reicht das vollkommen aus:

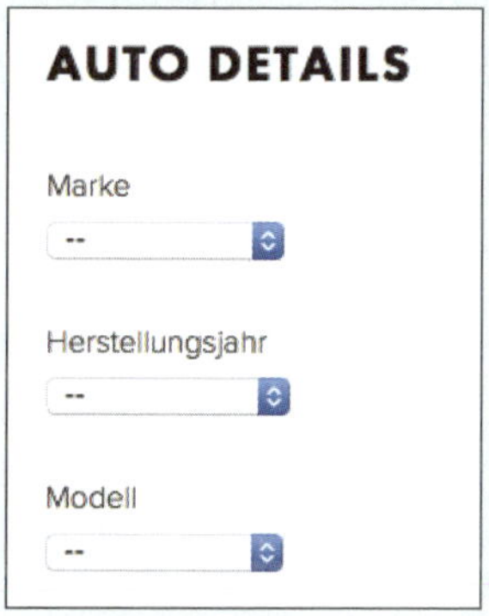

Abbildung 15.19 Ohne unnötige Erklärungen wird das Formular angenehmer.

Und auf diesem Formular müsste man nur vier Wörter behalten:

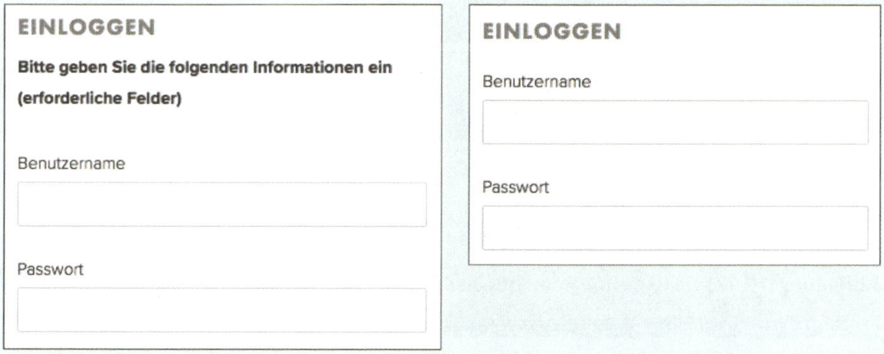

Abbildung 15.20 Vier Wörter reichen vollkommen aus.

(Obwohl es, wie schon erwähnt, ideal wäre, den Titel am Beginn einer Webseite so zu gestalten, dass sich der Benutzer wirklich willkommen fühlt.)

Auch die folgende Anleitung oberhalb der Buttons ist nicht nötig, da diese bereits alle notwendigen Informationen vermitteln:

Abbildung 15.21 Auch diese Erklärung ist völlig unnötig

15.3 Wann eine Erklärung nötig ist

Wenn Sie eine einzigartige Benutzeroberfläche entwickelt haben, die Ihren Bedürfnissen entspricht, oder wenn die Benutzeroberfläche immer noch als innovativ gilt, lohnt es sich, den Benutzern die Anwendung zu erklären. Setzen Sie kurze, einfache und präzise Anweisungen an die richtige Stelle.

Beispiel

Ein gutes Beispiel für eine präzise Anleitung, die genau dann erscheint, wenn sie benötigt wird, stammt von *Instagram*:

> *»Für Ton Video antippen«*

Abbildung 15.22 Die Instagram-App (Foto: Elazar Yifrah)

Das Antippen des Videos zum Starten oder Stoppen der Tonspur ist (noch) keine intuitive Aktion – obwohl sie es wohl bald sein wird, wenn *Instagram* sie eingeführt hat. Aber zu dem Zeitpunkt, als ich diese Zeilen schrieb, war dieses Antippen eigentlich das Gegenteil von dem, was unsere Intuition uns sagt. Wir sind nämlich an YouTube gewöhnt, wo ein Video beim Antippen pausiert.

Als *Instagram* die Funktion frisch einführte, erschien die Anweisung unten im Video, während es abgespielt wurde:

Aber im Laufe der Zeit wurde die Funktion den Benutzern besser bekannt, und die Anweisung erschien nur noch dann, wenn *Instagram* annehmen konnte, dass die Benutzer mit der Oberfläche nicht vertraut waren – beispielsweise wenn Benutzer versuchten, die Lautstärke während der Wiedergabe des Videos zu erhöhen, während der Ton tatsächlich ausgeschaltet war.

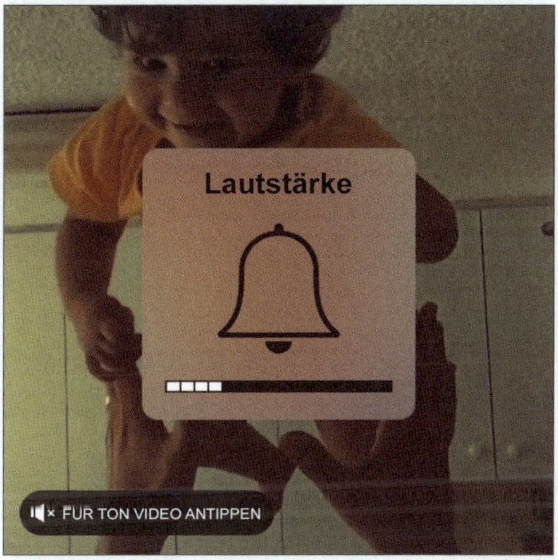

Abbildung 15.23 Die Instagram-App (Foto: Elazar Yifrah)

Typeform hat eine einzigartige Benutzeroberfläche für das Erstellen von Fragebögen entwickelt. Die Verbindung zwischen Blöcken und Fragen ist weder allgemein bekannt noch offensichtlich, sodass eine visuelle und sprachliche Anleitung Klärung bringt und den Benutzern den Einstieg erleichtert.

Abbildung 15.24 www.typeform.com (übersetzt aus dem Englischen)

Tipp 25: Die Nutzer vor sich selbst schützen

Wenn eine unsachgemäße Verwendung der Benutzeroberfläche zu einem Problem für Benutzer oder Prozesse führen kann (z. B. dazu, dass Benutzer einen Prozess verlassen, ein neues Fenster öffnen oder alle Eingaben löschen), dann sollten Sie klare und deutliche Anweisungen geben – auch dort, wo es für Sie offensichtlich scheint. Je mehr Auswirkungen eine Aktion haben kann, umso wichtiger ist es, sie zu erklären.

Tipp 26: Seien Sie nett – besonders wenn Sie Anweisungen schreiben

Anweisungen sollten einfach und klar sein – aber auf eine nette, serviceorientierte Art, nicht im Befehlston. Wenn es zu Ihrem Voice & Tone Design passt, können Sie sogar etwas Humor benutzen (aber bitte nie auf Kosten der Klarheit).

Als ich zum ersten Mal eine Datei mit *WeTransfer* übertragen habe, musste ich laut lachen.

Ziehen Sie das Dokument hierher, und dann ...

Abbildung 15.25 www.wetransfer.com

16 Sorgen und Bedenken lindern

In diesem Kapitel werfen wir einen Blick auf sieben häufige Sorgen und Bedenken, die Sie unbedingt ansprechen sollten.

16.1 Nur weil Sie etwas ignorieren, verschwindet es nicht

Nutzer haben viele gute Gründe, uns nicht zu vertrauen. Jeder versucht, ihnen etwas zu verkaufen, sei es direkt oder indirekt, und was jetzt kostenlos ist, wird zu einem späteren Zeitpunkt kostenpflichtig. Jedes Mal, wenn Benutzer ihre E-Mail-Adresse angeben, werden sie von Spam überflutet, und manchmal hören sie von einer weiteren Megafirma, deren Datenbank gehackt wurde, wodurch Kreditkarteninformationen oder andere private Daten preisgegeben wurden. Wenn sie ein kleines Widget herunterladen, laden sie unfreiwillig andere Dinge mit. Im Allgemeinen müssen Benutzer also, um im Internet zu überleben, ständig auf der Hut sein und die Augen offen halten.

Es gibt keinen Grund, warum Benutzer, die noch nicht mit Ihrem Unternehmen vertraut sind, Ihnen vertrauen sollten. Dieses Vertrauen müssen Sie sich verdienen. In erster Linie tun Sie das, indem Sie sich auf all Ihren Service-Oberflächen ehrlich, konkret und echt auf die Seite der Benutzer stellen. Aber Sie müssen auch zeigen, dass Sie ihres Vertrauens würdig sind. Anstatt legitime Sorgen und Bedenken zu ignorieren, müssen Sie Ihren Nutzern ausdrücklich sagen, dass Sie sich ihrer Bedenken bewusst sind und sie respektieren – und dass sie in guten Händen sind.

In diesem Kapitel werde ich einige Stellen aufzeigen, die bei den Nutzern Besorgnis oder Verdacht erregen könnten, und erläutern, wie Sie diese Bedenken erfolgreich überwinden.

Sorge #1: E-Mail-Adresse angeben

Im Kapitel über die Newsletter-Anmeldung haben Sie gesehen, dass Benutzer grundsätzlich zwei wesentliche Bedenken haben, ihre E-Mail-Adresse anzugeben:

- Benutzer fürchten, dass Sie sie mit E-Mails überfluten. Deshalb müssen Sie sie mit einer geringen Versandhäufigkeit beruhigen. Es lohnt sich auch, daran zu erinnern, dass die Benutzer sich jederzeit mit einem einfachen Klick abmelden können.

- Benutzer fürchten, dass Sie ihre E-Mail-Adresse an andere weitergeben, die sie mit Spam überfluten. Deshalb müssen Sie versprechen, dass die E-Mail-Adresse bei Ihnen bleibt und dass Ihnen die Privatsphäre Ihrer Nutzer wichtig ist.

Beispiel

Schauen Sie sich zusätzlich die kurzen und einfachen Formulierungen für Newsletter-Anmeldeformulare in Kapitel 5 an.

metroMSP, ein IT-Support-Unternehmen in North Jersey, sagt den Anwendern, dass es Spam noch mehr hasst als sie:

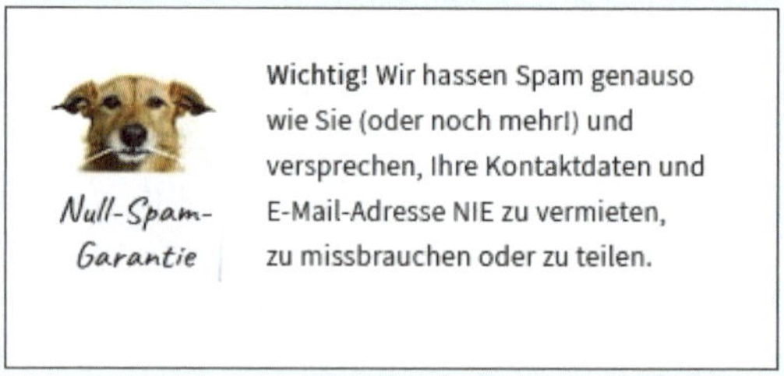

Abbildung 16.1 www.metromsp.com (übersetzt aus dem Englischen)

Auf dem Bezahlformular von *Sugru*, dem Anbieter des magischen Klebers, gibt es ein Kontrollkästchen, mit dem die Benutzer den Newsletter abonnieren können. Direkt daneben gibt *Sugru* die Versandhäufigkeit an und verspricht, keinen Spam zu versenden.

> *Wir senden etwa zweimal pro Monat eine E-Mail mit den neuesten Sugru-Flickwerken, Spezialangeboten und anderen Dingen, die dich interessieren könnten. Wir senden keinen Spam. Versprochen.*

Abbildung 16.2 www.sugru.com (übersetzt aus dem Englischen)

Pushnachrichten können als Spam wahrgenommen werden, und wenn man um Erlaubnis bittet, empfehle ich, diese Sorge anzusprechen. Die *Rounds*-App bittet um Ihre Erlaubnis und verspricht, sie gut zu behandeln.

> **Ja, schon wieder ein Popup-Fenster!**
>
> Um Anrufe durchzustellen, brauchen wir die Erlaubnis für Pushnachrichten.
>
> Wir versprechen, sie gut zu behandeln.

Abbildung 16.3 Die Rounds-App (übersetzt aus dem Englischen)

Sorge #2: Persönliche Daten angeben

Nutzer sind heutzutage wachsam in Bezug auf den Datenschutz und zögern, wenn es darum geht, nicht unbedingt notwendige Informationen zur Verfügung zu stellen – insbesondere Geburtsdatum, Telefonnummer, Geschlecht, Wohnadresse etc. Wenn sie aufgefordert werden, solche Informationen zu liefern, werden sie misstrauisch und fragen, wofür wir diese Infos benötigen.

Darauf müssen wir eine gute Antwort geben:

- Wenn es sich um ein erforderliches Feld handelt, erklären Sie, warum Sie diese Angaben benötigen, und garantieren Sie, diese Daten zu schützen.
- Wenn es sich um ein optionales Feld handelt, erklären Sie, warum es sich für die Benutzer lohnt, diese Details mit Ihnen zu teilen, und wie die Nutzer selbst davon profitieren.

Beispiel

Wenn sich der Cursor während der Zahlung auf dem Feld für die Telefonnummer befindet, zeigt die britische Supermarktkette *Tesco* einen Tooltip an, in dem erklärt wird, warum nach dieser Nummer gefragt wird. Der Text beruhigt zudem die Benutzer und verspricht, die Information für nichts anderes zu nutzen. Einfach und perfekt.

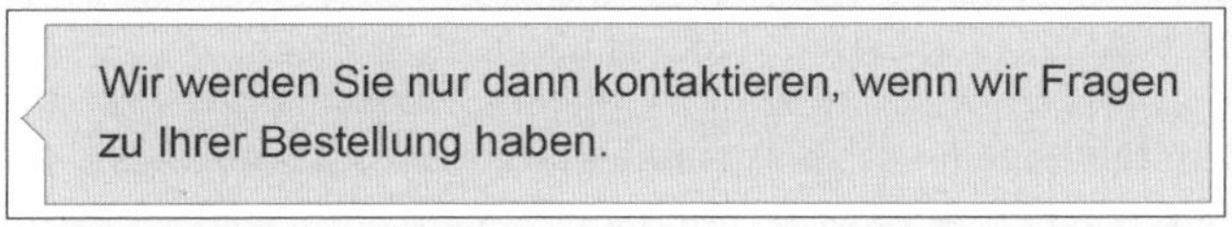

Abbildung 16.4 www.tesco.com (übersetzt aus dem Englischen)

Monday erklärt, dass die Angabe der Telefonnummer optional ist, aber betont, wie das Unternehmen den Nutzern damit in Zukunft helfen kann (falls nötig, erhalten sie Sofort-Support). *Monday* versichert zudem, dass die Telefonnummer niemals für Spam verwendet wird.

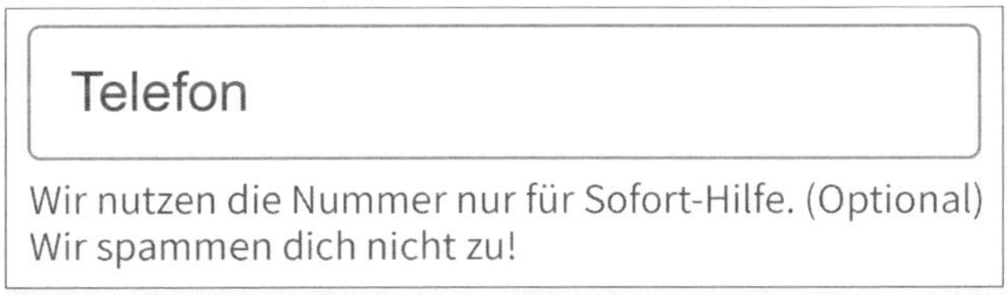

Abbildung 16.5 www.monday.com (übersetzt aus dem Englischen)

Claire's, ein Shop für Modeaccessoires, ist sich der Datenschutzbedenken sehr bewusst und kommuniziert so transparent wie möglich, warum personenbezogene Daten erfasst werden und was damit geschieht.

Wenn Sie sich anmelden, werden Sie beruhigt:

Abbildung 16.6 www.claires.com (übersetzt aus dem Englischen)

Beim Feld für die Telefonnummer beantwortet das Unternehmen die häufig gestellte Frage WARUM IST DAS NÖTIG?. Es hätte das Ganze aber auch viel kürzer und netter formulieren können, z. B. so: »Nur nötig für Lieferzwecke, sonst nichts.«

Abbildung 16.7 www.claires.com (übersetzt aus dem Englischen)

Bei der Frage nach dem Geburtsdatum wendet *Claire's* beide Taktiken an: Die Microcopy erklärt, warum das Unternehmen nach diesen Informationen fragen muss, und sie sagt den Nutzern, wie diese von der Angabe profitieren.

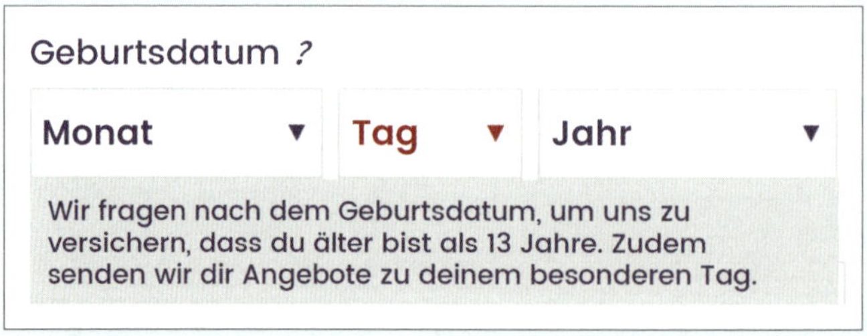

Abbildung 16.8 www.claires.com (übersetzt aus dem Englischen)

Das Modehaus *American Eagle* erklärt, wofür die Telefonnummer benötigt wird, und verspricht, sie nicht zu teilen. Die Microcopy verhindert auch mögliche Fehler, indem sie im Voraus erklärt, dass die Telefonnummer mit jener übereinstimmen sollte, die bei der Kreditkarte hinterlegt ist.

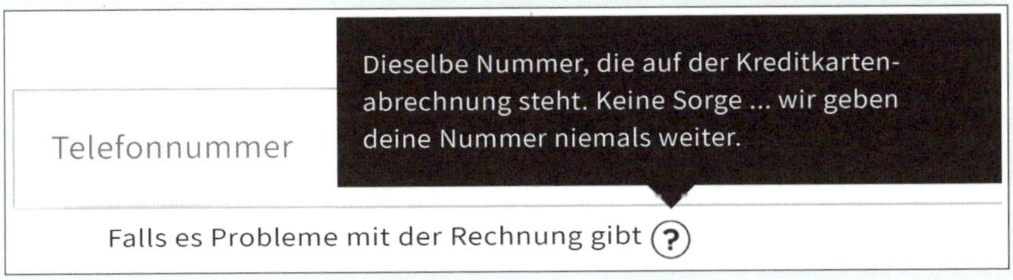

Abbildung 16.9 www.ae.com (übersetzt aus dem Englischen)

Es ist ziemlich offensichtlich, warum eine Autovermietung nach dem Alter ihrer Benutzer fragt. Dennoch gibt *Europcar* eine ausführliche Erläuterung, falls Benutzer in dieser Angelegenheit noch keine Erfahrung haben.

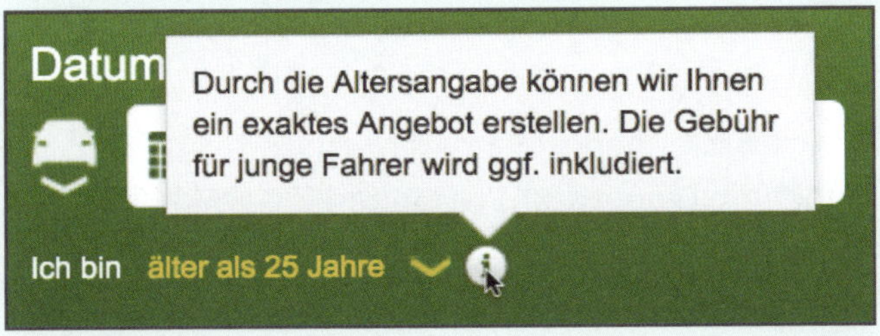

Abbildung 16.10 www.europcar.com

Pinterest erklärt, warum Benutzer nach ihrem Geschlecht gefragt werden, und bietet zudem die Angabe eines benutzerdefinierten Geschlechts.

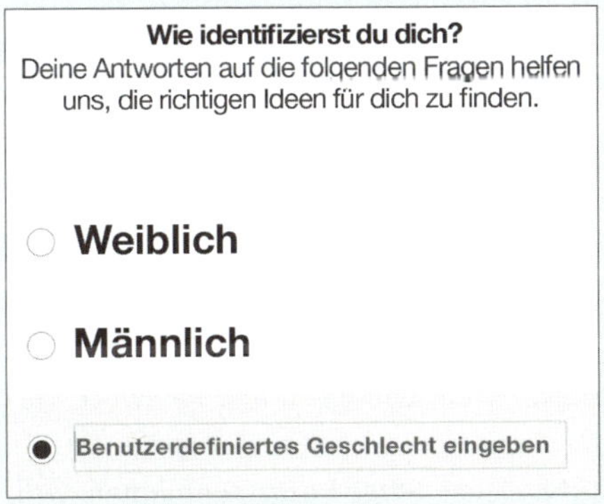

Abbildung 16.11 www.pinterest.com (übersetzt aus dem Englischen)

Vimeo hingegen fragt nicht nach dem Geschlecht der Benutzer, sondern nach Pronomen – und erklärt sofort, warum.

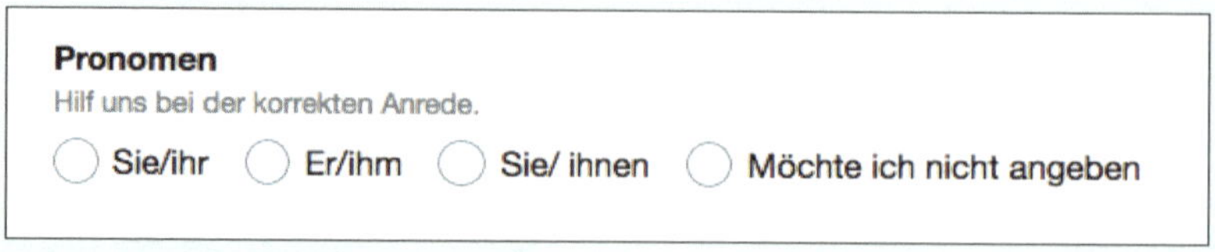

Abbildung 16.12 www.vimeo.com

Das hier kommt vom Modegeschäft *boohoo*. Beide Felder sind optional, weshalb die Microcopy den Benutzern erklärt, was für sie herausspringt.

Abbildung 16.13 www.boohoo.com

Sorge #3: Über ein Social-Media-Konto anmelden

Wie ich in Kapitel 4, »Registrieren, einloggen und Passwort wiederherstellen«, zum Thema Anmeldeprozesse erwähnt habe, ist die Registrierung über Social Media zwar weit verbreitet, weckt aber immer noch Bedenken. Daher ist es wichtig, den Nutzern Folgendes zu versprechen:

- Sie werden nichts im Namen Ihrer Benutzer veröffentlichen.
- Sie werden ihre Daten nicht an Dritte weitergeben.

Beispiel

(Weitere Beispiele finden Sie in Kapitel 4, »Registrieren, einloggen und Passwort wiederherstellen«.)

Beachten Sie, dass in den meisten Fällen nur auf die erste Sorge Bezug genommen wird. Das könnte sich als Fehler erweisen, denn auch die zweite Sorge ist sehr wichtig.

Munchery, ein Lieferservice für frische Mahlzeiten, verspricht, dass es keine bösen Überraschungen geben wird:

Abbildung 16.14 www.munchery.com (übersetzt aus dem Englisch)

Auf Websites mit besonders sensiblen Daten ist dieses Versprechen doppelt wichtig. Das hier kommt von *eHarmony*, einer Dating-Plattform:

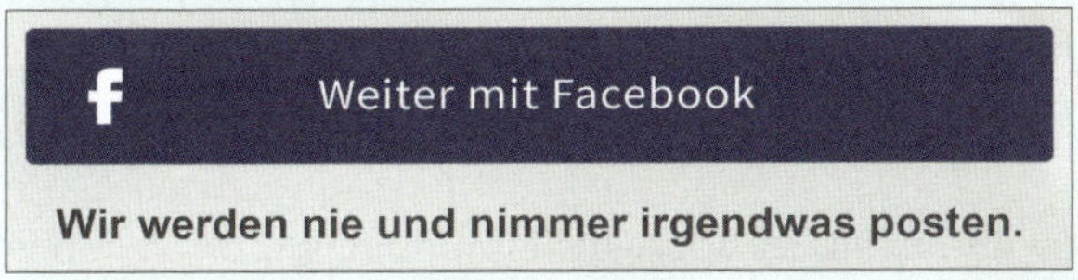

Abbildung 16.15 www.eharmony.com (übersetzt aus dem Englischen)

Switch ist eine Jobsuche-App, die zum Hochladen von Lebensläufen LinkedIn-Konten verwendet:

Abbildung 16.16 Switch App (übersetzt aus dem Englischen)

Sorge #4: Sicher bezahlen

Der Online-Kauf ist ein beängstigender Prozess. Die Hauptsorge ist natürlich, dass die Kreditkarteninformationen sicher aufbewahrt werden. Es lohnt sich, dieses Problem anzugehen und es ganz zu Beginn zu lösen, dann nämlich, wenn die Benutzer per Klick von ihrem Warenkorb zur Kasse gelangen – und natürlich auf dem Zahlungsformular selbst.

Beispiel
Airbnb beschwichtigt Sicherheitsbedenken mit einem perfekt platzierten Tooltip: direkt im Feld, in dem die Kreditkartennummer eingegeben wird.

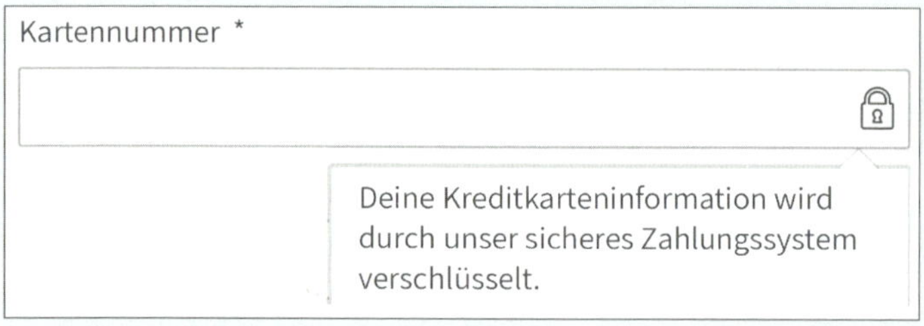

Abbildung 16.17 www.airbnb.com (übersetzt aus dem Englischen)

Europcar geht davon aus, dass Kunden aus Sicherheitsgründen lieber bei der Abholung des Fahrzeugs bezahlen, weshalb das Unternehmen ausdrücklich betont:

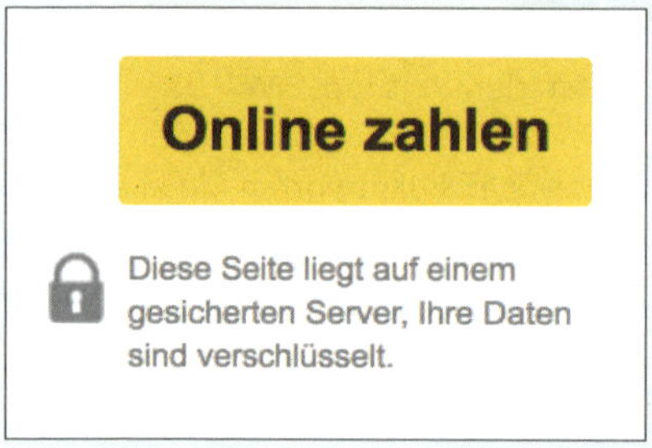

Abbildung 16.18 www.europcar.com

Unter dem Bezahlbutton sagt *C&A*:

Abbildung 16.19 c-and-a.com

H&M schreibt im Bezahlformular:

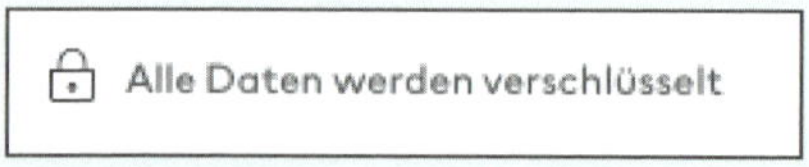

Abbildung 16.20 www.hm.com

Dieser Button befindet sich im Warenkorb beim britischen Warenhaus *Marks and Spencer*. Genau zu dem Zeitpunkt, an dem die Nutzer darüber nachdenken, ob sie fortfahren und den Artikel kaufen wollen und ob sie auf den Button klicken sollen oder nicht, erhalten sie die Antwort auf ihre Hauptsorge: Ja, die Zahlung ist sicher!

Abbildung 16.21 www.marksandspencer.com (übersetzt aus dem Englischen)

Und das ist der Button des Modegeschäfts *Roxy* im Warenkorb:

Abbildung 16.22 www.roxy.com (übersetzt aus dem Englischen)

Tipp 27: Wer bezahlt für die Lieferung?

Ein weiteres häufiges Problem beim Online-Kauf ist der Versand. Wer bezahlt das Ganze? Wie viel kostet es? Wenn das Produkt nicht den Erwartungen entspricht, wie wird es zurückgegeben und wer bezahlt die Rücklieferung? Beantworten Sie alle diese Fragen gleich zu Beginn des Prozesses klar und deutlich, und ersparen Sie Ihren Benutzern Sorgen und Zweifel.

Sorge #5: Kostenlose Testversion

Benutzer, die sich für eine kostenlose Testversion registrieren, befürchten meistens, dass sie nach Ablauf dieser Zeit mit Kosten belastet werden. Die Lösung besteht wie üblich einfach darin, diese Sorge klar zu widerlegen.

Versprechen Sie Ihren Benutzern zu Beginn des Anmeldevorgangs, dass keine Kreditkartendaten benötigt werden (d. h., sie können nicht belastet werden).

Wenn Sie Kreditkartendaten benötigen, versprechen Sie, dass Sie die Karte niemals ohne die ausdrückliche Zustimmung der Benutzer belasten werden.

Beispiel

Poptin ist eine Plattform für die Erstellung von Popups:

Abbildung 16.23 www.poptin.com (übersetzt aus dem Englischen)

Spotify ist ... nun, Sie kennen *Spotify*.

Abbildung 16.24 www.spotify.com

Die *Google Cloud Platform* fragt nach Kreditkartendaten, verspricht aber:

Abbildung 16.25 cloud.google.com

Sorge #6: Einstellungen und Konfigurationen

Wenn Benutzer einen Prozess starten, erwarten sie in der Regel, ihn schnell zu beenden. Wenn der Prozess ernsthaftes Nachdenken erfordert, könnten sie sich entscheiden, ihn auf einen späteren Zeitpunkt zu verschieben, zu dem sie mehr Zeit haben.

Um das zu vermeiden, sollten Sie Ihren Nutzern deutlich erklären, dass Einstellungen später jederzeit geändert werden können. Auf diese Weise haben die Nutzer nicht das Gefühl, eine lebenslange Bindung einzugehen, und können Einstellungen schnell definieren, ohne sich um langfristige Folgen zu sorgen.

Beispiel

Beim Erstellen eines neuen Online-Kurses kann das Dilemma, welcher Titel verwendet werden soll, bis zur letzten Minute andauern. *Udemy* ist sich dessen bewusst. Dennoch will das Unternehmen nicht, dass Benutzer den Prozess verzögern. Also ermöglicht *Udemy* die Eingabe eines temporären Arbeitstitels – und teilt dies besorgten Benutzern klar und deutlich mit:

Abbildung 16.26 www.udemy.com

Tumblr möchte wirklich nicht, dass Benutzer die Registrierung verzögern, nur weil es ihnen schwerfällt, einen Benutzernamen auszuwählen. Die Lösung besteht darin, viele lustige Namen anzubieten und zu versprechen, dass sich diese zu jedem Zeitpunkt leicht ändern lassen.

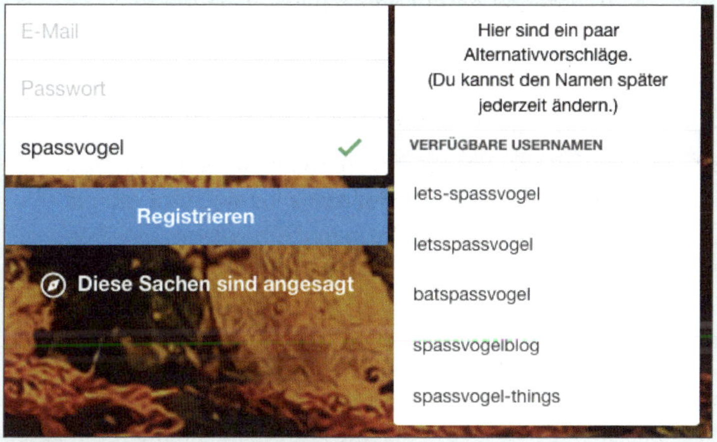

Abbildung 16.27 www.tumblr.com

Typeform, mit dem Sie Fragebögen erstellen können, bietet personalisierte Vorlagen. Aber das Unternehmen weiß, dass sich Bedürfnisse mit der Zeit ändern. Darum heißt es auf der Website:

Abbildung 16.28 www.typeform.com

Tipp 28: Der Aufwand lohnt sich!

Beinhaltet Ihr Prozess einen Schritt, der von Ihren Benutzern zusätzliche Anstrengung erfordert (wie das Hochladen eines Fotos, das Installieren eines Add-ons oder das Schreiben einiger Worte über sich selbst), dann werden Nutzer dazu neigen, diesen Schritt zu überspringen. Dabei spielt es keine Rolle, ob der Schritt optional oder obligatorisch ist.

Entsprechend sollten Sie in ein paar Worten erklären, warum es sich lohnt, den Schritt zu beenden und wie die Benutzer davon profitieren. Erinnern Sie sie daran, warum sie überhaupt auf Ihre Website gekommen sind, und erklären Sie, wie sie mit diesem Schritt ihrem Ziel näher kommen.

Wenn *Facebook* zum Beispiel Benutzer motiviert, ein Foto auf ein gerade erstelltes Profil hochzuladen, erklärt die Microcopy, dass Freunde sich damit leichter mit Ihnen verbinden können – und genau deshalb kommen die Leute zu Facebook.

Abbildung 16.29 www.facebook.com

Sorge #7: Herunterladen oder installieren

Bei Downloads und Installationen befürchten viele Benutzer, dass sie neben dem gewünschten Produkt noch ein paar andere sehr unerwünschte Nebenprodukte erhalten: Viren, Spyware und andere Parasiten. Wenn Ihr Prozess also das Herunterladen eines Produkts beinhaltet, sollten Sie Ihren Benutzern versichern, dass das Produkt virenfrei ist und dass die Installation keine anderen Elemente beinhaltet.

Beispiel

So sagt es *www.download.com*:

Abbildung 16.30 www.download.com (übersetzt aus dem Englischen)

Die *Netzwelt* bietet ihren Kunden eine Download-Garantie:

Abbildung 16.31 www.netzwelt.de

17 Fehlern und anderen Rückschlägen vorbeugen

In diesem Kapitel finden Sie fünf typische Rückschläge, die sich dank Microcopy vermeiden lassen.

17.1 Ein Wort zur rechten Zeit spart viel Müh' und Leid

In Kapitel 7 haben wir besprochen, wie man Fehlermeldungen so formuliert, dass Benutzer schnell mit einem Prozess fortfahren können und eine irritierende Erfahrung eine bessere Wendung nimmt. Noch besser ist es, Fehler zu vermeiden, bevor sie passieren.

In diesem Kapitel zeige ich einige Schwachstellen auf, aufgrund derer Benutzer Fehlermeldungen erhalten oder anderweitig enttäuscht werden könnten. Als Prozessdesigner sehen Sie das Gesamtbild und wissen, welche Werte das System akzeptiert und welche Werte Fehler verursachen. Und weil nur Sie wissen, was auf der nächsten Seite oder Stufe des Prozesses passiert, sind Sie derjenige, der Benutzer mit den nötigen Informationen versorgen muss – und der so verhindert, dass sie in diese Fallen tappen.

Dafür müssen Sie Ihre Formulare und Prozesse durchspielen, um Schwachstellen zu identifizieren (die wir uns gleich im Detail ansehen) und um ein paar rettende Worte anzufügen.

Schwachstelle #1: Pflichtfelder

Benutzer sollten niemals mit der unnötigsten aller Fehlermeldungen konfrontiert werden: »Dieses Feld ist erforderlich.« Die Tatsache, dass ein Feld erforderlich ist, sollte explizit und unmissverständlich klar sein – aber nicht einschüchternd wirken.

Dies können Sie mithilfe von Sternchen erreichen – selbst dann, wenn alle Felder erforderlich sind, wie Sie im Screenshot weiter unten sehen.

Wenn Sie der Meinung sind, dass Ihre Benutzer durch Sternchen abgeschreckt werden, was einige Studien belegen, können Sie ganz oben im Formular deutlich angeben, dass alle Felder erforderlich sind, und können diejenigen Felder, die es nicht sind, mit »optional« kennzeichnen. (Sie sollten sich dann aber fragen, ob Sie wirklich all die Feldinformationen brauchen, die Sie als optional bezeichnet haben. Je weniger Informationen Sie anfordern, desto größer ist ja die Chance, dass Benutzer das Formular ausfüllen.)

Was auch immer Sie tun: Stellen Sie sicher, dass Sie alle Unklarheiten beseitigen, damit die Benutzer nicht selbst Rückschlüsse auf Ihre Regeln ziehen müssen. Drücken Sie sich klar und deutlich aus.

Beispiel

Schauen Sie mal, wie einfach und klar das Anmeldeformular für die *Musketeer-App* gestaltet ist, dank derer Menschen sich im Notfall gegenseitig helfen können. Das Formular braucht nicht einmal einen Satz, der erklärt, dass das Sternchen ein Pflichtfeld anzeigt. Das ist völlig offensichtlich.

Abbildung 17.1 Die Musketeer-App (übersetzt aus dem Englischen)

Walmart macht die Dinge mit einer Kombination aus Sternchen und »optional« sehr deutlich:

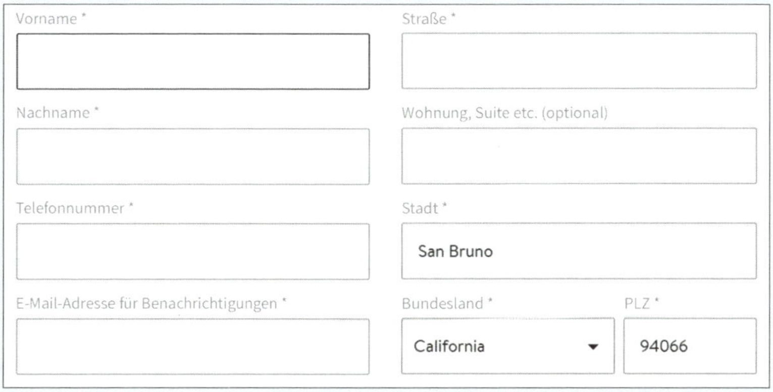

Abbildung 17.2 www.walmart.com (übersetzt aus dem Englischen)

Das Folgende ist ein Beispiel von *Marks and Spencer*. Es zeigt einen anderen Weg, mit optionalen Feldern umzugehen: Wenn Sie mit der Maus über den Button fahren (noch vor dem Klicken), erscheint die Anweisung in einem Tooltip und erklärt, dass die erforderlichen Details fehlen, wodurch die Fehlermeldung verhindert wird.

Abbildung 17.3 www.marksandspencer.com (übersetzt aus dem Englischen)

Schwachstelle #2: Symbole, Sonderzeichen oder Spezialformate

Wenn Benutzer aufgefordert werden, einen Wert einzugeben, der spezielle Symbole enthält (Bindestrich, Schrägstrich, eine Kombination aus Buchstaben und Zahlen etc.), oder wenn es mehrere mögliche Formate für diesen Wert gibt (wie Datum oder Telefonnummer), dann werden die Nutzer sich fragen, ob sie die Symbole tatsächlich eingeben sollen oder welches Format zulässig ist. Es gibt natürlich Benutzer – und vielleicht sind sie sogar in der Mehrheit – die sich dieses Problems nicht einmal bewusst sind und die sich keine Fragen stellen. Sie werden einfach alles eintippen, was ihnen richtig erscheint.

Idealerweise funktioniert Ihr System unabhängig von Formatierungen und akzeptiert alle Eingaben Ihrer Benutzer. Wenn es Ihnen gelungen ist, ein solches System zu erstellen, müssen Sie nichts dazu schreiben.

Falls das System einen Wert jedoch nur akzeptiert, wenn er auf eine bestimmte Weise eingegeben wird, dann müssen Sie die Benutzer vor Beginn der Eingabe darauf hinweisen, um Fehlern vorzubeugen.

Beispiel

Das nächste Beispiel zeigt eine Lösung, die den Nutzern das Leben erleichtert.

The Idle Man hat das Datum in einzelne Felder zerlegt, sodass Benutzer nicht an einen Punkt oder Schrägstrich denken müssen. Dazu schreibt das Unternehmen das genaue Format unter das Feld: Tag und Monat zweistellig, Jahr vierstellig.

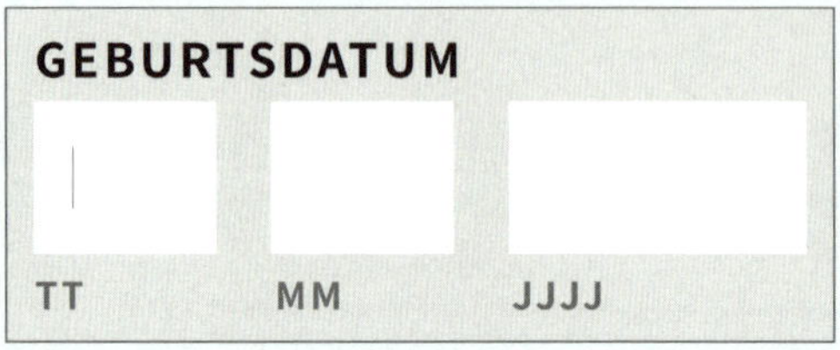

Abbildung 17.4 theidleman.com (übersetzt aus dem Englischen)

Wenn Sie ein Bankkonto mit einem *PayPal*-Konto verknüpfen, erscheinen Formatierungsanweisungen automatisch unter dem Feld, sobald es in den Fokus rückt. So wird sichergestellt, dass die Benutzer die richtigen Angaben machen.

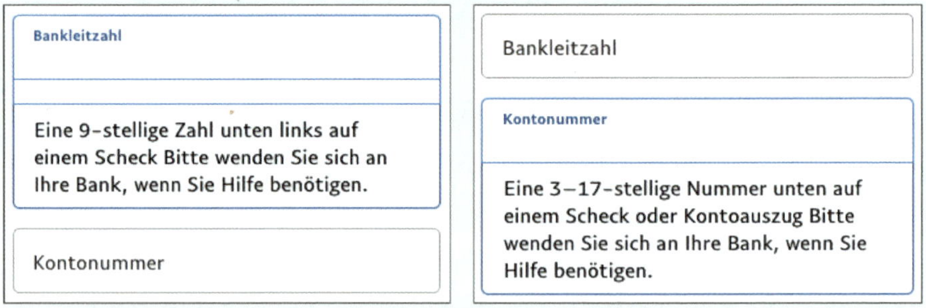

Abbildung 17.5 www.paypal.com

Bei der Verknüpfung einer Kreditkarte erscheint die Formatierungsanweisung als Platzhalter. So sieht das Feld aus, bevor der Cursor darin platziert wurde:

Abbildung 17.6 www.paypal.com

Und das ist das Feld, nachdem ein Benutzer es angeklickt hat:

Abbildung 17.7 www.paypal.com

Schwachstelle #3: Größen-, Bereichs- oder Längenbeschränkungen

Wenn es Felder gibt, die nur begrenzte Werte akzeptieren (z. B. einen bestimmten Zahlen- oder Zeitbereich, eine begrenzte Anzahl von Zeichen, Format- oder Größenbeschränkungen eines hochladbaren Dokuments), dann sollten Sie prüfen, ob es einen UX-Weg gibt, die Eingabe unzulässiger Werte zu verhindern: Schattieren Sie Kalenderdaten, verhindern Sie die Eingabe nach einer maximalen Anzahl zulässiger Zeichen usw.

Welchen Weg Sie auch wählen – erklären Sie die Einschränkungen explizit, damit Ihre Benutzer nicht auf vermeidbare Fehler stoßen und damit sie verstehen, warum diese Optionen nicht verfügbar sind. Wenn es sich um ein Formularfeld handelt, platzieren Sie die Einschränkungen niemals als Platzhalter. Denn Platzhalter verschwinden, sobald Benutzer mit der Eingabe beginnen, und sie können die Platzhaltertexte bei Bedarf nicht erneut konsultieren (siehe Kapitel 10, »Platzhalter«).

Beispiel

OkCupid thematisiert die Mindestgröße einer Datei und gibt zusätzlich noch andere wichtige Anweisungen:

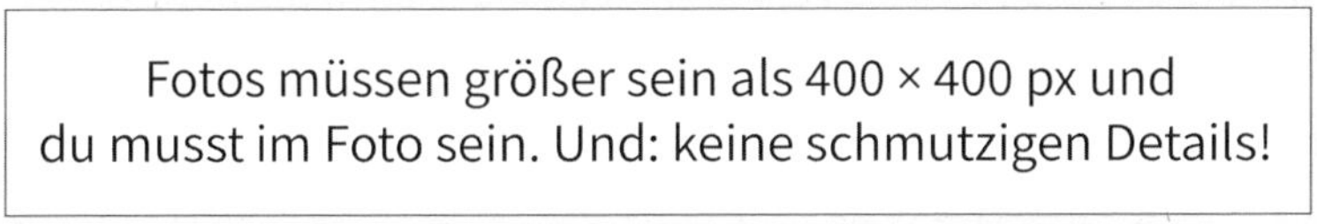

Abbildung 17.8 www.okcupid.com (übersetzt aus dem Englischen)

Foodgawker, eine Seite für abfotografierte Rezepte, hat die Einschränkungen als Platzhalter gesetzt. Aber neben dem Feld gibt ein Countdown-Zähler an, wie viele Zeichen Benutzer noch übrig haben, sodass sie immer wissen, wo sie stehen.

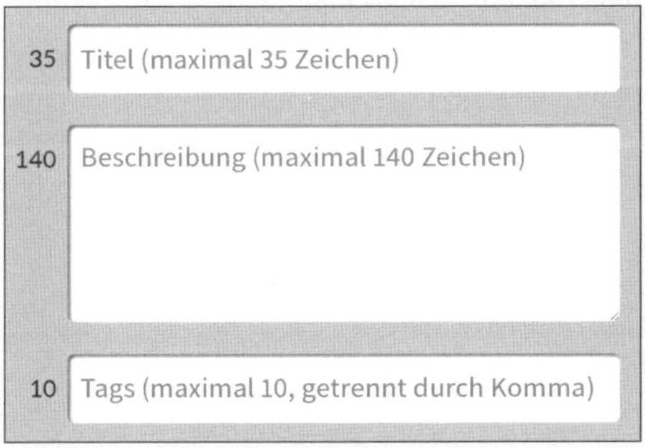

Abbildung 17.9 www.foodgawker.com (übersetzt aus dem Englischen)

Schwachstelle #4: Passwörter

Auch hier ist es am besten, wenn Sie Benutzer nicht einschränken (es sei denn, Sie haben konkrete Sicherheitsanforderungen). Auf diese Weise können die Benutzer eines ihrer regulären Passwörter verwenden oder ein Passwort, das sie sich leicht merken können.

In diesem Fall müssen Sie natürlich keine Anweisungen geben. Wenn Sie nur eine sehr weit gefasste Einschränkung haben, wie »Das Passwort sollte zwischen 4 und 60 Zeichen lang sein«, dann werden die meisten Passwörter dieses Kriterium von selbst erfüllen, sodass Sie nichts schreiben müssen.

Wenn Sie jedoch engere Einschränkungen zur Gestaltung des Passworts haben, sollten Sie diese entweder neben dem Eingabefeld platzieren (bzw. über oder neben dem Label für Screenreader-Benutzer) oder in ein Ausrufezeichen-Symbol neben dem Label oder in einen Tooltip, der dann angezeigt wird, wenn Benutzer das Feld in den Fokus nehmen.

Idealerweise weisen Sie Benutzer sofort nach der Eingabe darauf hin, dass ihr Passwort akzeptabel ist. Noch besser ist es, wenn Sie für jede erfüllte Vorgabe ein Häkchen anzeigen. Auf jeden Fall wird empfohlen, die Einschränkungen nicht direkt in das Feld zu schreiben, damit sie nicht verschwinden, sobald Benutzer mit der Eingabe beginnen, und so deren Kurzzeitgedächtnis vor ein Problem stellen.

Wenn Sie Microcopy für Passwörter schreiben, sollten Sie auf die folgenden Punkte eingehen – je nachdem, was für Ihre Situation relevant ist:

- die Zeichenzahl (Minimum, Bereich oder genaue Anzahl)
- die Zeichenarten, die das Passwort enthalten muss (z. B. mindestens ein Großbuchstabe)
- die Zeichen, die das Passwort nicht enthalten darf (z. B. Symbole wie Fragezeichen, Bindestriche oder Anführungszeichen). Sie können es auch positiv formulieren: »Nur Buchstaben und Zahlen«
- Groß-/Kleinschreibung

Beispiel

American Eagle hat zwei sehr klare Einschränkungen. Wie Sie sehen, ist es nicht nötig, einen ganzen Satz zu schreiben, wie z. B. »Das Passwort muss …«.

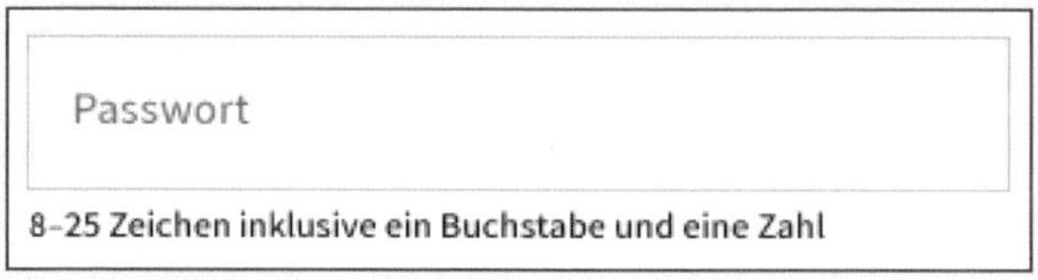

Abbildung 17.10 www.ae.com (übersetzt aus dem Englischen)

Dafür sollte die Anweisung kurz und prägnant sein, sodass Benutzer die Einschränkungen in Sekundenbruchteilen erkennen und verstehen.

Uniqlo schreibt die Einschränkungen auch klar unter das Feld. (Sie wären allerdings einfacher zu erkennen, wenn sie als Aufzählungsliste erscheinen würden, oder?)

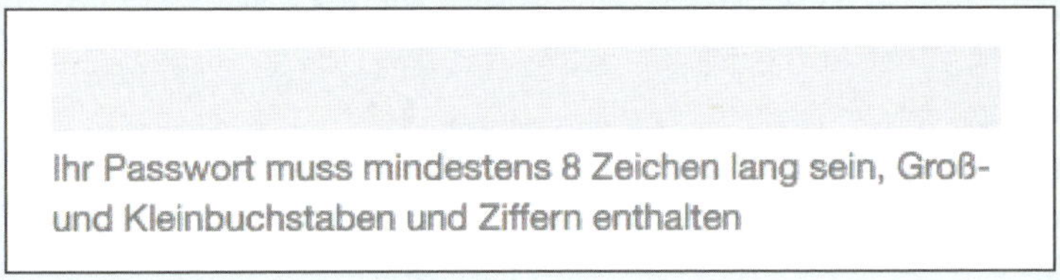

Abbildung 17.11 www.uniqlo.com

Der israelische TV-Anbieter *Yes* zeigt die Regeln als Tooltip an, der permanent angezeigt bleibt, wenn der Nutzer den Cursor auf das Passwortfeld setzt. Sobald eine der Regeln erfüllt ist, erscheint ein Häkchen. Ausgezeichnet!

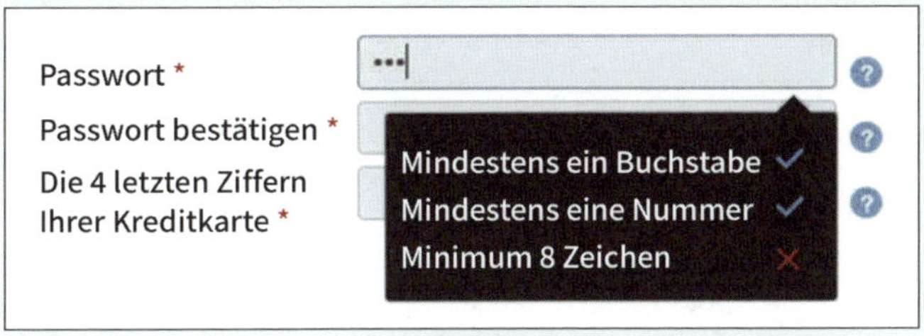

Abbildung 17.12 www.yes.co.il (übersetzt aus dem Hebräischen)

Schwachstelle #5: Probleme aus dem wirklichen Leben

Die Benutzererfahrung endet nicht mit dem Verlassen des digitalen Produkts, sondern setzt sich überall dort fort, wo Kunden mit der Marke in Kontakt stehen. Wenn der Online-Prozess mit konkreten Prozessen verbunden ist, die später im realen Leben stattfinden, wie z. B. mit dem Verleihen eines Zertifikats, dem Drucken eines Dokuments oder dem Empfangen einer Sendung, dann sollten Sie über jeden Schritt im Prozess nachdenken und prüfen, ob Probleme auftreten könnten, die Sie mit einem rechtzeitigen Hinweis vermeiden können.

Auch wenn ein potenzielles Problem scheinbar außerhalb Ihrer Zuständigkeit liegt, können Sie den Nutzern die Enttäuschung über den schlechten Service ersparen und ihnen das Gefühl geben, dass Sie jedes Detail aus ihrer der Perspektive durchgegangen sind. Ihre Nutzer könnten Ihnen sogar danken (oder sich zumindest dankbar fühlen).

Beispiel

Die Lieferungen des Modehauses *Belle and Sue* erfolgen nur zu den üblichen Geschäftszeiten. Aber das Unternehmen kommt nicht um die Tatsache herum, dass die meisten seiner Kundinnen während dieser Geschäftszeiten an ihrem Arbeitsplatz sind. *Belle and Sue* trägt dem Rechnung und schlägt eine kreative Lösung vor, die angeboten wird, sobald Kunden mit der Bestellung beginnen.

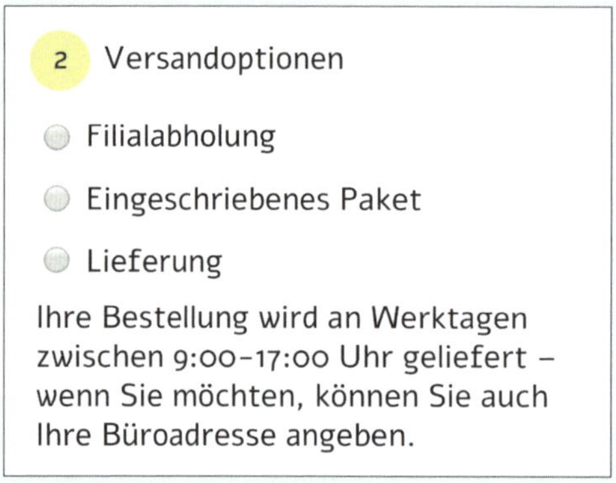

Abbildung 17.13 www.belleandsue.co.il (übersetzt aus dem Hebräischen)

Mit dem QR Code Generator können Nutzer entscheiden, ob sie ihrem QR-Code einen Rand hinzufügen möchten oder nicht. Aber die Website-Ersteller dachten einen Schritt weiter: Wenn Benutzer beschließen, den Rand zu entfernen, erhalten sie eine zusätzliche Information: dass das Scannen eines randlosen Codes den Druck auf einem hellen Hintergrund erfordert. Dieser Druckvorschlag zeigt, dass das Unternehmen den Prozess ganzheitlich betrachtet und darüber nachdenkt, wie QR-Codes verwendet werden – auch nachdem die Kunden das Geschäft verlassen haben.

Abbildung 17.14 www.the-qrcode-generator.com (powered by Visualead, übersetzt aus dem Englischen)

Marmelada Market, das israelische Äquivalent zu *Etsy*, bietet eine breite Palette von Produkten, von denen viele Unikate oder handgefertigt sind. Dadurch weisen die Produkte eine Vielzahl von potenziell verwirrenden Merkmalen auf. Das Unternehmen möchte Enttäuschungen und Missverständnisse vermeiden, die zwischen Kunde und Verkäufer entstehen können. Es schlägt daher vor, dass der Kunde eine detaillierte Nachricht an den Shop Betreiber hinterlässt. Der Platzhalter liefert Beispiele für die Art der Details, auf die hingewiesen werden sollte.

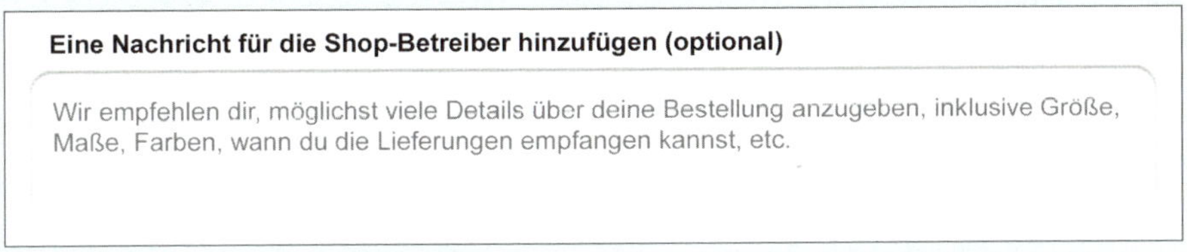

Abbildung 17.15 market.marmelada.co.il (Design: Say Digital, übersetzt aus dem Hebräischen)

Das Restaurant *Pekin Zahala* in Tel Aviv ist sich bewusst, dass manche Menschen Koriander hassen und dass andere gegen Erdnüsse allergisch sind – dass diese zwei Zutaten also Probleme verursachen können, wenn Kunden die Mahlzeit geliefert bekommen. Wir können davon ausgehen, dass das Restaurant in der Vergangenheit wütendes Feedback von Kunden erhalten hat, die zu spät feststellen mussten, dass ihre Lieferung einen dieser Inhaltsstoffe enthielt (obwohl dies im Menü deutlich erwähnt wird). Wenn Sie heute eine Lieferung bestellen, die Koriander oder Erdnüsse enthält, erscheint ein spezieller Alarm in Rot.

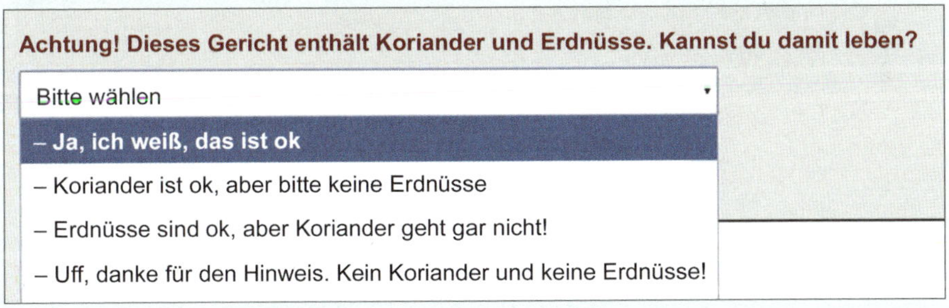

Abbildung 17.16 www.pekin.co.il (übersetzt aus dem Hebräischen)

Dies ist ein ausgezeichnetes Beispiel dafür, wie ganzheitliches Prozessdenken Enttäuschungen und das Gefühl, schlechten Service zu erhalten, verhindert. Zudem geht die ausgezeichnete Formulierung das Thema lustig an und bietet allen Kunden eine gute Erfahrung.

18 Microcopy und Barrierefreiheit

Mit den sieben Richtlinien in diesem Kapitel stellen Sie sicher, dass Ihre Microcopy barrierefrei ist.[1]

18.1 Microcopy für alle

Der Grat zwischen einer guten, wirkungsvollen Erfahrung und der Frustration ist schmal: Ein einzelnes Wort oder ein kurzer Hinweis am richtigen Ort kann den Unterschied machen. Dies gilt in doppelter Hinsicht für barrierefreie Microcopy und Personen, die Schwierigkeiten haben, den Bildschirm zu sehen – oder ihn gar nicht sehen können.

Die gute Nachricht ist, dass wir sieben einfache Richtlinien befolgen müssen, um diesen Menschen zu dienen. Natürlich sind diese Richtlinien in erster Linie für Microcopy-Schreibende gedacht. Aber da die meisten von uns nicht für die Implementierung unserer Texte zuständig sind, ist es wichtig, dass auch Produktmanager, UX-Designer, Visual Designer und Entwickler mit diesen Prinzipien vertraut sind.

18.2 Wie klingt Ihre Microcopy auf einem Screenreader?

Menschen mit Sehbehinderungen benutzen oft einen Screenreader, um Websites zu durchsuchen und Apps zu nutzen. Die Navigation mit einem Screenreader erfolgt nicht mit der Maus (da ihre Benutzer den Mauszeiger auf dem Bildschirm nicht erkennen können), sondern über die Tastatur. Durch Betätigung der Tabulator- oder Pfeiltasten springt der Screenreader ein Element weiter – von oben nach unten und von links nach rechts. Manchmal folgt er auch einer Hierarchie, die bei der Entwicklung festgelegt wurde. Der Screenreader liest jedes angewählte Element vor und identifiziert es bei Bedarf als Link, Button oder Bild.

Darum nehmen Screenreader-Benutzer kein vollständiges Bild des Bildschirms wahr, ja nicht einmal ein Teilbild bei benachbarten Bildschirmelementen. Stattdessen werden sie über jedes Element einzeln benachrichtigt.

1 Dieses Kapitel habe ich zusammen mit Rotem Binheim (UX-Designer und AUX-Experte) geschrieben.

Wie können wir nun unsere Microcopy mit Screenreadern kompatibel machen? Legen wir los.

Grundsatz 1: Denken Sie von oben nach unten und von links nach rechts

Wie bereits erwähnt, navigiert uns die Tastatur auf einer Website von oben nach unten und von links nach rechts (und wieder zurück. In Sprachen, die von rechts nach links geschrieben werden, läuft die Reihenfolge entsprechend der gewohnten Leserichtung.)

Wenn wir also Microcopy einbetten, um Benutzern zu helfen, eine Aufgabe zu erledigen, es wichtig, die Microcopy *vor* die Aktion zu stellen. So verhindern wir, dass die Benutzer einen Fehler erhalten.

Auf dem unten stehenden Formular hören die Benutzer beispielsweise das Feldlabel (PASSWORT), und nach einem Klick auf die Tabulatortaste geben sie ihr Passwort ein. Aber wenn sie ein Passwort erstellen, haben sie keine Ahnung von der Passwortrichtlinie unter dem Feld (MINDESTENS 6 ZEICHEN UND 1 ZAHL), weil der Screenreader diese noch nicht erreicht hat. So werden die Benutzer zuerst ein Passwort wählen und erst danach herausfinden, dass es weitere Anweisungen gab. Dann müssen sie zurückgehen und ein Passwort wählen, das den Anforderungen entspricht.

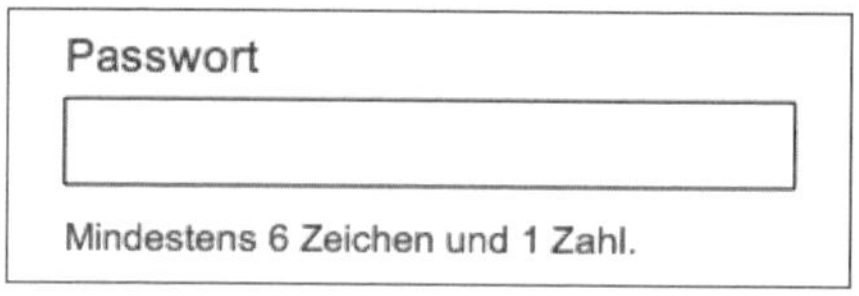

Abbildung 18.1 Diese Anweisung kommt im Screenreader zu spät ...

Im nächsten Beispiel erreichen Screenreader-Benutzer die Dropdowns, ohne zu wissen, dass es weitere Informationen auf der rechten Seite gibt. Wie alle anderen Nutzer werden sie sich fragen, warum sie das Geburtsdatum angeben müssen – aber sie wissen nicht, dass der Tooltip neben dem Eingabefeld eine Antwort darauf gibt. Sie könnten diese Frage überspringen oder den Prozess ganz aufgeben, weil sie nicht wissen, warum sie diese persönlichen Daten preisgeben sollten.

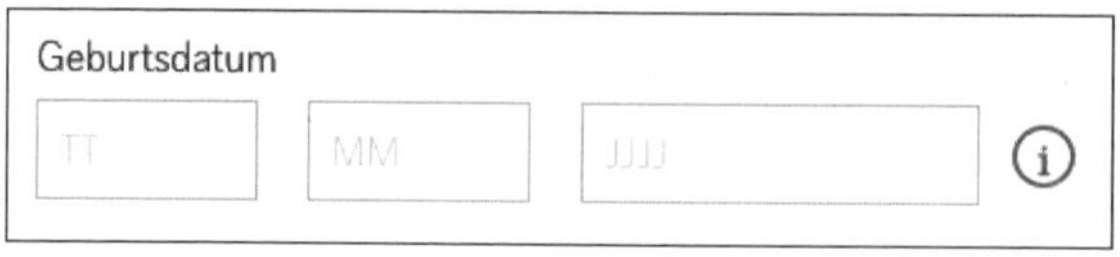

Abbildung 18.2 ... ebenso wie dieser Tooltip.

Die Lösung besteht darin, die Anweisung direkt nach dem Label und vor dem Eingabefeld zu platzieren. Die barrierefreie Abfolge von Elementen lautet daher:
Bezeichnung → Hilfstext → Kontrollelement

Facebook macht es so:

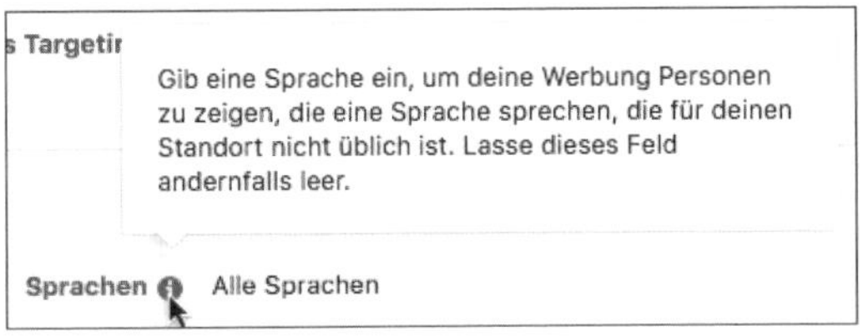

Abbildung 18.3 www.facebook.com

Und so sieht es bei *Walmart* aus:

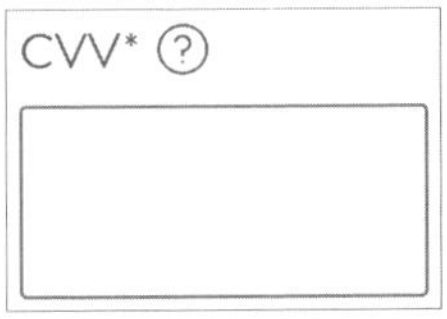

Abbildung 18.4 www.walmart.com

Hinweis für Entwickler

Die Elemente können in beliebiger Reihenfolge auf dem Bildschirm erscheinen, solange Sie die Fokusverschiebung der Tastatur in der richtigen, barrierefreien Reihenfolge einstellen. Für sehende Tastatur-Benutzer oder Menschen mit kognitiven Beeinträchtigungen könnte die Erfahrung jedoch leiden, wenn die Fokusanzeige unerwartet über den Bildschirm springt. Im Idealfall werden die Inhaltselemente optisch an die Dokumentenreihenfolge angepasst und umgekehrt. (Ich danke Scott Vinkle für diese wichtige Anmerkung.)

Um die Barrierefreiheit zu garantieren, ist es wichtig, Microcopy niemals unter einem Bestätigungs-Button zu platzieren. Eine Kollegin mit einer Sehbehinderung erzählte uns davon, wie sie einen Online-Kauf nicht abschließen konnte, als sie auf den Button BESTÄTIGEN klickte (5-mal) und nichts passierte. Sie fand dann heraus, dass es unter dem BESTÄTIGEN-Button ein Kontrollkästchen BEDINGUNGEN AKZEPTIEREN gab – zusammen mit einer Fehlermeldung, die auf die Tatsache hinwies, dass es sich dabei um eine zwingend erforderliche Angabe handelte. Natürlich konnte sie diese Meldung nicht sehen, und der Screenreader-Fokus verlagerte sich nicht automatisch auf die Meldung, sodass die Benutzerin nach all der Zeit und Mühe, die sie für die Bestellung aufgewendet hatte, schließlich in ein echtes, analoges Geschäft gehen musste.

Wie sollen Screenreader-Benutzer im nächsten Formular wissen, dass sich darunter ein Captcha befindet, wenn sie auf den Button PASSWORT ZURÜCKSETZEN klicken? Und noch schlimmer: Wenn sie es nicht wahrnehmen, sind die Position und die Formulierung der Fehlermeldung hilfreich? Verstehen Benutzer, was das Problem war und wie sie es lösen können, wenn sie nur die Fehlermeldung hören und immer noch nicht wissen, dass es da unten ein Captcha gibt?

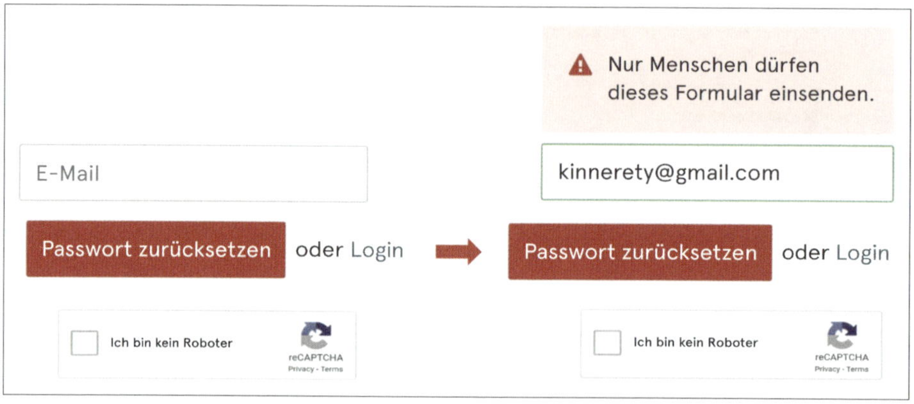

Abbildung 18.5 Dieser Captcha stellt Screenreader-Nutzer vor Probleme.

Zusammenfassend gesagt: Alle Informationen, die zur Durchführung einer Aktion benötigt werden, sollten vor ihr platziert sein – oben oder in Leserichtung vor dem Kontrollelement. In Fällen, die zu Fehlern führen können, ist bereits in der Entwicklungsphase sicherzustellen, dass sich der Fokus korrekt verschiebt und dass niemand die Worte verpasst, die ihm helfen, auf dem richtigen Weg zu bleiben.

Grundsatz 2: Seien Sie witzig, aber nicht auf Kosten der Klarheit

Verstehen Menschen, wo sie sind und was als Nächstes kommt, wenn sie nur den Text hören, der ihnen vorgelesen wird? Im nächsten Bild sehen Sie die Wartezeitanzeige für die Website einer Schwimmschule:

Abbildung 18.6 Versteht man das, wenn man es nur hört?

Das ist witzige Microcopy (WIR SPRINGEN GLEICH REIN ...). Aber Benutzern, die nur die Worte hören und nicht den ganzen Bildschirm sehen, wird überhaupt nicht klar, dass sie warten müssen, bis die Seite geladen ist.

Ein kleiner Kniff bringt die Lösung. Sagen Sie ausdrücklich so etwas wie: »Die Seite wird gerade geladen; wir springen gleich rein.«

Wenn Benutzer auf einen Leerzustand oder eine 404-Fehlerseite treffen, sollten Sie sich nicht auf ein Bild oder witzige Worte verlassen, um zu erklären, wo die Nutzer gelandet sind. Und versuchen Sie niemals, eine Kombination aus Bild und Text zu verwenden, die dann missverständlich wird, wenn jemand nur einen Teil davon hört.

Abbildung 18.7 Versteht man den Text auch ohne Bild?

Was verstehen Benutzer, die den Bildschirm nicht sehen können, wenn sie nur *»Benachrichtigungen, es ist so ruhig hier«* hören?

Bei Fehlern oder Leerzuständen sollten Sie Dinge schreiben wie: »Die Seite wurde nicht gefunden«, »Keine Ergebnisse«, »Sie haben keine Artikel im Warenkorb« oder »Sie haben keine neuen Nachrichten«. Und dann sollten Sie erklären, wie die Nutzer von dort aus weiterkommen. Dies kommt allen Benutzern zugute (siehe Kapitel 9, »Leerzustände – Empty States«).

Bei der Registrierung oder Anmeldung lohnt es sich immer, Benutzer mit einer einladenden Überschrift zu begrüßen (siehe Kapitel 4, »Registrieren, einloggen und Passwort wiederherstellen«) – aber vergessen Sie nicht, zu erwähnen, worum es auf der Seite überhaupt geht. Im nächsten Beispiel einer Anmeldeseite für eine Hochzeitsplanungs-Website ist die Überschrift Bringen wir unsere Beziehung auf die nächste Stufe für den gewünschten Voice & Tone geeignet. Aber sie sagt nicht, dass dies der Ort ist, an dem man sich für die Website anmelden kann.

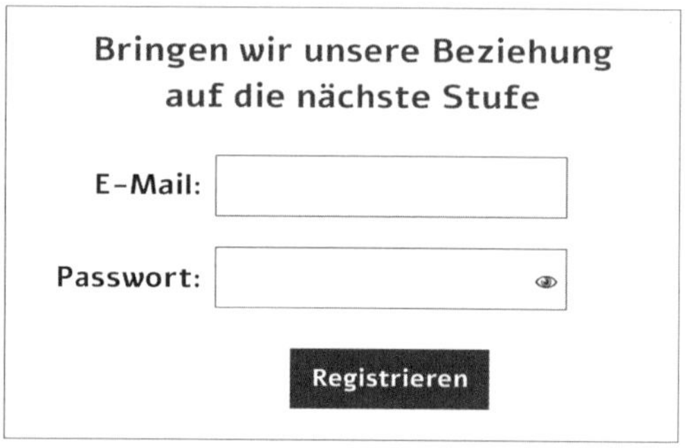

Abbildung 18.8 Funktioniert diese Überschrift auch, wenn man sie nur hört?

Wenn Screenreader-Benutzer auf das E-Mail-Feld gelangen, wissen sie immer noch nicht, dass es ein Passwort-Feld und einen Registrierungsbutton darunter gibt. Daher haben sie keine Ahnung, warum ihre E-Mail-Adresse erforderlich ist. Vielleicht ist die nächste Stufe die Anmeldung für einen Newsletter? Zugegeben, sie werden das Passwort-Feld bei ihrem nächsten Klick auf die Tastaturnavigation entdecken. Dennoch lohnt es sich, ihnen die ärgerliche Frage zu ersparen: »Was mache ich hier und warum brauchen die meine E-Mail-Adresse?«

Idealerweise erwähnen Sie, dass dies auch eine Anmeldeseite für sehende Benutzer ist, und fügen ein paar gute Gründe hinzu, warum sie sich registrieren sollten. So schlagen Sie zwei Fliegen mit einer Klappe.

Das Schreiben der Basisnachricht ist besonders wichtig bei Erfolgs- und Fehlermeldungen. Schließen Sie die Augen, und sprechen Sie die Meldung laut aus, die Sie gerade geschrieben haben. Was sagt sie Ihnen? Ist sie unmissverständlich?

Erleben Benutzer das beruhigende Gefühl der Bestätigung, wenn sie nur die Microcopy einer Erfolgsmeldung hören und das grüne Häkchen oder das lächelnde Emoji nicht sehen können? Wissen sie, dass sie die beabsichtigte Aktion erfolgreich abgeschlossen haben?

Verstehen Benutzer, die nur die Microcopy einer Fehlermeldung hören, was schief gelaufen ist und wie sie weiter vorgehen sollen – selbst wenn sie nicht sehen können, dass das Feld jetzt eine rote Umrandung hat oder dass ein rotes Ausrufezeichen aufblinkt?

Grundsatz 3: Eine schriftliche Alternative zu jedem Symbol und jedem Bild

Jedes Bild oder Symbol, das visuelle Informationen enthält, sollte über eine kurze Beschreibung (*Alt-Text*) verfügen, die während der Entwicklung festgelegt wurde. Dieser *Alternativ-Text* erscheint nicht auf dem Bildschirm, sondern wird Benutzern vorgelesen, die mit einer Tastatur und einem Screenreader navigieren. Wenn ein Bild beispielsweise aufgrund von Verbindungsproblemen nicht geladen werden kann, ist der Alt-Text auch für sehende Benutzer sichtbar – er hilft also allen.

Nicht jede Illustration benötigt eine Beschreibung. Wenn es sich um ein Stock-Archiv-Foto handelt, das das Verständnis nicht verbessert oder für die Herstellung des gewünschten Erlebnisses unwichtig ist, ist es eigentlich besser, Screenreader-Benutzer vor diesen zusätzlichen Informationen zu verschonen und die Informationsflut einzudämmen.

In diesem Beispiel ist es nicht notwendig, die Szene auf dem Fernsehbildschirm oder den Fernseher selbst zu beschreiben, da die relevante Beschreibung rechts vorhanden ist:

Abbildung 18.9 www.amazon.de

Icons sind auch Bilder. Wenn Sie Symbole haben, die Handlungen oder Merkmale darstellen und die nicht von Wörtern begleitet werden (wie ein Zahnrad oder ein Haus), dann sollten Sie ihnen einen Alt-Text hinzufügen, der angibt, wohin sie führen, z. B. »Homepage« oder »Einstellungen«. Wenn Sie keinen Alt-Text hinzufügen, sagt der Screenreader nur »Bild« oder »Link« oder »Button« (abhängig von der gewählten Einstellung), und Benutzer, die sie nicht sehen können, erfahren nichts über die zusätzlichen Aktionen oder Funktionen.

Das Symbol für weitere Informationen, das mit »i«, »!« oder »?« gekennzeichnet wurde, sollte auch einen Alt-Text haben, der beschreibt, was sich dahinter verbirgt, z. B.: »Wie wähle ich ein Passwort?« oder »Mehr Informationen«. Wenn wir es nicht schaffen, diesen winzigen, aber wichtigen Symbolen einen Alt-Text zu geben, werden Benutzer, die sie nicht sehen können, diese wichtigen Informationen nicht bemerken.

- **Warnung #1**
  Witz hat in Alt-Texten nichts zu suchen. Sie sollten klar und unmissverständlich sein.
- **Warnung #2**
  Wenn die Informationen extrem wichtig sind, sollten sie permanent angezeigt werden und nicht als Tooltip.

Emojis haben voreingestellte Alt-Texte. Möchten Sie wissen, was Benutzer hören, wenn Sie Emojis in Ihrer Microcopy verwenden? Schauen Sie *What do Emojis look like?!* von Molly Burke auf YouTube[2].

Grundsatz 4: Beschreiben Sie Links und Buttons mit mehr als nur »Weiterlesen«

Die Tastatur-Navigation ermöglicht es, zwischen verschiedenen Bildschirmbereichen hin und her zu springen:

- Sie können nur zwischen den Headlines navigieren.
- Sie können nur zwischen Links und Buttons navigieren.

Personen, die den Bildschirm nicht vollständig sehen können, erfassen dadurch schnell, was die wichtigen Elemente auf der Seite sind, und können dann direkt zu dem Element navigieren, das sie am meisten interessiert. Was hört also jemand, wenn er im folgenden Beispiel von einem Tab zum nächsten springt?

Abbildung 18.10 Die Headlines sind nicht als Links hinterlegt.

Da es sich bei den Headlines nicht um Links handelt, hört diese Person dreimal hintereinander BEITRAG LESEN, ohne irgendeinen Hinweis darauf, worum es in diesen Beiträgen geht. Es bedarf nur einer kleinen Anpassung, um dieses Problem zu lösen.

2 *https://www.youtube.com/watch?v=PvTicDOkOTA&feature=youtu.be*

Sie müssen noch nicht einmal besonders kreativ sein. Sie können beispielsweise jedes BEITRAG LESEN ersetzen durch: »Mein Abschluss-Outfit«, »Erfolg loslassen« und »Zum Geschenke-Guide«.

Wenn Links oder Buttons nur ein klein bisschen mehr an Informationen über die Seite liefern, zu der sie führen, gewinnen alle: Menschen mit Screenreadern können entscheiden, ob etwas für sie relevant ist – und alle anderen erhalten eine gute, konkrete Aufforderung weiterzulesen.

Grundsatz 5: Microcopy sollte immer als Live-Text und nicht als Bild erscheinen

Screenreader lesen nur *Live-Text*. Wenn

- Ihr Button also tatsächlich ein Bild ist,
- das Wort unter einem Symbol damit als Bild gespeichert wird oder wenn
- Sie ein großes Bild mit erklärendem Text auf Ihrer 404-Seite platzieren,

dann wird keines dieser Textelemente jenen Benutzern vorgelesen, die nicht sehen können!

Damit ein solches Symbol barrierefrei zugänglich ist, sollte die Microcopy als Live-Text erscheinen oder mit einem entsprechenden Alt-Text kombiniert werden. Hier sehen Sie ein Beispiel von *Spotify*:

Abbildung 18.11 Die Spotify-App

Grundsatz 6: Lesbarkeit: Permanenter Text mit hohem Kontrast

Alle Anweisungen, Hinweise und Notizen zum Ausfüllen eines Formulars oder zu anderen Prozessen sollten immer verfügbar sein – permanent sichtbar oder in einem Tooltip, zu dem Nutzer jederzeit zurückkehren können, um ihn zu lesen.

Platzhalter, die verschwinden, sobald ein Formularfeld in den Fokus rückt, sind selbst für sehende Benutzer schwierig. Daher ist dieses Formular nicht barrierefrei zugänglich:

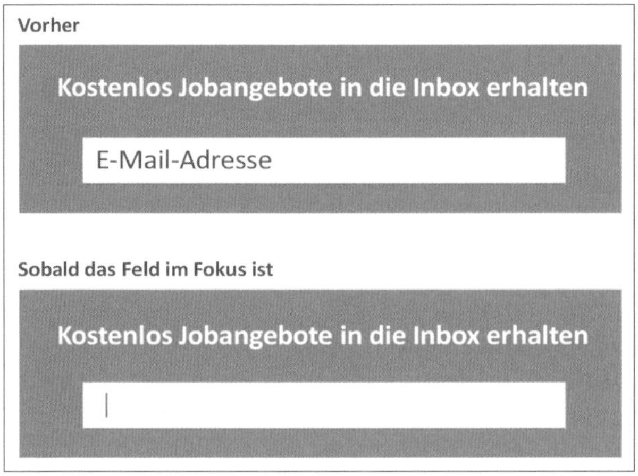

Abbildung 18.12 Platzhaltertexte, die verschwinden, bereiten selbst sehenden Benutzern Probleme.

Wenn Platzhaltertexte, die den Standort wechseln (wie im nächsten Beispiel), von Entwicklern als *für Screenreader verfügbar* definiert werden, sind sie für sehbehinderte Benutzer zwar passabel, was die Zugänglichkeit betrifft; aber die Bewegung könnte Benutzer mit kognitiven Beeinträchtigungen verwirren.

Wenn Sie also viel Platz haben, platzieren Sie die Beschriftungen außerhalb der Felder – permanent sichtbar und statisch. Wenn der Platz knapp bemessen ist, stellen Sie sicher, dass das, was auf dem Feld erschienen ist, auch dann verfügbar ist, wenn es in den Fokus gerät.

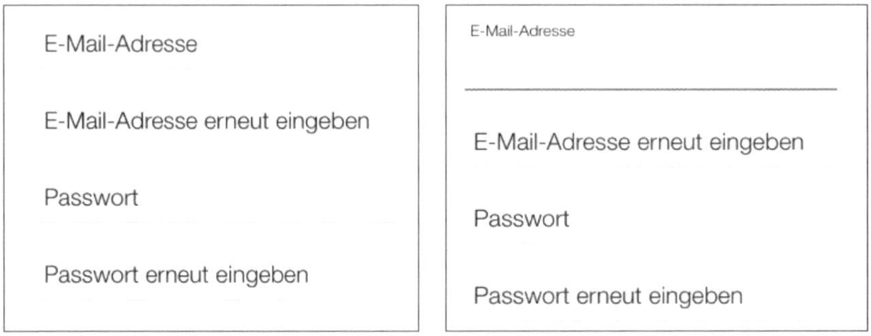

Abbildung 18.13 de.wix.com

Die gesamte Microcopy sollte zudem in hohem Kontrast (zum Hintergrund, auf dem sie erscheint) angezeigt werden, damit Benutzer mit Sehbehinderung oder Legasthenie sie leicht erkennen und entziffern können. Das macht es auch allen anderen viel angenehmer, grundlegende Informationen zu lesen.

Wenn Ihre Platzhaltertexte Informationen enthalten, die für die Erledigung einer Aufgabe wichtig sind, sollten auch diese die hohen Kontraststandards einhalten und nicht zu hell erscheinen. Und wenn sie keine relevanten Informationen enthalten, warum stehen sie dann dort? Entfernen Sie diese Platzhalter, und alle Benutzer profitieren (siehe Kapitel 10).

Im nächsten Beispiel sind die Platzhaltertexte kontrastarm und unzugänglich, aber auch redundant, sodass sie nicht betont, sondern gelöscht werden sollten.

Abbildung 18.14 Redundante Platzhalter bitte eliminieren!

Dies ist das Anmeldeformular für den Onlineshop von *dm – drogerie markt*. Die Labels sind permanent und außerhalb der Felder platziert, und es gibt einen hohen Kontrast innerhalb der Felder. Gut gemacht.

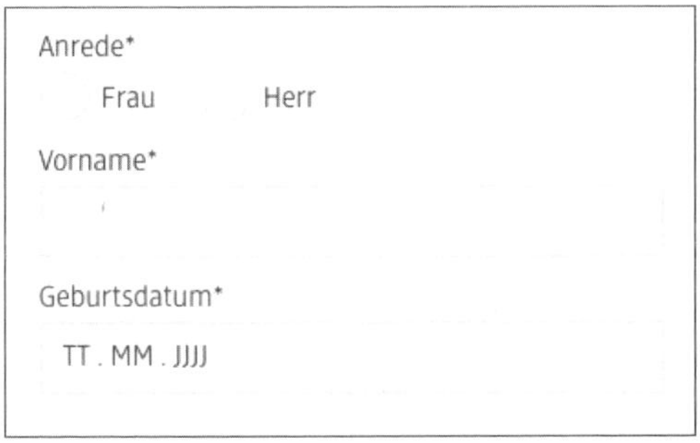

Abbildung 18.15 www.dm.de

Grundsatz 7: Einfach ist am besten

Wir bilden uns gern ein, dass wir für Menschen schreiben, die sofort verstehen, was sie lesen. Aber in Wirklichkeit sind nicht alle in der Lage dazu. Häufig verstehen Benutzer Abkürzungen, Akronyme oder Wortspiele gar nicht, oder sie haben weder die Muße noch die Geduld, ihnen auf den Grund zu gehen.

Das folgende Anmeldeformular ist sehr cool, aber es ist nicht barrierefrei zugänglich. Auch wenn jeder begreift, dass »Zauberwort« sich auf ein Passwort bezieht –

verstehen alle, dass »Ich habe noch kein Zauberwort« eigentlich bedeutet: »Ich habe noch kein Konto«? Das ist Witz auf Metaebene, der niemandem dient. Beachten Sie auch, wie der geringe Kontrast in den hellblauen Feldern die Lesbarkeit erschwert.

Abbildung 18.16 Zu viel Witz und zu wenig Kontrast erschweren hier die Lesbarkeit.

18.3 Eine persönliche Bemerkung

Seitdem ich die hier beschriebenen Prinzipien der Barrierefreiheit kennengelernt habe, habe ich eine große Herausforderung beim Schreiben von Microcopy gemeistert. Ich habe nun eine klare Antwort auf meine Frage, wie witzig ich beim Schreiben von Microcopy sein sollte: Wenn ich mir vorstelle, wie Screenreader oder Benutzer mit kognitiven Beeinträchtigungen die Worte lesen, merke ich sofort, wo Witz angebracht ist und wo ich die Grenze ziehen muss. Mein Schreibstil ist einfacher und klarer geworden, witzige Formulierungen beschränke ich auf die richtigen Stellen.

Also: Schreiben Sie weiter vielseitige, interessante und ausdrucksstarke Microcopy – aber vergessen Sie nicht, sich immer wieder zu fragen, ob alle verstehen, was Sie gerade geschrieben haben.

18.4 Erhöhen Sie Ausfüllrate Ihrer Formulare mit dieser Microcopy- und Usability-Checkliste

Bevor Sie ein neues Formular veröffentlichen oder wenn Sie ein Formular haben, das Benutzer oft unausgefüllt verlassen oder das sie sogar dazu bringt, den Support anzurufen, dann gehen Sie diese Checkliste durch. Für weitere Hinweise zu den einzelnen Punkten lohnt es sich, die entsprechenden Kapitel noch einmal zurate zu ziehen.

Bevor Sie beginnen

1. Haben Nutzer genügend gute Gründe, das Formular auszufüllen?
   Verstehen Benutzer, warum sie das Formular ausfüllen sollen und was dabei für sie herausspringt? Garantieren Sie wahren Mehrwert mit einem Call-to-Action zuoberst auf dem Formular oder auf jener Seite, die zum Formular führt.
2. Hat das Formular zu viel Microcopy?
   Sieht es überladen aus? Das passiert, wenn
   - Sie überdeutlich erklären – sogar die Elemente, die keiner Erklärung bedürfen.
   - Sie nur das Nötigste erklären, aber dafür zu viele Worte brauchen.
   - das UI/UX-Design nicht intuitiv genug ist. Treffen Sie sich wieder mit den UX-Designern, und besprechen Sie das Problem erneut.
3. Hat das Formular zu wenig Microcopy?
   Haben Sie es versäumt, wichtige Erklärungen oder beruhigende Worte zu liefern, um die Benutzer nicht zu überfordern? Verstecken sich kritische Anweisungen in Tooltips? Holen Sie diese dort raus.

Klarheit

1. Schreiben Sie im Gesprächston.
   Achten Sie darauf, dass Sie die Benutzer direkt, in alltäglichen Worten und in einer kurzen, unkomplizierten Sprache ansprechen.
2. Steuerelemente
   Überprüfen Sie jedes einzelne Label, und stellen Sie sicher, dass es für alle Benutzer leicht verständlich ist.

   Achten Sie darauf, dass die Microcopy Folgendes *nicht* enthält:
   - Fachbegriffe, die durch einfachere Worte ersetzt werden können
   - Begriffe, die Sie für den internen Gebrauch erfunden haben und die einfach so belassen wurden
   - Abstrakte oder vage Begriffe, die mehrdeutig sein könnten

Wenn Sie einen der oben genannten Begriffe finden, sollten Sie ihn entweder durch einen einfacheren Begriff ersetzen oder eine Erklärung hinzufügen.

3. Wenn Benutzer mehrere Optionen zur Auswahl haben
   Bei Dropdown-Listen, Auswahlbuttons oder Kontrollkästchen sollten Sie sicherstellen, dass
   - alle Optionen leicht und schnell verständlich sind,
   - ihre Bedeutung und Auswirkung aus ihrem Namen ersichtlich ist (wenn nicht, sollten Sie einen Tooltip hinzufügen) und dass
   - alle Optionen voneinander unterscheidbar sind (und dass keine mit einer anderen verwechselt werden kann).

   Wenn mehrere Entscheidungen getroffen werden können: Sagen Sie das.
4. Platzhaltertexte
   - Platzhalter sollten keine Informationen enthalten, die der Benutzer während der Eingabe benötigen könnte.
   - Platzhalter müssen relevante Informationen hinzufügen, nicht nur das Label wiederholen.
   - Platzhalter sollten in hohem Kontrast angezeigt werden, um den Richtlinien zur Barrierefreiheit bestmöglich zu entsprechen.
5. Tooltips
   - Stellen Sie sicher, dass Tooltips keine kritischen Informationen enthalten, die besser permanent sichtbar wären.
   - Wenn es sich um ein Formular handelt, das nur einmal oder selten ausgefüllt werden muss, sollten Sie Tooltips verwenden, die automatisch erscheinen, sobald das Feld in den Fokus rückt.

Reibungsloser Ablauf ohne Unterbrechungen

1. Vermeiden Sie banale und irritierende Fehlermeldungen
   Erkundigen Sie sich beim Produktmanager oder bei den Entwicklern über jedes einzelne Feld: Welche Werte und Formate akzeptiert das System und welche Werte und Formate lehnt es mit einer Fehlermeldung ab?

   Bei denjenigen Feldern, die Fehler ausgeben können, sollten Sie die Benutzer neben oder über dem Feld vorwarnen.
2. Kennzeichnen Sie erforderliche Felder
   Benutzen Sie das Sternchen oder schreiben Sie »optional«. Wenn alle Felder zwingend erforderlich sind, sollten Sie das laut und deutlich erwähnen und alle Felder markieren.

3. Offene Fragen
   - Haben Sie den Benutzern eine Anleitung an die Hand gegeben, wie eine Antwort aussehen könnte? Etwas, das ihnen hilft, sich zu konzentrieren und die Bedeutung klarzumachen? Vielleicht einen guten Tipp, wie die Antwort sinnvoll gestaltet wird?
   - Wenn die maximale Zeichenzahl im Antwortfeld begrenzt ist: Informieren Sie die Benutzer darüber. Idealerweise fügen Sie sogar einen Zähler hinzu.
4. Schalter und Kontrollkästchen
   Gibt es die Option, etwas ein- oder auszuschalten (zu aktivieren bzw. zu deaktivieren), vielleicht über einen Schalter oder ein Kontrollkästchen? Dann sollten Sie sicherstellen, dass die Benutzer alle notwendigen Informationen für die Entscheidung haben, ob sie die Option ein- oder ausschalten möchten. Erklären Sie die Konsequenzen jeder Auswahl.
5. Dateien anhängen
   Wenn es Einschränkungen bezüglich Dateityp oder -größe gibt, machen Sie dies vorab deutlich.
6. Fehlermeldungen
   - Haben Sie vom Entwicklungsteam alle möglichen Fehlerszenarien für dieses Formular erhalten?
   - Haben Sie für diese Fehler gute Microcopy geschrieben, die Benutzern hilft und die Vorgaben für das Schreiben von Fehlermeldungen befolgt?

Fragen beantworten und auf Bedenken reagieren

1. Fragen nach personenbezogenen Daten (E-Mail-Adresse, Sozialversicherungsnummer, Telefonnummer, Geburtsdatum etc.)
   - Wenn Sie eine persönliche Information benötigen, sollten Sie immer erklären, warum.
   - Wenn die personenbezogenen Daten optional sind, müssen Sie Ihren Nutzern klarmachen, dass diese Angaben zu ihrem Vorteil sind.
2. Fragen nach komplexen Informationen
   Wissen die Benutzer, woher sie diese Informationen beziehen können? Wenn nein, sollten Sie erklären, wo sie zu finden sind.
3. Sicherheit
   - Bei Online-Zahlung: Zeigen Sie deutlich an, dass sie gesichert ist.
   - Wenn Ihr Tätigkeitsbereich ein höheres Maß an Diskretion erfordert: Machen Sie klar, dass die angegebenen Informationen sicher übermittelt und aufbewahrt sowie vertraulich behandelt werden.

4. Nachträgliche Änderungen vornehmen
   - Wenn Benutzer Angaben zu einem späteren Zeitpunkt ändern können, dann sagen Sie ihnen das. Das macht es ihnen einfacher, das Formular ohne Sorgen und Bedenken weiter auszufüllen.
   - Wenn nachträgliche Änderungen nicht möglich sind: Vermeiden Sie Enttäuschungen und warnen Sie rechtzeitig vor.

Gesendet ist nicht beendet

1. Wartezeit
   Wenn es zwischen dem Klick auf SENDEN und dem Erhalt der Erfolgsnachricht eine Lade- und Verarbeitungszeit gibt, sollten Sie eine nette Nachricht vorbereiten, die zur gewünschten Erfahrung passt. So zeigen Sie Ihren Benutzern, dass Sie auch an dieses kleine Detail gedacht haben.
2. Erfolgsmeldung
   Was sehen die Nutzer, sobald sie die Aufgabe erledigt und das Formular abgeschickt haben? Ist die Erfolgsbotschaft angenehm belohnend und komplettiert sie die Erfahrung, die Sie schaffen möchten?

19 Microcopy für komplexe Systeme

Was sind komplexe Systeme, was genau bringt Microcopy in komplexen Systemen – und warum brauchen diese Systeme überhaupt ein Voice & Tone Design?[1]

19.1 Was sind komplexe Systeme?

Im Kontext dieses Handbuches sind *komplexe Systeme* jene Systeme, die Anwender für fachliche oder berufliche Bedürfnisse nutzen müssen und die viele Komponenten enthalten, die miteinander in Beziehung stehen. Diese Systeme sind nicht linear. Das heißt, die Benutzer betreten ein System nicht an einem Ort und verlassen es am anderen Ende, wenn sie ihre Aufgabe erledigt haben. Vielmehr greifen Nutzer für verschiedene Aufgaben immer wieder auf das System zu und verwenden verschiedene Komponenten, die miteinander in vielfältigen, aber konsistenten Beziehungen stehen.

19.2 Arten von komplexen Systemen

Wir alle sind in verschiedenen Lebens- und Arbeitsbereichen mit komplexen Systemen in Kontakt. Grundsätzlich lassen sich drei Typen unterscheiden:

Typ 1: Expertensysteme

Expertensysteme richten sich an Fachleute: z. B. eine Laborprotokoll-Software für Genforscher, ein Grafikdesign-Programm, ein Modellierungsprogramm für Ingenieure, ein Kommunikationssystem für Telemarketer oder ein System, mit dem Werkstattmechaniker Probleme an Autos identifizieren.

1 Dieses Kapitel konnte nur entstehen, weil mehrere professionelle UX- und Content-Designer und -Designerinnen großzügig ihr Wissen mit mir teilten und mir ihre Erkenntnisse und Erfahrungen sowie Screenshots zur Verfügung stellten. Ich danke Jasmin Galker Vaisburd von UniqUI; Shani Polanski, Leah Kraus und Naama Shapira von PTC; Elinor Mishan Salomon und Idit Peled vom Justizministerium; Galia Engelmayer von NICE und Assaf Trafikant von QuickWin.

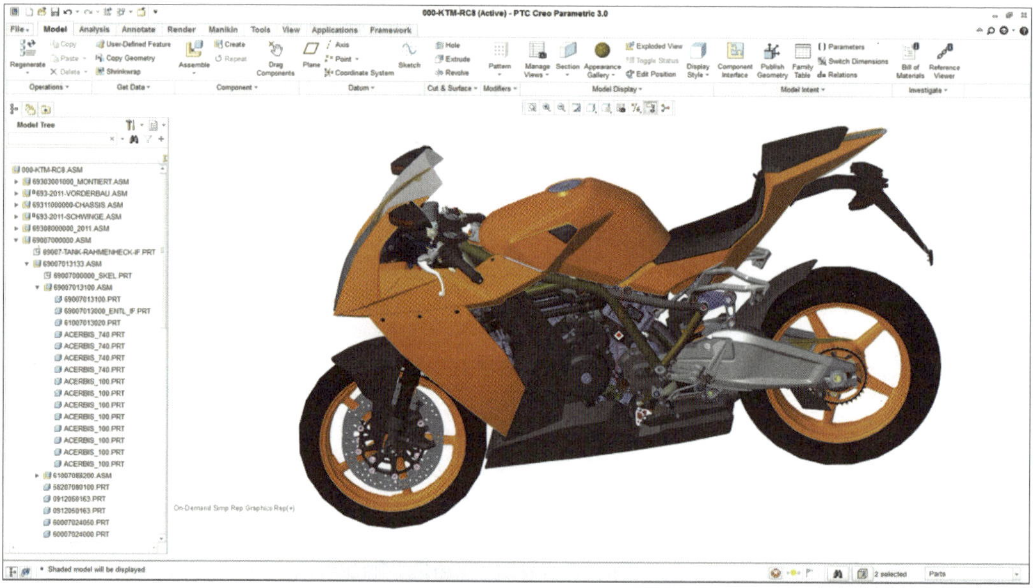

Abbildung 19.1 Screenshots des Programms »Creo Parametric« von PTC, einem superprofessionellen Expertensystem, mit dem Ingenieure dreidimensionale Modelle zeichnen

Typ 2: Systeme innerhalb einer Organisation

Diese Systeme dienen zur Organisation und Verwaltung von Wissen oder Prozessen. Beispiele sind Systeme für Gehaltsabrechnungen, zur Verwaltung von Krankenakten, zum Kundenmanagement, zur Umsatzüberwachung oder zum Projektmanagement.

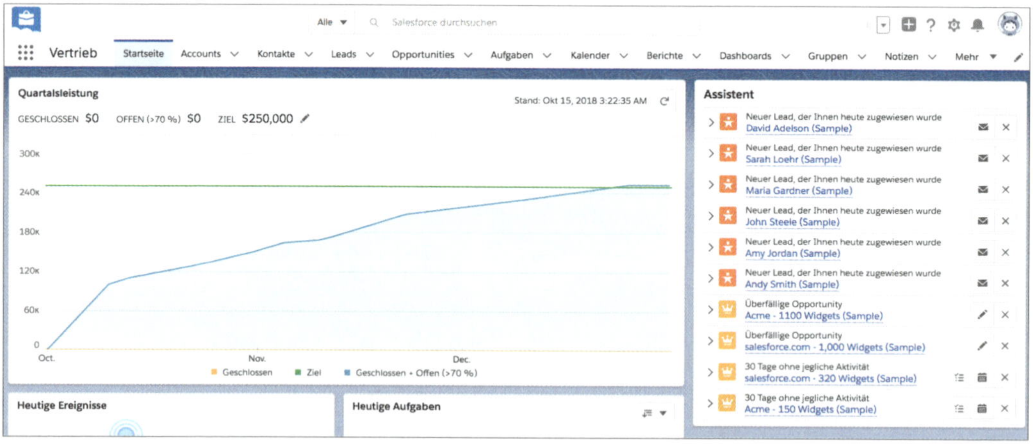

Abbildung 19.2 Ein Screenshot der Sales Cloud von Salesforce

Typ 3: Systeme für die Allgemeinheit

Diese komplexen Systeme sind für allgemein nützliche Aufgaben gedacht, z. B. für die Textverarbeitung oder um per App Bankkonten zu verwalten.

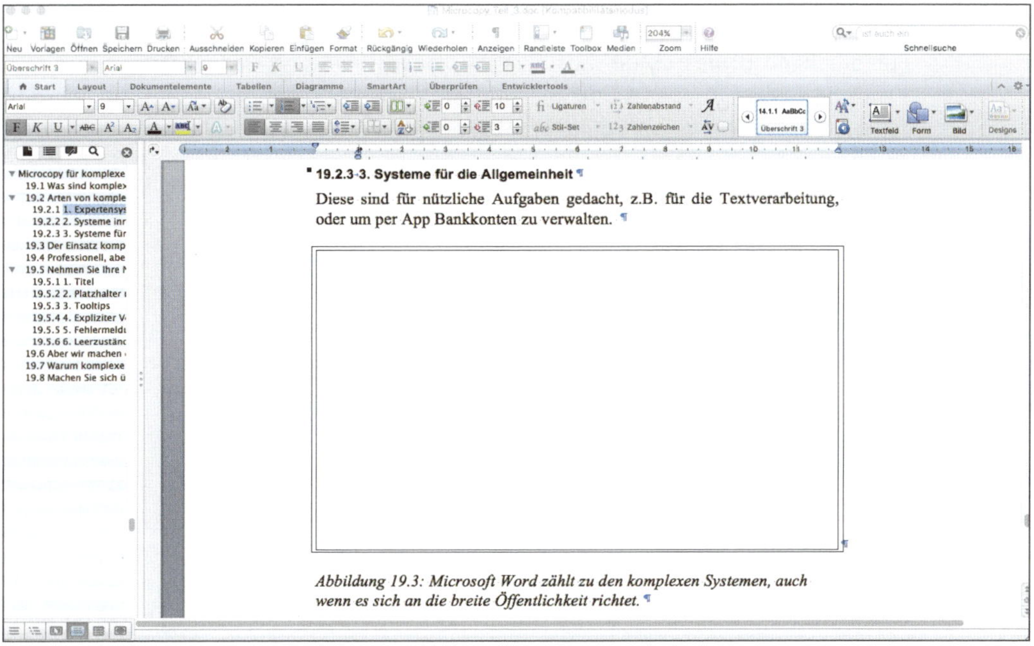

Abbildung 19.3 Microsoft Word zählt zu den komplexen Systemen, auch wenn es sich an die breite Öffentlichkeit richtet.

19.3 Der Einsatz komplexer Systeme und die Auswirkungen auf die Microcopy

Bevor wir in die Microcopy komplexer Systeme eintauchen, möchte ich betonen, dass der Begriff *komplexe Systeme* sehr allgemein gefasst ist. Es gibt komplexe Systeme für NASA-Ingenieure, andere für 24-jährige Schichtleiter im Callcenter, wieder andere für Designer oder Entwickler, die in einer agilen Umgebung arbeiten, Systeme für Sekretärinnen im Gesundheitssektor und noch viele andere mehr. Ich zeige Ihnen hier Richtlinien auf, wie Sie häufig vorkommende Microcopy schreiben, aber jedes System hat seinen eigenen Voice & Tone – je nach Zielgruppe, Arbeitsumgebung und Systemvorgaben. Im letzten Teil dieses Kapitels schreibe ich darüber mehr.

19.4 Professionell, aber praktisch

Bei Expertensystemen sind die Benutzer auf das System angewiesen, um ihre beruflichen Fähigkeiten umzusetzen und zu nutzen, aber auch um den Berufskollegen gegenüber Professionalität zu demonstrieren.

Entsprechend professionell muss die Microcopy sein. Im Gegensatz zur eisernen Regel der Microcopy, dass für die breite Masse Fachbegriffe vereinfacht werden sollten, ist hier die Verwendung von Fachbegriffen doppelt notwendig:

- **für die Benutzerfreundlichkeit** – damit Nutzer problemlos alles finden, was sie mit den Begriffen suchen, die sie aus dem Arbeitsalltag gewohnt sind.
- **als Nachweis der Professionalität** – damit Anwender verstehen, dass das System von Menschen entwickelt wurde, die Experten auf ihrem Gebiet sind. Die Benutzer erkennen somit, dass das System berufsspezifisch ist und jede Aufgabe bestmöglich ausführen kann. Das System muss so professionell klingen, dass es seinen Nutzern ermöglicht, sich voll und ganz auf es zu verlassen, und ihm ihre Professionalität anzuvertrauen.

Aber: »professionell« bedeutet nicht »hochnäsig und angeberisch«, sondern »klar und präzise«. Warum? Erstens sprechen wir in den meisten Fällen von Aufgaben, die im Arbeitsalltag erledigt werden – mit anderen Worten, unter einem gewissen Druck. Die Microcopy muss also praktisch sein: kurz, direkt, klar, in Sekundenbruchteilen verständlich, und sie muss es ermöglichen, Aufgaben schnell und reibungslos zu erledigen.

Ihr technologisch komplexes System wird im 21. Jahrhundert täglich verwendet – wenn es wie ein altes Wörterbuch klingt, ist es für heutige Benutzer schwieriger zu verstehen. Komplexe Systeme erfordern komplizierte Erklärungen, aber Sie sollten es vermeiden, eine akademische, veraltete oder irrelevante Sprache zu verwenden, die alles noch komplizierter macht. (Lesen Sie alles darüber in Kapitel 2, »Gesprächshaftes Schreiben – Conversational Writing«.)

Eine solche (nicht zwingend beabsichtigt) hochgestochene Ausdrucksweise dient nicht als Beweis für Professionalität, sondern für eine festgefahrene Denkweise. Es lohnt sich wirklich, superklar zu sein und einfach, präzise, in einer praxisnahen und verständlichen Sprache zu schreiben. Die Regel ist: Schreiben Sie so, wie die Profis in ihrem jeweiligen Fachgebiet sprechen, und nicht so, wie sie ihre Doktorarbeit schreiben.

Der zweite Grund, warum Sie sich so einfach wie möglich ausdrücken sollten, besteht darin, dass Sie das System an die verschiedenen Ebenen von voraussetzbarem Fachwissen anpassen müssen: für Anfänger und Experten, für die superschlauen und für die durchschnittlichen. Daher ist eine einfache Fachsprache immer besser als eine komplexe Fachsprache.

Beispiel

Hier sehen Sie eine Benachrichtigung durch das *NICE-Callcenter*-Management-System: Die Microcopy rechts ist kürzer, aktiver, direkter, und die Buttons sagen genau, was sie bewirken.

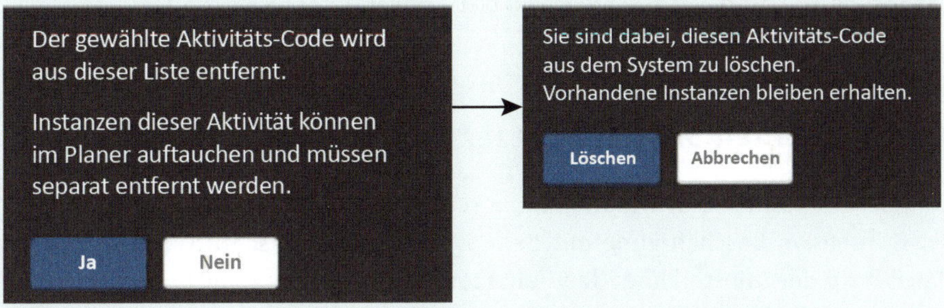

Abbildung 19.4 NICE-Callcenter-Lösung (übersetzt aus dem Englischen)

Und hier ist eine Benachrichtigung durch das israelische Justizministerium: Lesen Sie erst die neue Version, bevor Sie die alte lesen. Sehe Sie etwas Unprofessionelles, Beleidigendes oder Unzulässiges? Tipp: Nein! Die Nachricht ist ausgezeichnet formuliert. Es ist möglich, professionell zu sein und alltägliche Wörter zu verwenden. Und das ist auch noch gut für die Barrierefreiheit!

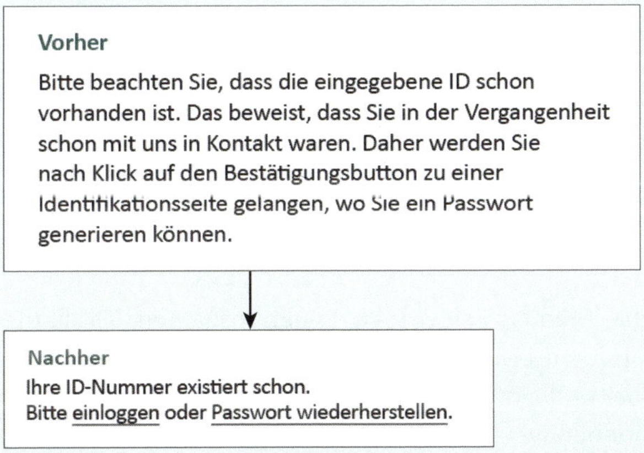

Abbildung 19.5 Israelisches Justiziminsterium (übersetzt aus dem Hebräischen)

Der Titel zu einer Funktion auf *RealMatch*, mit dem Kunden die Performance von Stellenanzeigen beobachten können, lautete ursprünglich:

Abbildung 19.6 RealMatch (übersetzt aus dem Englischen)

Aber nun, in einfache Worte gefasst, ist die Funktion viel klarer und offensichtlicher:

Wo erscheint Ihre Anzeige?

Abbildung 19.7 RealMatch (übersetzt aus dem Englischen)

19.5 Nehmen Sie Ihre Nutzer an die Hand

Komplexe Systeme sind, wie der Name schon sagt, komplex. Sie erfordern in der Regel intensive Beschäftigung mit dem System und eine schrittweise Vertiefung. Das Prinzip der selbsterklärenden Benutzeroberfläche ist hier nicht realisierbar, da es eine Vielzahl von Funktionen, Möglichkeiten und Elementen gibt, die miteinander in Beziehung stehen.

Nun könnten Sie sagen:

- »Unsere Benutzer sind intelligent, die werden das schon verstehen«,
- »Wir lösen das mit Schulungen«,
- »Sollen sie halt den Support anrufen« oder
- »Sie müssen die Bedienungsanleitung lesen«.

Aber es ist möglich, das Problem auf eine andere Art und Weise anzugehen, womöglich sogar auf die wirksamere Art: indem Sie Ihre Benutzer mit Microcopy unterstützen.

1. Titel

Achten Sie besonders auf die Menüs, Feld-Label, Funktionsnamen, Grafiktitel, Kategorien, Optionen in Dropdown-Listen und Spaltenüberschriften in Tabellen. Stellen Sie sicher, dass diese klar und einfach geschrieben sind, dass sie genau erklären, was erscheint oder geschrieben werden muss, und dass sie schnell und eindeutig zu verstehen sind.

2. Platzhaltertexte und Hinweise

Möchten Sie eine kurze Erklärung zu einem Feld geben? Platzieren Sie die Erklärung als Platzhalter innerhalb des Feldes (wenn Benutzer sich beim Tippen nicht daran erinnern müssen), als kurzen Satz darüber oder stellen Sie die Erklärung in einem Tooltip dar. (Best Practices hierzu finden Sie in Kapitel 10, »Platzhalter«, und in Kapitel 14, »Microcopy und Usability: Die Grundprinzipien«.) Diese kleinen, aber leistungsstarken Werkzeuge helfen Ihnen, Ihre Benutzer zu schulen, ohne dass sie in der Bedienungsanleitung nachsehen müssen.

3. Tooltips

Wenn Sie einen komplizierten Sachverhalt bei einem Feld oder einem anderen Element der Benutzeroberfläche erklären möchten, können Sie das mit einem kleinen »i«-Symbol tun, das bei gedrückter Maustaste einen Tooltip mit der Erklärung anzeigt. (Halten Sie die Erklärung so kurz und einfach wie möglich, aber liefern Sie trotzdem alle erforderlichen Informationen, die dem Anwender den Anruf beim Helpdesk oder die Suche im Benutzerhandbuch ersparen.) Komplexe Systeme verwenden häufiger Tooltips. Dort sind diese Texte meist auch länger, verglichen mit denen bei simplen Systemen für die breite Masse – und das ist okay so.

In Kapitel 14, »Microcopy und Usability: Die Grundprinzipien«, erfahren Sie mehr darüber, wie und wann Sie Ihren Benutzern helfen sollten.

Beispiel

Dies ist ein wirksamer und umfassender Tooltip für eine Spaltenüberschrift in einer Tabelle von *RealMatch*. Er erklärt, was die Benutzer über jene Status wissen müssen, die sie derzeit in der Spalte Status sehen, aber auch über andere optionale Status. So informiert der Tooltip die Benutzer, wie sie das System zu bedienen haben.

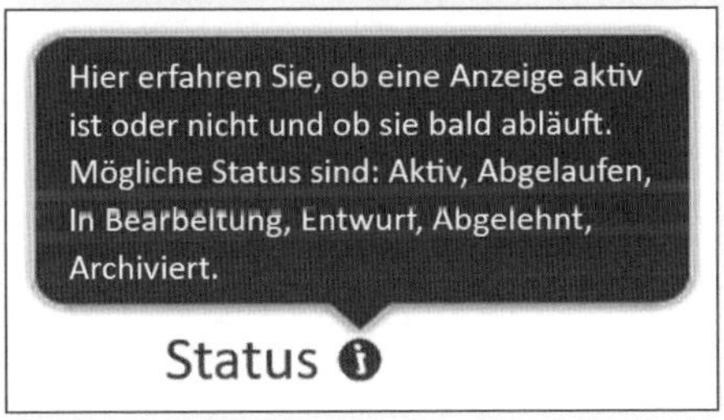

Abbildung 19.8 RealMatch (übersetzt aus dem Englischen)

Tooltips können zudem den Wert der Funktion vermitteln und so den Benutzern helfen, das Beste aus ihr herauszuholen.

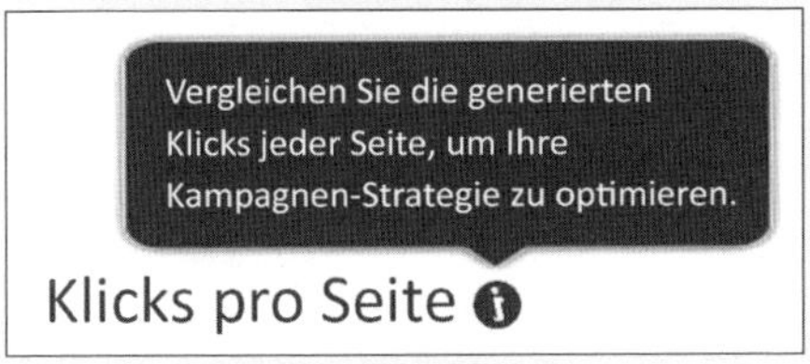

Abbildung 19.9 RealMatch (übersetzt aus dem Englischen)

Tipp 29: Du schon wieder?

Benutzer greifen täglich, oft mehrmals, auf Ihr komplexes System zu, und es gibt Berufe, in denen sich die gesamte Tätigkeit auf ein System konzentriert. Irgendwann hören die Nutzer auf, den Text zu lesen und führen die Aktionen automatisch aus.

Seien Sie also nicht zu witzig in Ihrer Microcopy, besonders wenn es sich um häufig ausgeführte Prozesse handelt. Auch wenn Witz seine Berechtigung in Ihrem System hat, sollten Sie ihn nicht für jene Aufgaben verwenden, die Benutzer routinemäßig ausführen. Beim ersten Mal lachen sie vielleicht – aber was ist mit dem zweiten Mal? Dem dritten? Und dem dreißigsten?

4. Expliziter Verweis auf das Benutzerhandbuch

Wenn eine Erklärung lang und komplex ist oder wenn klar wird, dass die Benutzer das Handbuch lesen müssen, um eine Funktion wirklich zu verstehen, dann sollten Sie verhindern, dass Wissenslücken Ärger verursachen – oder dass Benutzer selbst nach Lösungen suchen müssen. Zeigen Sie ihnen, dass Sie sich der Komplexität bewusst sind, und verweisen Sie, möglichst mit einem direkten Link, auf die betreffende Stelle im Handbuch.

Beispiel

So macht's *RealMatch*:

> Für diese Anzeige sind keine prognostischen Daten verfügbar. Das kann verschiedene Ursachen haben. Im Handbuch finden Sie mehr Informationen.

Abbildung 19.10 RealMatch (übersetzt aus dem Englischen)

5. Fehlermeldungen

Fehlermeldungen sind ärgerlich, und wenn Benutzer mitten in einem komplexen Prozess sind und die Zeit knapp wird, werden Fehler noch frustrierender und wirken demoralisierend. Natürlich müssen Fehlermeldungen immer klar und hilfreich sein (siehe Kapitel 7), aber in komplexen Systemen gilt das besonders.

Erklären Sie das Problem präzise, und leiten Sie die Benutzer zu einer Lösung an, damit sie möglichst schnell fortfahren können. Verwenden Sie gut verständliche Wörter, die nicht bedrohlich wirken. Drücken Sie das Problem in einem ruhigen Tonfall aus, damit Sie die Benutzer nicht erschrecken, und fügen Sie Anweisungen hinzu, die leicht umzusetzen sind.

Sehr wichtig: Präsentieren Sie das Problem aus der Sicht der Benutzer, nicht aus der Sicht des Systems oder aus der Sicht der Entwickler. Dazu sollten Sie genau verstehen, was Benutzer tun wollten, was schiefgelaufen ist und wie das Problem behoben wird – nicht nur technisch, sondern auch fachlich.

Beispiel

Unten sehen Sie eine Fehlermeldung von *PTC AgileWorx*, einem System zur Verwaltung von Arbeitsprozessen in einer agilen Umgebung. In einer solchen Umgebung arbeiten Teams in einem festgelegten Zeitraum (*Sprint*). Am Ende eines Sprints sollte jedes Teammitglied die jeweils zugewiesenen *Stories* abgeschlossen haben und sie entsprechend im System schließen. Wenn das Team beschließt, eine Story offen zu lassen, wird sie dem nächsten Sprint zugewiesen.

Die gezeigte Fehlermeldung erscheint, wenn die Gruppe versucht, einen Sprint zu schließen, dem noch offene Stories zugewiesen sind. Die frühere Version der Meldung lieferte den Benutzern eine technische Erklärung, wie das System funktioniert, und sagte, was es erlaubt und was nicht. Die neue Version wurde aus der Sicht der Benutzer geschrieben, mit der Fachkenntnis, dass sie in einer agilen Umgebung entweder einen Schritt zurückgehen oder die Story zum nächsten Sprint verschieben wollen. Selbst der Wortlaut ist fließender, aktiv und praktisch, passend zur Dynamik agiler Prozesse.

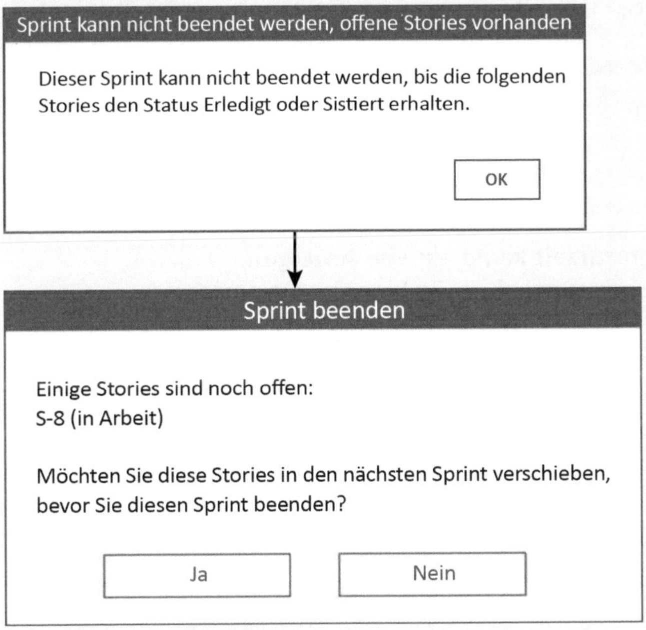

Abbildung 19.11 PTC AgileWorx (übersetzt aus dem Englischen)

6. Leerzustände

Leerzustände in einem komplexen System bieten die perfekte Gelegenheit, um Benutzer zu informieren und zu erklären, wie das System funktioniert. Anstatt Ihre Nutzer in einer Sackgasse allein zu lassen, können Sie diesen leeren Raum nutzen, um zu erklären, was die Benutzer hier tun können oder müssen, wie dieses Feature funktioniert, was sie hier sehen sollten oder wie sie weiterkommen.

Beispiel

Anstatt eines frustrierenden »Daten sind nicht verfügbar« (oder anders ausgedrückt: »Hier gibt es nichts zu sehen«) in Abbildung 19.12 sagt *RealMatch* seinen Benutzern in Abbildung 19.13, was hier erscheinen wird, wann es so weit ist und was sie jetzt tun sollen. In diesem Beispiel ist das einfach: Warten.

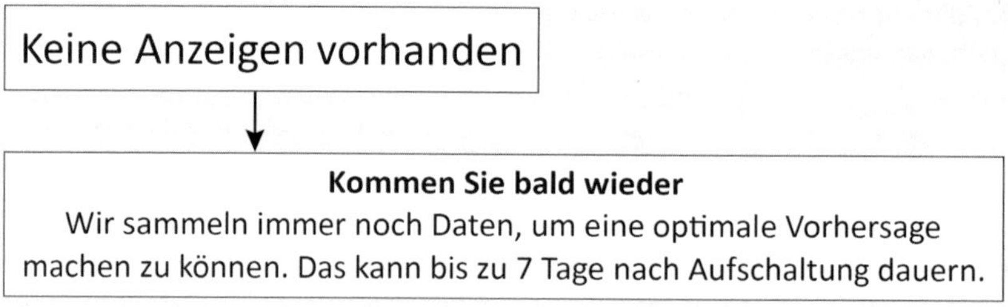

Abbildung 19.12 RealMatch (übersetzt aus dem Englischen)

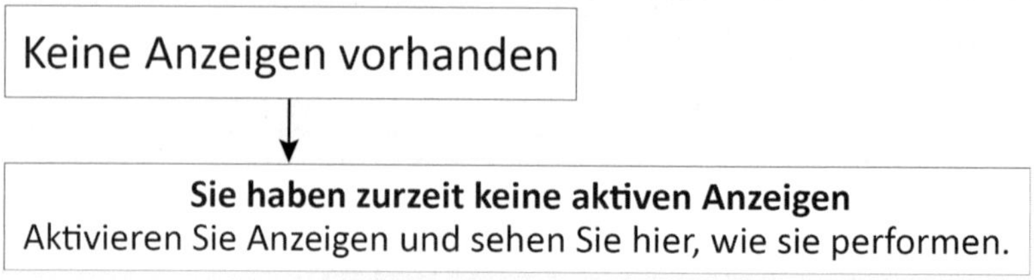

Abbildung 19.13 RealMatch (übersetzt aus dem Englischen)

Beachten Sie, dass der menschliche und freundliche Voice & Tone dieser Meldungen die Professionalität der Marke nicht beeinträchtigt. Im Gegenteil, der neue Satz ist viel professioneller, umfassender und präziser.

19.6 Aber wir machen das schon seit 30 Jahren!

Komplexe Systeme mit Hunderten von Funktionen und 30 Jahren Markterfahrung bieten den Anwendern das, was sie bereits gelernt haben und gewohnt sind. Das ist einerseits unglaublich komfortabel; andererseits vergrößert sich die Kluft zwischen den Benutzeroberflächen, die Anwender außerhalb der Arbeit nutzen, und ihrem Expertensystem. Außerhalb der Arbeitszeit verwenden sie gerne neue Oberflächen, die angenehm gestaltet, in zeitgemäßer Sprache geschrieben, klar und interessant sind. Dann beginnt ein neuer Arbeitstag, und sie reisen zurück durch den Zeittunnel zu jenem Punkt in der Vergangenheit, als ihr System entwickelt wurde – und zu einer Sprache aus jener Zeit, als Entwickler noch die ganze Microcopy schrieben, und als es alle gut und sinnvoll fanden, wenn Benutzer die Logik eines Systems selbst entschlüsseln müssen.

Das Problem mit altgedienten Expertensystemen ist, dass es wirklich schwierig ist, das Vermächtnis von Voice & Tone zu ändern. Selbst wenn Sie sich für eine Erneuerung entscheiden, ist es unmöglich, alle Funktionen in einem Arbeitsschritt zu bearbeiten, weder visuell noch in Bezug auf die Microcopy. Wenn wir aber die Microcopy nur in den neu entwickelten Features anpassen, kommt es zu Inkonsistenzen innerhalb des Systems.

Was nun? Wenn Sie möchten, dass das System irgendwann vorankommt, müssen Sie irgendwo anfangen: Schreiben Sie für jede neue Funktion zeitgemäße Microcopy, und modernisieren Sie die Microcopy von alten Funktionen, wenn sie auf eine neue Version aktualisiert werden. Natürlich müssen Sie sicherstellen, dass Benutzer trotz der Unterschiede bezüglich Voice & Tone schnell in der Lage sind, ähnliche Elemente, die für ein neues Feature geschrieben wurden, mit den alten, bekannten Features zu verknüpfen. Glücklicherweise ist ein Wandel in einem komplexen System ohnehin meist nicht so umwälzend – denn die Fachterminologie bleibt erhalten, auch wenn das Umfeld zeitgemäßer wird.

Bevor Sie mit diesem Veränderungsprozess beginnen, empfiehlt sich ein umfassendes Voice & Tone Design, aufgrund dessen Sie entscheiden können, was bleibt und was sich ändert. Das stellt die Kontinuität der Fachsprache und des allgemeinen System-Charakters sicher und ermöglicht zugleich Erneuerung. Dieser Prozess, der in Zusammenarbeit mit verschiedenen Abteilungen innerhalb des Unternehmens geschieht, erleichtert auch die Akzeptanz von Veränderungen bei Mitarbeitern und Führungskräften. (Ich danke Shani Polanski von *PTC* für diese wichtige Erkenntnis aus ihrer Erfahrung.)

Auch ein gefangenes Publikum ist eine Zielgruppe

Die meisten komplexen Systeme stehen in einem gewissen Wettbewerb. Aber die massiven Ressourcen, die nötig sind, um ein ganzes Unternehmen auf ein neues System umzustellen, führen dazu, dass viele Unternehmen über lange Jahre hinweg ein vernünftiges (oder sogar ein weniger vernünftiges) System tolerieren, nur damit sie den Prozess des Systemwechsels nicht durchlaufen müssen.

Und dann gibt es jene Systeme, in denen das Publikum tatsächlich »gefangen« ist, beispielsweise Systeme von Regierungsbehörden. Warum sollten wir in diesem Fall in eine Verbesserung investieren? Die Nutzer kommen zurecht, weil sie es müssen.

Wenn Sie sich Sorgen um die Benutzererfahrung machen und bestrebt sind, Ihren Anwendern die bestmögliche Benutzererfahrung zu bieten, weil Ihnen das an sich schon wichtig genug erscheint, dann identifizieren Sie sich sicherlich mit dem folgenden Satz, den Elinor Mishan Salomon, Teamleiter für UX und UI im israelischen Justizministerium, zu mir sagte – und der dieses ganze Kapitel zusammenfasst:

> *»Gerade **weil** es sich um ein gefangenes Publikum handelt! Sie wollen arbeiten, und ich will, dass sie nicht stecken bleiben, ohne zu wissen, was sie als Nächstes tun sollen. Sie sollen nicht frustriert sein. Sie sollen Werkzeuge kriegen, die zwar nicht ihre besten Freunde sind, aber von denen sie wissen, dass sie für sie arbeiten – und nicht gegen sie.«*

Und wenn Ihre Benutzer zufrieden sind, nutzen sie Ihr System häufiger, kaufen Add-ons, empfehlen es weiter und verlängern den Vertrag. Hier haben Sie Ihr ROI.

19.7 Warum komplexe Systeme Voice & Tone Design brauchen

Microcopy zu schreiben bedeutet nicht, lustige oder niedliche Texte zu verfassen. Vielmehr sollten Sie eine Stimme und einen Ton entwerfen, die Ihren Benutzern und deren Arbeitskontext entsprechen (siehe Kapitel 1, »Voice & Tone Design: So definieren Sie Stimme und Tonfall«).

Mit anderen Worten: Es ist falsch zu sagen, dass korrekte, spröde Microcopy charakterlos ist. Sie hat einfach einen korrekten, spröden Charakter, und wenn es um komplexe Systeme geht, ist das möglicherweise genau das, was die Benutzer brauchen.

Dies gilt umso mehr, wenn Ihre Benutzer mit Unsicherheit, Druck, Verantwortung, Deadlines oder Ängsten zu kämpfen haben. Bieten Sie ihnen eine Microcopy, die so einfach und klar wie nur möglich ist. Das ist das Empathischste, was Sie für sie tun können – viel hilfreicher als ein trauriger Smiley.

Bedeutet das, dass komplexe, professionelle oder Business-to-Business-Systeme (B2B) immer seriös und korrekt sein müssen? Nun, nein, das bedeutet es nicht.

19.8 Machen Sie sich über die Arbeit lustig

MailChimp betreibt ein B2B-System, das freundlich, menschlich und lustig ist – mit Millionen von Geschäftskunden. Hier sind zwei Bestätigungsmeldungen:

Abbildung 19.14 MailChimp (übersetzt aus dem Englischen)

Sogar die Fehlermeldungen sind manchmal humorvoll:

Für diesen Benutzernamen gibt es schon einen anderen Benutzer.
Du hast einen Doppelgänger. Unheimlich.

Abbildung 19.15 MailChimp (übersetzt aus dem Englischen)

Die Benutzer von *MailChimp* sind sehr auf das System angewiesen: Wir sprechen von Millionen von Unternehmen, die das System zur Verwaltung ihrer Mailinglisten und E-Mail-Kampagnen nutzen. Dazu gehören auch ein hohes Maß an Unsicherheit, harter Wettbewerb, Besorgnis und technische Komplexität. Und es steht viel Geld auf dem Spiel. Dies ist ein ernsthaftes Thema, beunruhigend, komplex und kritisch.

Wie kommt es, dass sich *MailChimp* erlaubt, albern zu sein? Und wie kommt es, dass die Nutzer verrückt danach sind? Und wie wurde dieses Voice & Tone Design zum leuchtenden Vorbild für Content-Autoren?

Fakt ist: Auch in einem psychologisch komplexen und technisch anspruchsvollen Umfeld ist es möglich, menschlich und freundlich zu sein.

Zugegeben, um damit erfolgreich zu sein, braucht es viel Sensibilität für die verschiedenen Szenarien, mit denen die Benutzer konfrontiert sind, und für den Kontext, in dem jedes Wort wahrgenommen wird, und es braucht einen perfekt geplanten Voice & Tone. Aber es ist möglich. Sehen Sie sich *Slack* für die Team-Kommunikation an oder *Trello* für die Projektverwaltung im Team. Beiden ist es auch gelungen.

Ein sehr empfehlenswertes, superprofessionelles und zeitgemäßes Voice & Tone Design kommt von *Salesforce*. Googeln Sie mal »*Salesforce voice and tone*« – und genießen Sie, was Sie lesen. Hier sind zwei Appetithäppchen:

BEISPIEL 3: Widget Message Block

Widgets sparen Zeit mit benutzerdefinierten Elementen, die Sie auf der ganzen Seite nutzen können. Einmal bauen, immer wieder verwenden.

ÜBER DIESES BEISPIEL

Publikum: Admins

Ziel & Ton: Das Ziel ist es, schnell die Vorteile von Widgets für Admins zu kommunizieren. Der Ton ist direkt und gesprächshaft, aber nicht geschwätzig.

BEISPIEL 6: Quick Start Developer-Text

Genug geredet; ich bin bereit

Falls Sie die Details lieber später lesen möchten, gibt es Quick-Start-Themen für jedes Szenario.

- iOS Native Quick Start
- Android Native Quick Start

ÜBER DIESES BEISPIEL

Publikum: Entwickler

Ziel & Ton: Das Ziel dieses Entwickler-Handbuchs ist es, Entwickler zu ermutigen, ihre eigenen Apps für die Salesforce1 mobile App zu entwickeln. Hier ist ein Thema, das den richtigen Ton setzt. Kurz, auf den Punkt gebracht, und wir sind uns bewusst, dass die Leser (Entwickler) lieber nicht lesen würden.

Abbildung 19.16 Diese Screenshots stammen aus dem brillanten Voice & Tone Design von Salesforce auf »www.lightningdesignsystem.com/assets/downloads/salesforce-voice-and-tone.pdf« (übersetzt aus dem Englischen).

Das bedeutet nicht, dass Sie in jedem System locker und leicht klingen müssen, absolut nicht. Es gibt kein allgemeingültiges Voice & Tone Design, das auf alle professionellen oder komplexen Systeme passt. Die Marke und ihre Ziele, die Zielgruppe, die Beziehung zwischen beidem, und das Arbeitsumfeld definieren es stark. Ob Sie nun Microcopy für Privatnutzer oder Experten schreiben – Sie müssen immer zuerst Voice & Tone definieren. Ja, immer.

Zum Glück finden Sie eine umfassende Schritt-für-Schritt Anleitung für Ihr eigenes Voice & Tone Design in Kapitel 1 des Buches, das Sie gerade zu Ende gelesen haben. Es ist Zeit – machen wir uns ans Werk!

Materialien zum Buch

Auf der Webseite zu diesem Buch stehen folgende Materialien für Sie zum Download bereit:

- **alle Checklisten**

Gehen Sie auf *www.rheinwerk-verlag.de/5031*. Klicken Sie auf den Reiter MATERIALIEN ZUM BUCH. Sie sehen die herunterladbaren Dateien samt einer Kurzbeschreibung des Dateiinhalts. Klicken Sie auf den Button HERUNTERLADEN, um den Download zu starten. Je nach Größe der Datei (und Ihrer Internetverbindung) kann es einige Zeit dauern, bis der Download abgeschlossen ist.

Die Autorin

Kinneret Yifrah ist weltweit bekannt als Expertin für UX Writing und Microcopy. Sie ist die Gründerin von Nemala (hebräisch für Ameise), einer führenden Microcopy-Agentur. Kinneret schreibt für Websites, Apps und komplexe Systeme wichtiger israelischer Unternehmen und leitet eine Community von mehr als 11.000 Produkt- und Marketingfachleuten. Ihr Buch gilt als Standardwerk zum Thema.

Die Übersetzerin

Catharina Graf schreibt und übersetzt Texte für UX und Werbung und beliefert Kunden in der ganzen Welt mit Worten. Neben eigenen Publikationen zur Kommunikation in Text und Bild ist sie verantwortlich für die Übertragung von *UX Writing und Microcopy* ins Deutsche und gibt hier Tipps, wie Sie die Eigenheiten der deutschen Sprache zu Ihrem eigenen Vorteil nutzen können. Aus Ihrer Feder stammen der Abschnitt 1.9 sowie Tipp 07, »Hat ›man‹ ausgedient?«, und Tipp 08, »Du oder Sie?«, in Abschnitt 2.2.

Index

F

G

H

J

K

W

Y

Z